A cultura como sistema aberto, como acto e drama
que se expressa na palavra e na imagem para análise
e interpretação do quotidiano.

Teologia Política

TÍTULO ORIGINAL:
Teologia Politica
© 2007 by Società editrice Il Mulino, Bologna

TRADUÇÃO
José Jacinto Correia Serra

DESIGN DE CAPA
FBA

ISBN 978-972-44-1541-3

DEPÓSITO LEGAL Nº 287852/09

Biblioteca Nacional de Portugal - Catalogação na Publicação
SCATOLLA, Merio
Teologia política. - (Biblioteca 70 ; 27) ISBN 978-972-44-1541-3
CDU 2, 32

PAGINAÇÃO
RPVP Designers

IMPRESSÃO E ACABAMENTO
Papelmunde
para
EDIÇÕES 70, LDA.
Janeiro de 2009

Direitos reservados para todos os países de Língua Portuguesa por
EDIÇÕES 70, Lda.
Rua Luciano Cordeiro, 123 – 1º Esqº
1069-157 Lisboa / Portugal
Telefs.: 213190240 – Fax: 213190249
e-mail: geral@edicoes70.pt

Esta obra está protegida pela lei. Não pode ser reproduzida, no todo ou em parte, qualquer que seja o modo utilizado, incluindo fotocópia e xerocópia, sem prévia autorização do Editor. Qualquer transgressão à lei dos Direitos de Autor será passível de procedimento judicial.

Merio Scattola
Teologia Política

Dedicada à Renata e à Ana

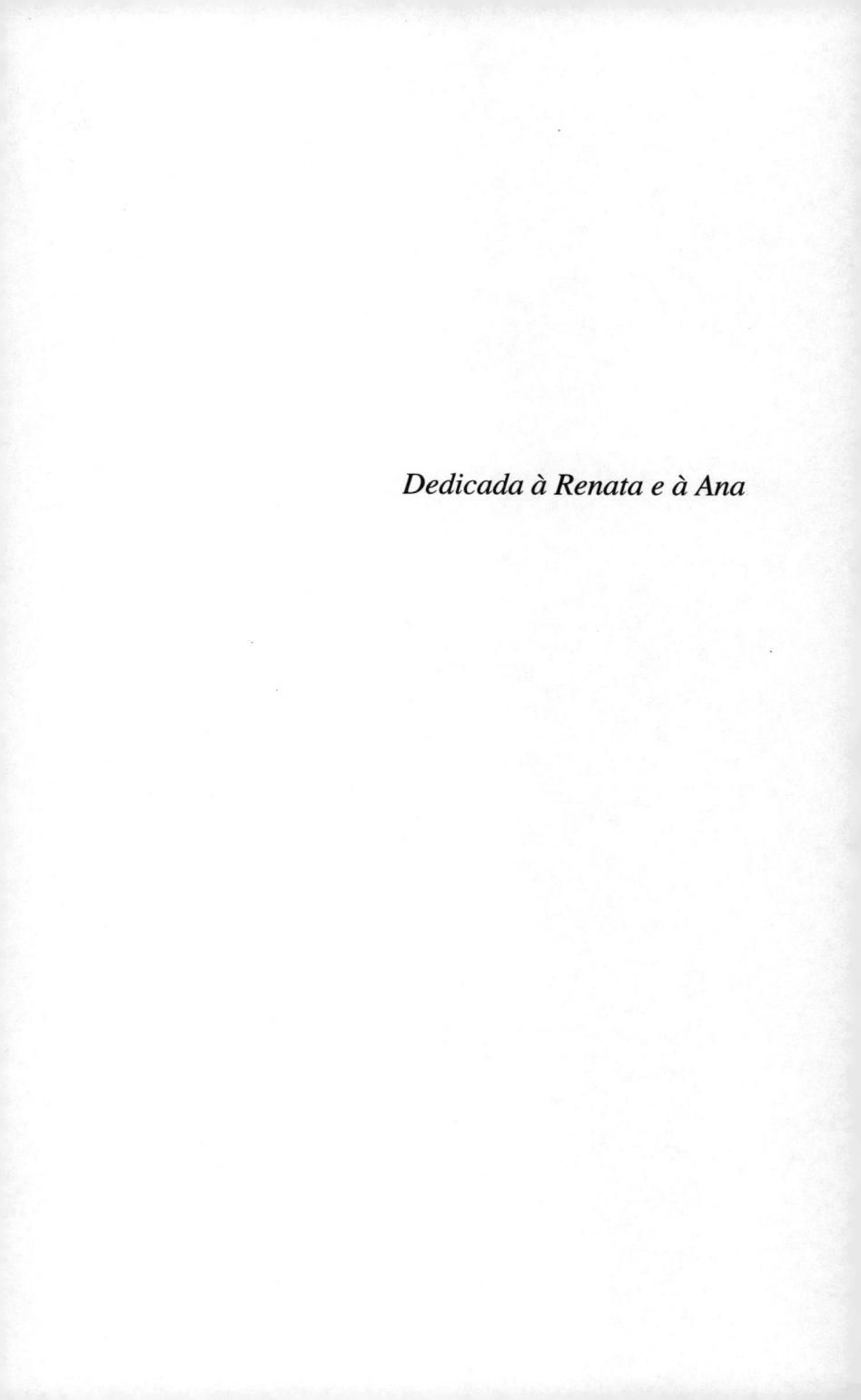

Introdução

A expressão «Teologia política», sendo composta, pode ter três significados distintos, que correspondem às três diferentes relações possíveis entre os dois termos que a constituem. Quando prevalece o primeiro dos termos nasce uma «política da teologia» que permanece subordinada ao ditame religioso e que, em determinados casos, aspira ao estabelecimento de uma hierocracia ou de uma república santa. Quando os dois termos têm força igual temos uma reflexão sobre o núcleo teológico da política e sobre o significado filosófico-político, isto é, organizador, implícito em todas as teologias. Quando, por fim, predomina o segundo termo, dá-se uma «teologia da política», ou seja, uma «teologia civil», à qual se pede que reforce o vínculo comunitário e o ordenamento interno[1]. De um modo aproximativo, pode dizer-se que aos três tipos de teologia política correspondem três diferentes extensões do seu conceito, que, de facto, pode ser definido em sentido amplo, em sentido próprio e em sentido especial. A cada um destes três pontos de vista, concêntricos e progressivamente mais restritos, correspondem diferentes métodos de investigação.

---

[1] R. Hepp, *Theologie, politische*, in J. Ritter & K. Gründer (orgs.), *Historisches, Wörterbuch der Philosophie*, Basileia, Schwabe, 1998, vol. 10, coluna 1105.

Alcança-se uma descrição do primeiro tipo, ampla e geral, quando se procede por indução, examinando todas as manifestações conhecidas, quer de teologia quer de política, para abstrair delas um denominador comum. Este procedimento, todavia, não conduz a uma resposta satisfatória, já que todos os grupos humanos, do presente e do passado, experimentaram fenómenos que se podem classificar como religiosos – narrativas e costumes, mitos e ritos – mas que nem por isso desenvolveram uma teologia. Por este termo não entendemos, de facto, um conhecimento genérico do numinoso, mas um saber específico sobre o divino, um discurso consciente dotado de práticas hermenêuticas próprias. Poder-se-ia, por isso, dizer que a «teologia» começou com a *theologia*, se entendermos pelo primeiro termo o discurso racional sobre o divino e pelo segundo a forma de reflexão específica que se desenvolveu no ambiente filosófico helenista a partir do encontro das tradições estóica, hebraica e cristã, do mesmo modo que, noutro contexto, Jan Assmann distingue entre «religiões primárias» e «religiões secundárias» ([2]).

O mesmo raciocínio vale também para a política. Mesmo que evitemos identificá-la com a doutrina do poder ([3]) e se adoptarmos um critério extensivo, que a concebe como relação de ordenamento, vemos todavia que cada povo conhece uma variedade de papéis e funções – sexuais, familiares, de subsistência ou militares – e que a partir desta diversificação nascem sempre diferenças entre os seus membros. Todas as comunidades humanas conhecem, portanto, uma disposição interna e uma ordem organizada em relações entre quem está em cima e quem está em baixo, mas nem por isto se poderá afirmar que todas as sociedades sejam dotadas de uma organização política.

([2]) J. Assmann, *Potere e salvezza* (2000), trad. it. Turim, Einaudi, 2002, págs. 22-23.

([3]) H.D. Lasswell & A. Kaplan, *Potere e società* (1950), trad. it. Milão, Etas, 1969.

INTRODUÇÃO

Ainda que, em sentido amplo e metafórico, uma opinião do género pareça aceitável, se olharmos bem para o campo de acção da política, o âmbito no qual ela é vigente é muito mais limitado. A política em sentido próprio, isto é, no sentido ocidental, é de facto uma organização da comunidade meditada, reflectida, mediada pelo discurso. Para que haja política é necessário que exista consciência e pensamento político, é necessário não apenas que se faça política, mas também que se pense a política ([4]).

A razão, naturalmente, pode apresentar-se sob diferentes aspectos, por exemplo, como dialéctica ou como sistema, como «pensamento duro» ou como «racionalidade macia» ([5]), mas o ponto crucial é que esteja activada uma mediação do pensamento. Também neste caso podemos afirmar que a «política», isto é, a forma específica de organização de algumas comunidades humanas, ou seja, aquela categoria que marca profundamente a história da nossa civilização, é um produto da *política*, isto é, da reflexão, da doutrina, do antigo livro homónimo composto pelo filósofo Aristóteles ([6]). Só as sociedades do mundo ocidental, por isso, é que conheceram a política, que deve ser então uma experiência exclusiva, cuja essência não é antropológica e natural, mas, sobretudo, acontecimento histórico, ocorrido uma vez na história da humanidade e irrepetível.

As conclusões a que se chega através dos dois termos em separado repercutem-se directamente na soma de ambos, no conceito de «teologia política». Assim como as duas noções podem ser descritas num sentido lato, num sentido próprio e num sentido especial, do mesmo modo também a teologia da

---

([4]) Ch. Meier, *La nascita della categoria del politico in Grecia* (1980), trad. it. Bolonha, Il Mulino, 1998.

([5]) M. Dascal, *The balance of reason*, in D. Vanderveken (org.), *Logic, Thought and Action*, Berlim, Springer, 2005, págs. 27-47.

([6]) Meier, *La nascita della categoria del politico in Grecia*, cit., págs. 25-49.

política pode ser concebida de diferentes modos (⁷). De um ponto de vista amplo, todas as comunidades humanas possuem uma teologia política própria, já que todas elas estabelecem algum nexo entre a especialização em papéis e determinadas formas míticas e rituais. Todas concentram o seu presente numa dimensão sagrada, e somente as sociedades modernas, que o são precisamente por isso, constroem a sua ordem política sem se referirem a uma esfera transcendente. Em sentido amplo, a teologia política acaba, portanto, por incluir toda e qualquer referência ao religioso e torna substancialmente vã uma formulação historiográfica rigorosa. É preciso, então, recorrer aos outros dois sentidos da expressão, ao sentido próprio e ao sentido especial.

Em sentido próprio ou restrito, só se considera teologia política aquelas experiências históricas que elaboram o vínculo entre transcendência e ordenamento humano através da reflexão racional. O terceiro tipo de definição, em sentido especial, restringe ainda mais a sua extensão e considera como manifestações da teologia política apenas aqueles fenómenos que explicitamente têm este nome. A estas duas diferentes possibilidades correspondem as duas orientações fundamentais praticadas pela história conceptual contemporânea (⁸) e exemplificadas por duas grandes realizações lexicográficas alemãs, a obra *Conceitos*

(⁷) Sobre as diferentes possibilidades de classificar a teologia política cf. E. Castrucci, *Teologia politica e dottrina dello Stato*, in L. Lombardi Vallauri & G. Dilcher (orgs.), *Cristianesimo, secolarizzazione e diritto moderno*, Milão, Giuffrè, 1981, vol. 1, págs. 731-734; *id.*, *La forma e la decisione* (1985), in *id.*, *Convenzione, forma, potenza*, Milão, Giuffrè, 2003, págs. 313-325; E.-W. Böckenförde, *Politische Theorie und politische Theologie* (1981), in J. Taubes (org.), *Der Fürst dieser Welt*, Munique, Fink, 1983, págs. 16-25; M. Nicoletti, *Trascendenza e potere*, Brescia, Morcelliana, 1990, págs. 621--637; *id.*, *Il problema della «teologia politica» nel Novecento*, in L. Sartori & M. Nicoletti, *Teologia politica*, Bolonha, EDB, 1991, págs. 62-67.

(⁸) M. Richter, *The History of Political and Social Concepts*, Nova Iorque, Oxford University Press, 1995, págs. 9-25 e *id.*, *Un lessico dei concetti politici e giuridici europei*, in S. Chignola & G. Duso (orgs.), *Sui concetti giuridici e politici della costituzione dell'Europa*, Milão, Angeli, 2005, págs. 15-38.

Históricos Fundamentais de Reinhart Koselleck e o *Dicionário Histórico da Filosofia* de Joachim Ritter ([9]). A «história semasiológica» de Koselleck estuda, com efeito, o valor e as sucessivas modificações de um determinado tema ou problema, mesmo que ele seja expresso por formas linguísticas diferentes. A «história onomasiológica» de Ritter escolhe, ao invés, uma determinada expressão linguística e acompanha a sua transformação ao longo do tempo; mantém fixa a forma e indaga os conteúdos com que, de vez em vez, a forma foi preenchida ([10]).

Uma história da teologia política não pode naturalmente prescindir de uma rigorosa reconstrução lexical – tarefa a que será dedicado o próximo capítulo –, contudo não pode esgotar-se nela. Como se verá, a história do nome compreende, de facto, apenas uma fracção do conceito em sentido próprio e durante um período fez coincidir a «teologia política» com uma sua forma particular, a «religião política», pois só para esta se fez valer uma terminologia específica, enquanto a reflexão global sobre o vínculo entre ordem e transcendência foi desenvolvida durante esse longo período sob outras denominações. A teologia política em sentido próprio não se deixa por isso reportar a uma única etiqueta homónima, mas compreende materiais indicados por uma pluralidade de termos diferentes: majestade, soberania, contrato, poder, ordem, secularização, apenas para citar os mais recorrentes. No seu sentido próprio, isto é, como conceito político, a teologia

---

([9]) J. Ritter & K. Gründer (orgs.), *Historisches Wörterbuch der Philosophie*, Basileia, Schwabe, 1971-2004, vols. 1-12; O. Brunner, W. Conze & R. Koselleck (orgs.), *Geschichtliche Grundbegriffe*, Estugarda, Klett-Cotta, 1972-1997, vols. 1-8.

([10]) Cf. J.B. Metz, *Teologia politica*, in K. Rahner (org.), *Enciclopedia teologica «Sacramentum mundi»* (1969), trad. it. Brescia, Morcelliana, 1977, vol. 8, colunas 307-317; S. Wiedenhofer, *Politische Theologie*, in *Staatslexikon*, Friburgo, Herder, 1988[7], Bd. 4, colunas 497-500; Hepp, *Theologie, politische*, cit.; F.W. Graf, *Politische Religion*, in H.D. Betz *et al.*, *Religion in Geschichte und Gegenwart*, Tubinga, Mohr, 2003[4], vol. 6, colunas 1470-1471; M. Schuck, *Politische Theologie*, *op. cit.*, colunas 1471-1474.

política pode, portanto, ser descrita apenas numa perspectiva predominantemente semasiológica, na qual se apresenta como estrutura fortemente ramificada em torno de um núcleo lógico robusto. Tarefa principal de que nos ocuparemos neste livro.

Estabelecido que está que uma história da teologia política, em sentido especial e onomasiológico, é necessária, mas limitada, e que ela deve ser substituída por uma história do conceito em sentido próprio e semasiológico, fica por esclarecer um problema essencial e particular, no qual se manifesta uma condição que poderia parecer paradoxal. A teologia política não é, de facto, uma disciplina especial, que aplica a um campo específico princípios universais, definidos por doutrinas e teorias de nível superior; por isso, não é uma parte da política, a dedicada ao sagrado, mas compreende a sua totalidade, pois toca no problema fundamental do qual ela é gerada como da sua essência ou origem.

Ao abordar as três diferentes extensões do conceito dissemos que em sentido próprio a teologia política deve definir-se como discurso da razão em torno do viver em comum dos homens. A experiência histórica, sobretudo nos pontos altos da reflexão filosófica, mostra-nos, todavia, um fenómeno assaz singular. O discurso da razão, entendido tanto num sentido como no outro, transforma o problema da convivência em procedimentos discursivos e em argumentações dialécticas, todavia, não consegue nunca desempenhar cabalmente a sua tarefa. O cálculo lógico não se encerra nunca num círculo perfeito, mas no seu limite extremo, depois de ter atravessado todos os materiais da argumentação, permanece aberto a algo que ele pressupõe como condição da sua racionalidade, mas que não pode definir num procedimento. Se o limite último da reflexão é um ponto racional que, todavia, não se representa nas formas do discurso, podemos chamar a este momento extremo, paradoxal e aporético, o fundamento e a origem do raciocínio sobre a política [11].

---

[11] Cf. G. Duso, *La logica del potere*, Roma-Bari, Laterza, 1999, págs. 137-160; *id.*, *La rappresentazione*, Milão, Angeli, 2003², págs. 17-21.

INTRODUÇÃO

Devido à sua particular constituição, a origem não é, todavia, um começo no espaço e no tempo que o desenvolvimento do discurso deixa atrás de si ao desenrolar-se progressivamente, mas é a sua própria condição de possibilidade, algo que a argumentação da razão traz sempre consigo e que, com efeito, se encontra no seu exacto centro como aquilo em que ela permanece sempre suspensa. Intui-se, todavia, facilmente que a questão da origem ou do fundamento da política é também o problema da sua essência, e que esta é uma questão intrinsecamente filosófica, uma questão que encontra a sua verdade apenas na filosofia política. Mas assim sendo, deverá dizer-se que a teologia política, no momento e na medida em que toca o problema da origem, é por isso mesmo filosofia política e que todas as suas diferentes versões foram interpretações, manifestações, aproximações ao problema filosófico-político fundamental. Também para nós, portanto, que lhe reconstruímos a história a partir daquele ponto extremo no tempo, ela é eminentemente um exercício de filosofia política, talvez o seu exercício mais próprio.

Parte do material apresentado neste livro foi recolhido durante duas estadias de investigação junto da Erasmus--Universiteit de Roterdão e do Max Planck-Institut für Rechtgeschichte de Frankfurt. Gostaria de exprimir a minha gratidão à Nederlandse Organisatie voor Wetenschappelijk Onderzoek e à Max Plank-Gesellschaft, que com o seu apoio tornaram possíveis tais períodos de estudo.

Capítulo I

História conceptual.
Teologia política e teologia civil

1. A origem do conceito

Nos textos antigos chegados até nós a expressão «teologia política», na forma latina *theologia civilis* e greco-latina *theologia politike*, surge pela primeira vez em *A Cidade de Deus* de Santo Agostinho (354-430), que no quarto livro recorda o pontífice Quinto Muzio Scevola (150?-82 a.C.), jurista pré-clássico e discípulo do estóico Panécio (180?-110? a.C.), por ele ter «afirmado que foram instituídas três categorias de deuses, uma pelos poetas, outra pelos filósofos, a terceira pelos governantes políticos» ([1]). Esta mesma classificação viria depois a ser acolhida nas *Antiguidades Religiosas* ([2]) de Marcos Terêncio Varrão (116-27 a.C) que a teria reformulado como divisão em três tipos de teologia, «que os Gregos dizem

---

([1]) A. Agostinho, *La città di Dio*, edição de L. Alici, Milão, Rusconi, 1984, IV, 27, p. 250; VI, 12, págs. 334-335.

([2]) M.T. Varrão, *Antiquitates rerum divinarum*, edição de B. von Cardauns, Wiesbaden, Steiner, 1976, I, 6-10, págs. 18-20.

mítica, física, política, e os Latinos lendária, natural, civil» (VI, 12, págs. 334-335), em que «o terceiro género diz respeito ao que devem conhecer e praticar os cidadãos, sobretudo os sacerdotes, nas cidades» (VI, 5, 3, pág. 319). Aceitando as ascendências sugeridas por Agostinho pode-se, portanto, razoavelmente, afirmar que já a *Stoa* do meio, a de Panécio, devia conhecer três classes de divindades ([3]) e que, assim que passou para o ambiente cultural romano, tal classificação foi transformada numa «teologia tripartida» (VI, 5, 1, pág. 317), recordada e reprovada pelos escritores cristãos, como Tertuliano (160?-220?) e Eusébio de Cesareia (265?-340?) ([4]), e fixada em forma canónica por Agostinho.

Como se depreende do material que *A Cidade de Deus* nos legou, os antigos tinham consciência de que os conhecimentos postos à disposição pelas três formas de teologia podiam ser discrepantes e, até, incoerentes. A certeza de que o mundo era um cosmos ordenado, «que agradou não apenas a Varrão, mas a muitos filósofos» (VII, 6,1, p.345), explica todavia aquilo que Agostinho criticava ao paganismo como pesada contradição. Se, de facto, a divindade coincide com o mundo em todas as suas manifestações, então também a pluralidade do divino, o politeísmo antigo, é uma expressão essencial de Deus, que em si mesmo é unitário, mas mostra-se de formas variadas a homens diferentes. Aquilo que para o filósofo é a intuição da pura ideia da ordem, deve ser para uma mente menos pespicaz

---

([3]) H. von Harmin & R Radice, *Stoici antichi* (1903), Bompiani, 2006, II, 1009, págs. 874-877; M.T, Cícero, *De natura deorum*, II, 70-71. Cf. M. Pohlenz, *La Stoa* (1948), trad. it. Florença, La Nuova Italia, 1967, I, pág. 402; G. Lieberg, *Die «theologia tripertita» in Forschung und Bezeugung*, in H. Temporini (org.), *Aufstieg und Niedergang der römischen Welt*, Berlim, De Gruyter, 1973, I, 4, págs. 63-115.

([4]) Eusébio de Cesareia, *Praeparationis Evangelicae libri quindecim*, in *Patrologia Graeca*, Lutetiae, Migne, 1857, vol. 21, IV, 1, colunas 230-234; Q.S.F. Tertuliano, *Ad nationes*, in *Patrologia Latina*, Parisiis, Migne, 1844, vol. 1, II, colunas 585-608.

ou para um âmbito civil mais vasto uma imagem ou uma narração. E, por isso, o próprio indivíduo poderá acreditar no único *logos* como filósofo, mas nas divindades da cidade como cidadão, pois elas garantem a comunicação entre as várias partes da comunidade e entre os diferentes graus da mente.

Religião filosófica e politeísmo das cidades podiam, no entanto, conviver sem contradição, porque o religioso era um fenómeno imanente ao mundo humano, existindo uma única dimensão na qual o humano e finito e o divino e terno coexistiam. Nessa mesma ordem deviam, por isso, coexistir quer a explicação racional do filósofo, quer a superstição do ingénuo, como recordava o pontífice Scevola. A mudança decisiva deu-se com a introdução da transcendência, que revirou as relações entre as partes do mundo. Se na religião civil o além pertencia ao aquém, o eterno ao tempo, o mundo dos deuses ao cosmos que compreendia quer o humano, quer o divino, com a religião cristã o aquém tornou-se parte do além, o tempo uma fracção do eterno e o cosmos um momento do divino. Efectivamente, os homens agora pertenciam a outro mundo, enquanto a vida terrena era a dimensão não originária, não autêntica da alma.

Agostinho, por isso, via-se obrigado a polemizar asperamente contra os três géneros de divindade, contestando sobretudo a teologia civil mediante três objecções: é falsa, imoral e falaciosa. Em primeiro lugar, como os próprios autores pagãos admitiam, a teologia civil não possui uma definição clara porque está profundamente amalgamada com as outras duas formas. Este estatuto intermédio e incerto explica-se com o facto de que «as coisas que escrevem os poetas são inferiores às que o povo deve seguir; as dos filósofos, ao invés, são superiores ao que ao povo é útil examinar» (VI, 5, 3, pág. 319), e por isso é necessária uma terceira forma mediana e mista de ambas, a teologia civil, que inevitavelmente reúne em si o verdadeiro e o falso (VI, 6, 3, pág. 321). Em segundo lugar, a religião civil, pedindo emprestado as fábulas dos poetas, atribui aos deuses todo o género de acções malvadas e inconvenientes, cometendo um erro assaz grave, já que não é pensável que o divino seja inferior ao humano (VI, 6-7, págs. 319-325). Em terceiro lugar, o próprio pontífice Scevola admitiu que entre os três tipos de divindade, aquele criado pelos filósofos «mal convém à cidade, pois contém alguns aspectos supérfluos e outros cujo conhecimento é, inclusivamente, prejudicial para os povos» (IV, 27, pág. 250). Mas se a teologia natural é a forma mais verdadeira, como é possível que ela ponha em risco a cidade? Scevola justificou a sua conclusão recordando que a filosofia revela muitos segredos da religião e mostra que «as cidades não podem representar de maneira verídica deuses autênticos, já que um verdadeiro Deus não tem sexo, idade ou membros físicos. Um pontífice não quer que o povo saiba estas coisas; ele, de facto, não imagina que são falsas» (IV, 27, p. 250). Portanto, a religião civil contradiz a verdade da teologia natural e requer o engano para manter os povos num estado de submissão (IV, 32, pág. 257).

2. A Idade Média e a primeira Idade Moderna

A crítica radical de Agostinho contra a religião civil, considerada uma invenção humana falsa e imoral, teve o efeito de inutilizar tal conceito e deu início à reflexão sobre a parte propriamente política da religião cristã [5], de modo que ele só ressurgiu lentamente nas discussões de inícios do século XVII e no contexto da teologia natural [6]. Durante toda a Idade Média a teologia civil não conheceu qualquer utilização positiva e foi, ao invés, recordada apenas por ter sido um dos muitos erros do paganismo. Paradoxalmente, esta época profundamente

---

[5] J. Scheid, *Religion et piété a Rome*, Paris, La Découverte, 1985, págs. 22-36 e 51-57; Hepp, *Theologie, politische*, cit., coluna 1106.

[6] E. Feil, *Von der «politischen Theologie» zur «Theologie der Revolution»?*, in E. Feil & R. Weth (org.) *Diskussion zur «Theologie der Revolution»*, Munique, Kaiser, págs. 110-132.

embebida de teologia política nunca pronunciou o seu nome e assim se explica a singular situação dos estudos neste campo, primeiro entre todos o de Ernst Kantorowicz (1895-1963), que logo no título se concebe como reconstrução da «teologia política medieval», mas que não consegue encontrar esta expressão em nenhuma das suas fontes ([7]).

Do mesmo modo, Nicolau Maquiavel (1469-1527), sobretudo nos *Discursos*, retomou directamente a ideia romana da religião civil e fez descender a prosperidade das repúblicas da conservação das cerimónias e das crenças próprias de cada povo, mas nunca mencionou a antiga expressão. O século XVII também não conheceu uma teologia política conscientemente, no nome ou na substância, apesar de nos séculos das guerras confessionais europeias, entre a guerra de Esmalcalda (1546-1547) e a guerra dos Trinta Anos (1618-1648), a expressão latina ser amiúde utilizada para indicar as matérias comuns à administração religiosa e política, que, mesmo a seguir à Reforma, definiam, agora, um novo âmbito na actividade de governo. Neste sentido, o adjectivo *theologico-politicus* referia-se a um dos vários campos de acção da autoridade do príncipe, em simultâneo à qual existiam outros âmbitos de intervenção: *iuridico-politicus, nomico-politicus, bellico-politicus, aulico-politicus, medico-politicos* ([8]). No século XVII a fórmula *theologico-politicus*, mais do que uma expressão filosófica, era portanto um termo técnico da jurisprudência, que não indicava a reflexão sobre o vínculo entre o divino e o humano, mas exprimia a relação jurídica entre os dois âmbitos, aceitando a sua existência separada como dado de facto.

Também neste sentido bastante limitado se pode, todavia, notar diferenciações e evoluções lentas. Na primeira metade

---

([7]) E.H. Kantorowicz, *I due corpi del re. L'idea di regalità nella teologia politica medievale* (1957), trad. it. Turim, Einaudi, 1989.

([8]) Ch. Liebenthal, *Iuris foederis delineatio iuridico-politica*, Giessae, Hampelius, 1624; G. Obrecht, *Discursus bellico-politicus*, [s.l.], [s.e.], 1617.

do século, a fórmula era típica da teologia e da jurisprudência protestante, que a usavam para indicar as competências jurídicas do senhor territorial na escolha do clero e na administração dos bens religiosos. Neste sentido, a *Dissertação Teológico--Política sobre o Direito Episcopal* (1646), do jurista Michael Havemann (1607-1679),

> mostra a origem e a natureza deste direito, a sua transferência para as classes que são membros do império augusto cesário, o seu uso legítimo, seja ele geral ou especial, na fundação de universidades e escolas, na indicção dos sínodos, na administração dos bens eclesiásticos, na custódia da disciplina eclesiástica, na introdução ou anulação das matérias indiferentes, na nomeação e deposição dos ministros da Igreja, na decisão das causas matrimoniais [9].

O uso desta expressão consolidou-se após a guerra dos Trinta Anos, quando o jurista Gerhard Titius (1620-1681) publicou *Disputa Teológico-Política sobre o Governo Sagrado e Civil* (1653), Daniel Clasen (1622-1678) dissertou sobre todos os aspectos da relação entre Estado e Igreja no amplo livro *Sobre a Religião Política* (1657) [10] e o teólogo luterano Johann Adam Osiander (1622-1697) publicou *Dissertação Teológico-Política* (1677) sobre o regime descrito pelo profeta Samuel (1Sm 8) [11]. Nesses mesmos anos a fórmula adjectival difundiu-se também em campo católico. Em 1648 o teólogo cisterciense Juan Caramuel Lobkowitz (1606-1682) quis demonstrar numa «obra

---

[9] M. Havemann, *Helice hierotactica, sive dissertatio theologico-politica de iure episcopali*, Hammipoli, Hertelius, 1646.

[10] D. Clasen, *De religione politica liber unus*, Magdeburgi, Mullerus, 1655.

[11] G. Titius, *De regimine sacro et civili disputatio theologico-politica*, Helmestadii, Mullerus, 1653; J.A. Osiander, *Dissertatio theologico-politica ex 1Samuelis VIII de iure regio*, Tubingae, Reisius, 1667.

teológico-política utilíssima não apenas para o imperador, mas também para o príncipe, autoridade eclesiástica e secular» que a paz religiosa acabada de assinar em Vestfália era legítima e justa tanto do ponto de vista da Igreja como do ponto de vista dos soberanos ([12]).

Para as vicissitudes do termo na segunda metade do século XVII contribuíram de modo determinante a publicação anónima do *Tratado Teológico-Político* (1670) de Bento Espinosa (1632-1677), a dissertação mais famosa deste grupo, e as polémicas que se seguiram de imediato, nas quais foi logo revelada a identidade do autor ([13]). A disputa teve como efeito o facto da expressão *theologico-politicus* se tornar improferível para os teólogos luteranos directamente envolvidos na polémica, enquanto, ao invés, católicos e anglicanos se apropriavam dela. Assim, o beneditino Laurentius a Dript (1633--1686), no seu *Antidecálogo Teológico-Político Reformado*, utilizou-a como arma polémica contra o luterano Theodor von Reinkingk (1590-1664) e contra o seu projecto de política bíblica, enquanto Herbert Thorndike (1598-1672), cónego de Westminster, pró-monarquia e episcopalista, compôs um *Tratado Teológico-Político*, amiúde atribuído ao próprio Espinosa, sobre a possibilidade de reconciliar todas as confissões cristãs ([14]).

([12]) J. Caramuel Lobkowitz, *Sacri Romani Imperii pacis licitae demonstratae* [...] *prodromus*, Francofurti, Schönwetterus, 1648.

([13]) [B. Espinosa], *Tractatus theologico-politicus*, Hamburgi, Künrath, [= Amsterdão, Rieuwertsz], [1670]; [Anónimo], *Diatriba de ortu et progressu facultatis et formali constitutione artis medicinae per Iudaeos*, Hamburgi, [s.e.], 1670; R. Pauli, *Disputatio theologica secunda, de Hebraeorum vocatione*, Marpurgi, Schadewitzius, 1671; Ch. F. Knorr (resp.), *Tractatus theologico-politicus*, Ienae, Bauhoferius, 1674.

([14]) L. a Dript, *Antidecalogus theologico-politicus reformatus*, Coloniae, Hessius, 1672; [H. Thorndike], *Tractatus theologico-politicus*, Irenopoli, [s.e.], 1676.

3. O século XVIII. Religião civil e revolução

Por mais complexos e intrincados que fossem os significados que agitaram o termo *theologico-politicus* no século XVII, eles nunca chegaram a produzir uma teologia política. De forma consciente, ela só ressurge na obra de Giambattista Vico que recuperou directamente os temas da antiga religião civil. O projecto de «ciência nova» é, com efeito, na substância uma «teologia civil reflectida pela providência divina», a qual teria ordenado as coisas humanas de modo tal que os homens, caídos no pecado, ainda que vivendo ferinamente, teriam sido atraídos pela busca da utilidade em desenvolver a sua verdadeira natureza, que é civil ([15]).

Vico recuperou directamente a tripartição de Varrão, mas modificou-a na substância desvinculando-a da ideia da «filosofia perene», tão cara a Marsílio Ficino (1433-1499) e pelo neoplatonismo renascentista e definitivamente fixada por Gottfried Wilhelm Leibniz (1646-1716), segundo a qual a verdade original revelada por Deus aos homens teria sido velada pelo pecado para se desvelar lentamente, primeiro, nos mistérios poéticos e, de seguida, na especulação filosófica ([16]). Segundo esta doutrina a poesia apenas pode ser alegoria, revestimento emblemático de um conteúdo racional original; Vico, ao invés, partia da hipótese de que a poesia não é alegoria, mas metáfora e símbolo, e que, por isso, é um instrumento de conhecimento da verdade não redutível ao cálculo racional. As várias tipologias de conhecimento humano que se sucederam ao longo da história e as organizações sociais a elas ligadas são outras tantas intuições originais do mundo, cada

---

([15]) G. Vico, *Princìpi di scienza nuova d'intorno alla comune natura delle nazioni* (1744), in *id.*, *Opere*, edição de A. Battistini, Milão, Mondadori, 1990, vol. 1, 2, págs. 415-416 e 342, págs. 548-549.

([16]) W. Schmidt-Biggemann, *«Philosophia perennis»*, Frankfurt a.M., Suhrkamp, 1998.

uma das quais é auto-suficiente e por isso julgada apenas com uma medida de juízo interno e relativo.

Estando assim as coisas, a antiga tripartição deve ser revista e, se o princípio da filosofia perene se esgota, então o género separado da teologia poética não tem razão de subsistir, antes deve reentrar no culto civil e designar a intuição metafórica dos primeiros movimentos interiores do homem e dos vínculos sociais primordiais, que não eram racionais, mas emotivos. A segunda forma, a natural, permanece invariável e corresponde às explicações metafísicas do mundo e da sociedade. «Suponhamos como terceira espécie a nossa teologia cristã, impregnada de civil e de natural e de altíssima teologia revelada, e todas as três entre si unidas pela contemplação da providência divina» (366, págs. 562-563)([17]).

Assim, na história, agem quatro tipos de conhecimento, reciprocamente implicados: as três espécies de teologia – civil--poética, natural e revelada – e a descrição da sua necessária correlação, que não consiste num novo conteúdo, mas na consciência da vinculação recíproca de todos os elementos existentes. Esta ulterior forma de conhecimento, a «providência divina» de Vico (341-342, págs. 548-549), corresponde à reconstrução histórica de como a humanidade, após o pecado original, passou de um género de teologia, de conhecimento e de sociedade, para outro, de como esta transição foi necessária e de como ela conduziu à religião cristã. Mas esta é a *Ciência Nova*, a qual, então, na sua substância é uma reconstrução sobre novas bases da antiga teologia tripartida([18]).

Apesar do ambicioso projecto de Vico, que na Europa foi efectivamente acolhido em finais do século XVIII por Johann

---

([17]) Cf. G. Vico, *De nostri temporis studiorum ratione* (1708), in *id.*, *Opere*, cit., 9, págs. 150-153.

([18]) F. Botturi et al., *Metafisica e teologia civil in G. Vico*, Bari, Levante, 1992; B. Starita, *Elogio della rettitudine*, Bari, Palomar, 1997.

Gottfried Herder (1744-1803) [19], o Iluminismo regressou ao esquema de Varrão, modificando-o numa perspectiva deísta. Assim, o artigo *Teologia,* de autor anónimo, publicado na *Enciclopédia* de Denis Diderot (1713-1784) e Jean Le Rond d'Alembert (1717-1783), começa recordando que os antigos dividiam o estudo da ciência divina em três partes: a teologia mítica ou fabulosa, que floresceu entre os poetas e se concentrava na teogonia das divindades pagãs, «a teologia política, abraçada, sobretudo, pelos príncipes, pelos padres e pelos povos como a ciência mais útil e necessária para a segurança, a tranquilidade e a prosperidade do Estado» e a teologia física ou natural, cultivada pelos filósofos como a ciência mais conveniente para a natureza e para a razão, que admitia um único ser supremo. O autor permanece fiel a este programa de Varrão também na descrição do cristianismo, lá onde condena a ciência escolástica e as suas obscuridades dialécticas para exaltar a teologia racional, a forma na qual a antiga teologia física continua ainda nos nossos dias [20].

Deste modo, o iluminismo setecentista recuperou a crítica de Agostinho projectando-a para o interior do esquema tripartido, uma vez que confiava em absoluto na teologia natural, que garantia um conhecimento racional de Deus e desvelava o grau de bondade dos outros dois níveis. Mas se a razão também providencia um conhecimento racional da sociedade, então a teologia civil terá que obedecer aos ditames da ciência política e ser meio de propaganda para o reforço do vínculo social.

Esta função pedagógica e especificamente moderna da teologia civil foi desenvolvida num período de tempo que vai de Rousseau aos jacobinos e teve uma sequência, invertida, nos

---

[19] É. Callot, *Les trois moment de la philosophie théologique de l'histoire*, Paris, La Pensée universelle, 1874; I. Berlin, *Vico ed Herder* (1976), trad. it, Armando, 1978.

[20] [Anónimo], *Théologie*, in D. Diderot & J. Le R. d'Alembert (orgs.), *Encyclopédie*, Paris, Briasson, 1765, to. 16, págs. 249ª-251ᵇ.

pensadores contra-revolucionários. Dissertando, em *Contrato Social* (1762), sobre religião e política, Jean-Jacques Rousseau (1712-1778) defende explicitamente que «uma serve de instrumento para a outra» ([21]) se se quiser resolver o paradoxo típico de toda e qualquer verdadeira sociedade política: o nascimento do Estado exige, com efeito, que o cidadão seja politicamente racional, mas este só se torna tal depois de o Estado o ter educado durante longo tempo.

Para dissolver esta contradição «seria necessário que o efeito se tornasse causa, que o espírito social, que deve ser o fruto da instituição, presidisse à própria instituição e que os homens, antes das leis, fossem aquilo que devem tornar-se por obra delas» (II, 7, págs. 116-117). Mas para se transformar, por sua vez, em causa, o efeito deve ser produzido por algo externo à concatenação lógica, e semelhante causa alternativa, capaz de pôr em movimento o inteiro processo político, só pode ser a religião, cujos ensinamentos convencem os homens sem violência (II, 7, pág. 117). Por isso, o legislador, como outrora Numa, envolverá as suas normas com as palavras dos deuses.

A religião não intervém apenas durante a fundação do Estado providenciando o mito da origem, mas contribui para a totalidade da vida política, socorrendo a imperfeição humana com o culto civil. Deste modo, também Rousseau faz a distinção entre a religião do homem e a religião do cidadão: uma «não tem templos, altares nem ritos, limita-se ao puro culto interior do Deus supremo e aos eternos deveres da moral, a outra «é reconhecida apenas num único país, dá-lhe os seus deuses, os seus próprios patrões tutelares» (IV, 8, pág. 199). Ele, por fim, considera também uma terceira forma, que combina a primeira e a segunda, correspondente ao «cristianismo romano», que a cada cidadão dá duas leis, duas pátrias, dois senhores.

([21]) J.-J. Rousseau, *Il contratto sociale* (1762), in *id.*, *Scritti politici*, editado por E. Garin, Roma-Bari, Laterza, 1994, vol. 1, II, 7, pág. 118. Cf. L. Rizzi, *Liberalismo etico e religione civile in Rousseau*, Milão, Angeli, 1997.

A partir desta tripartição recuperada Rousseau rejeita quer a teologia cristã, por ser híbrida e incongruente, quer a teologia civil, por se fundar na mentira, e salva apenas a religião do homem, isto é, o verdadeiro cristianismo, não aquele pregado nas igrejas, mas o do Evangelho, no qual os homens se reconhecem todos filhos do mesmo Deus. Considerada politicamente, esta religiosidade não reforça os vínculos do Estado, mas tende quando muito a dissolvê-los, já que uma sociedade de cristãos perfeitos está mais destinada à vida celeste do que à existência terrena. Para consolidar religiosamente o Estado é, por isso, necessário introduzir uma variante específica da religião do homem, uma espécie de teologia política do Evangelho, que Rousseau chama «profissão de fé puramente civil» (IV, 8, pág. 203), a qual permite ao soberano fixar aquelas normas sociais sem as quais não pode haver nem bons cidadãos nem súbditos fiéis (IV, 8, pág. 204). Quem não acredita nestes princípios não pode, com efeito, manter-se fiel às suas obrigações morais e legais e deve ser excluído da sociedade, não como exemplo, mas como anti-social.

Assim, a religião civil de Rousseau, na sua forma residual de profissão de fé, já não representa um género próprio, mas é simplesmente um tipo de religião natural aplicado ao Estado, capaz de indicar as condições que tornam possível a sociedade política. Semelhante conceito é passível de duas evoluções: uma em direcção a Kant e a outra em direcção aos jacobinos. No primeiro caso, chega-se à extinção da fé cívica, que no mundo moderno deve aparecer como superstição. Se, de facto, existe uma única e verdadeira religião, a natural, e se esta é sugerida pela reflexão, então não será possível distinguir entre revelação e razão, que se exprime na moral, o âmbito interior, e no direito, o âmbito exterior. Pelo facto de ser racional, a religião fica, assim, dissolvida: não pode interagir de modo algum com o Estado, não pode contribuir com nenhum conteúdo próprio e não pode indicar qualquer experiência específica diferente da coerência lógica da lei, moral, política, jurídica(²²).

Por outro lado, a questão formulada por Rousseau é susceptível de se desenvolver também noutro sentido, na direcção de uma completa redução da teologia natural a culto político. A confissão civil, que deixa os homens livres de professarem qualquer credo, requer, com efeito, uma formulação rigorosa de tolerância, pois confissões diferentes só podem conviver numa mesma sociedade política se todas igualmente aceitarem que cada cidadão se pode salvar da maneira que quiser (IV, 8, pág. 204) (²³). Mas isso significa relativizar por completo o tema da salvação e destruir a essência da experiência religiosa uma vez que, nesse caso, todas as opções se tornam de facto equivalentes. Se admito que cada qual se salva da maneira que quiser, é totalmente irrelevante que adira a este ou àquele credo e o único culto que se mantém obrigatório é unicamente o culto civil, ditado pela razão, ou seja, pelo soberano. Só uma religião poderá, assim, ser institucionalizada num culto público: a profissão de fé civil.

Este foi o caminho que conduziu às experiências dos cultos revolucionários e ao catecismo republicano, nos quais o conteúdo da religião se identifica com os ditames da racionalidade política, enquanto a fé era concebida como instrumento de submissão dos cidadãos à vontade soberano do Estado. Se durante as primeiras fases da Revolução Francesa a Assembleia Nacional Constituinte (1789-1791) e a Assembleia Legislativa (1791-1792) haviam seguido uma linha de compromisso sobre os temas religiosos, com a queda da monarquia e a proclamação da república (21 de Setembro de 1792) os grupos dominantes no seio da Convenção Nacional (1792-1795) empreenderam

---

(²²) I. Kant, *La religione entro i limiti della sola ragione* (1793), trad. it. Roma-Bari, Laterza, 1980, IV, 2, 1-4, págs. 186-212 [*A Religião nos Limites da Simples Razão*, Lisboa, Edições 70, 2008].

(²³) M.L. Lanzillo, *Tolleranza*, Bolonha, Il Muligno, 2001, págs. 111-112.

um processo de descristianização da sociedade com o objectivo de anularem a influência da religião católica para a substituírem por uma teologia cívica. Após a festa parisiense de 10 de Novembro de 1793 difundiu-se rapidamente o culto da deusa Razão apoiado por Joseph Fouché (1759-1820), Jacques-René Hébert (1757-1794) e Pierre-Gaspard Chaumette (1763-1794), que propunham a imposição do ateísmo por via legislativa e conseguiram mandar fechar as igrejas católicas. O decreto adoptado pela Convenção de 7 de Maio de 1794 instituiu, ao invés, o culto nacional do Ser Supremo, que tornava oficial o deísmo panteísta e racionalista dos iluministas e que substancialmente correspondia à confissão cívica de Rousseau. Tratava-se mesmo de uma verdadeira religião política, fortemente almejada por Maximilien Robespierre (1758-1794), o qual pretendia garantir a liberdade religiosa dos cidadãos e proporcionar ao povo, ainda profundamente religioso, a alternativa de um deus mais próximo da natureza humana e mais tolerante.

4. A «teologia civil» contemporânea

Na sensibilidade política dos jacobinos a religião figurava como um instrumento importante de comunicação social, à qual se atribuía a tarefa de dar um conteúdo cultual e filosófico ao sentimento republicano reforçando-o com uma pedagogia política. Esta, todavia, não era apenas uma das possíveis evoluções do culto cívico, que desde o início do século XIX se bifurcou em duas grandes linhas conceptuais, identificáveis como «teologia civil» e «teologia política». Ambas partilharam o destino histórico e científico de terem sido reconhecidas como fenómenos específicos no período entre as duas guerras mundiais. A teologia civil reflecte sobre o fundamento político da teologia, interrogando-se em geral sobre a função da religião na construção do Estado, enquanto a teologia política se dirige ao fundamento teológico da política e investiga as condições de ordem metafísica que tornam possíveis as diferentes formas de comunidade. A «teologia civil» subdivide-se, por sua vez, em dois conceitos distintos: conceito crítico de «religião política» e conceito positivo de «religião civil» ([24]).

A expressão «religião política» já era utilizada na primeira metade do século XIX para indicar um culto subordinado à finalidade do Estado ([25]) e foi especificada nas primeiras décadas do século XX no quadro do debate sobre o totalitarismo. O ponto alto que o processo de descristianização iniciado com o iluminismo atingiu com os cultos cívicos da Revolução Francesa foi, segundo Eric Voegelin (1901-1985), apenas um ponto alto temporário, correspondente a uma fase primordial, enquanto que a dissolução do sagrado, apesar do aparente fracasso do Terror, nunca se interrompeu e atingiu o seu verdadeiro ponto alto apenas no século XX. Em 1938 Voegelin apresentou as ideologias totalitárias do século XX como «religiões políticas» que divinizam o colectivo, seja ele a classe, o Estado ou a raça, numa espécie de instância transcendente, que pretende ser a única fonte de sentido para a acção dos indivíduos ([26]).

Enquanto a análise de Voegelin interpretava a invenção moderna das religiões políticas como decadência da ordem teológica, nesses mesmos anos o sociólogo francês Raymond Aron começava a falar de uma *religion politique* ou *séculière* com a finalidade oposta de demonstrar que uma das raízes do totalitarismo é precisamente o forte sentido de pertença gerado pela mitologia social de uma determinada comunidade. É a adesão ao sagrado o factor que destrói a distinção entre público e privado, e por isso o verdadeiro antídoto para as degenerações

---

([24]) H. Kleger e A. Müller, *Einleitung*, in *Religion des Bürgers*, Munique, Kaiser, 1986, págs. 7-15; E. Gentile, *Le religioni della politica*, Roma-Bari, Laterza, 2001, págs. XIII-XIV.

([25]) Graf, *Politische Religion*, cit. colunas 1470-1471.

([26]) E. Voegelin, *La politica: dai simboli alle esperienze* (1938), editado por S. Chignola, Milão, Giuffré, 1993. Cf. M. Ley, *Politische Religion?*, Munique, Fink, 2003.

do século XX consiste numa forma de religião «secular» que mantém viva a distinção entre o imanente e o transcendente, entre o sagrado e o laico, entre o culto e a sociedade [27]. Desenvolvendo esta linha, a investigação histórica, sobretudo após a queda dos regimes do Bloco Soviético, empenhou-se em reconstruir as teologias implícitas, as simbologias, as liturgias, os rituais evocados pelo fascismo, pelo nazismo e pelo comunismo [28], que Jacob Leib Talmon (1916-1980) definiu recorrendo ao conceito de «messianismo político» e Klaus Vondung ao de «manipulação mágica» [29].

A noção de «religião civil», a outra variante da «teologia civil», inverte, ao invés, o juízo de condenação contra a interferência teológica e torna-se actual quando o discurso político reafirma a centralidade da ética e do seu exercício como elemento fundamental da dimensão cívica. Tal como os conceitos de «religião política» e de «teologia política», também o de «religião civil» é uma fórmula teórica própria da sociologia do século XX, que identificou as raízes de tal fenómeno nos dois séculos anteriores. O início oficial da discussão sobre este tema é feito coincidir com o ensaio *A Religião Civil na América* [30], publicado em 1967 por Robert Bellah, embora já em anos

---

[27] R. Aron, *Introduzione alla sociologia tedesca contemporanea* (1935), trad. it. Lecce, Messapica, 1980.

[28] E. Gentile, *Il culto del littorio*, Roma-Bari, Laterza, 1993; H. Maier, *Politische Religionen*, Freiburg, Herder, 1995; H. Maier (org.), *Totalitarismus und politische Religionem*, Paderborn, Schöningh, 1996-2003; Gentile, *Le religioni della politica*, cit.

[29] J.L. Talmon, *Le origini della democrazia totalitaria* (1952), trad. it. Bolonha, Il Mulino, 1967; *id.*, *Political Messianism*, Londres, Secker and Warburg, 1960; K. Vondung, *Magie und Manipolation*, Göttingen, Vandenhoeck und Ruprecht, 1971; *id.*, *Völkisch-nationale und nationalsozialistische Literaturtheorie*, Munique, Lista, 1973; Cf. H.O. Seitschek, *Eschatologische Deutungen*, in *Totalitarismus und politische Religionem*, cit. vol. 3, págs. 179--192; *id.*, *Politischer Messianismus*, Paderborn, Schöningh, 2005.

[30] R.N. Bellah, *La religione civile in America* (1967), in *id.*, *Al di là delle fedi* (1979), trad. it. Brescia, Morcelliana, 1975, págs. 185-209.

imediatamente anteriores outros autores tivessem tocado no tema ([31]). Originalmente, esta doutrina foi aplicada exclusivamente à história da democracia dos Estados Unidos, e para a explicar foram chamados à colação os conceitos de confissão civil de Rousseau, mas sobretudo as considerações de Alexis de Tocqueville (1805-1859) no segundo livro da *Democracia na América* (1835-1840), onde a religião dos norte-americanos é apresentada como «um cristianismo democrático e republicano» ([32]). Inspirando-se nestes autores e na sociologia de Émile Durkheim e de Talcott Parsons, Bellah definiu a religião civil americana como um conjunto institucionalizado de opiniões sagradas relativas à nação americana, que se exprimem nos documentos constitucionais fundamentais e nos momentos centrais do discurso político. Tais opiniões incluem a fé num ser supremo transcendente, a convicção de que a nação americana recebeu as suas leis de Deus e a convicção de que a providência guia e protege a história dos Estados Unidos e é garante dos valores de liberdade, justiça, caridade e virtude pessoal.

A fórmula epistémica da «religião civil» difundiu-se nos anos 70 e 80 do século XX ([33]), primeiro na sociologia americana e, depois, na europeia ([34]), até se estabilizar numa doutrina

---

([31]) M.E. Marty, *The New Shape of American Religion*, Nova Iorque, Harper, 1959; S.E. Mead, *The lively Experiment*, Nova Iorque, Harper and Row, 1963.

([32]) A. De Tocqueville, *La democrazia in America* (1835-1840), edição de G. Candeloro, Milão, Rizzoli, 1982, II, 9, págs. 290-302; II, 10, pág. 393; III, 1, 5, págs. 437-443; A.S. Kesler, *Tocqueville's Civil Religion*, Albany, State University of New York, 1994.

([33]) W.G. McLoughlin & R. Bellah (orgs.), *Religion in America*, Boston, Mass., Houghton Mifflin, 1968; R.E. Richey & D.G. Jones (orgs.), *American Civil Religion*, Nova Iorque, Harper and Row, 1974; M.E. Marty (org.), *Modern American Protestantism and its World*, Munique, Saur, 1992, vol. 3: L.S. Rouner (org.) *Civil Religion, Church, and State. Civil Religion and Political Theology*, Notre Dame, Ind., The University od Notre Dame Press, 1986; A. Shanks, *Civil Society, Civil Religion*, Oxford, Blacwell, 1995.

([34]) R. Schieder, *Civil Religion*, Gütersloh, Mohn, 1987; *Religion des Bürgers*, cit.; N. Luhmann, *Grundwerte als Zivilreligion* (1981), *op. cit.*, págs. 175-195.

partilhada, que encontrou um renovado interesse no início do novo milénio na sequência do radicalismo fundamentalista, da mobilização protestante nos Estados Unidos da América e das questões levantadas pelos atentados do 11 de Setembro de 2001 [35].

Tal fórmula tornou-se actual também na Itália por ocasião do debate sobre a Constituição da União Europeia, quando, por um lado, o cristianismo foi proposto como raiz cultural original dos povos europeus [36], e, por outro, foi vigorosamente negada a possibilidade de o ensinamento do Evangelho se transformar alguma vez numa religião civil [37]. Por um lado, a dimensão religiosa parece ser essencial para a cultura política das sociedades ocidentais, uma vez que as experiências fundamentais da história religiosa, absorvidas num código de comportamento público, teriam fornecido as regras antes das democracias ocidentais. Mas por outro lado, o cristianismo também foi um grande laboratório de assimilação e reelaboração cultural e muitos dos conteúdos que ele legou às nações europeias provêm de tradições estranhas ao núcleo da mensagem evangélica.

5. A «teologia política» contemporânea

O conceito de «teologia política» também é uma criação do século XX que encontrou os seus antecessores no século XIX,

---

[35] M.E. Marty & R.S. Appleby (orgs.), *Fundamentalisms observed*, Chicago, III, University of Chicago Press, 1991; id., *The Glory and the Power*, Boston, Mass., Beacon, 1992; *Modern American Protestantism and its World*, cit., vol. 10: *Fundamentalism and Evangelicalism*.

[36] M. Pera & J. Ratzinger, *Senza radici*, Milão, Mondadori, 2004; J. Ratzinger, *L'Europa di Benedetto nelle crisi delle culture*, Siena, Cantagalli, 2005.

[37] G. Bottoni (org.), *Fine della cristianità?*, Bolonha, Il Mulino, 2002; E. Bianchi, *La differenza Cristiana*, Turim, Einaudi, 2006. Sobre o mesmo tema cf. também. G.E. Rusconi, *Possiamo fare a meno di una religione civil?*, Roma-Bari, Laterza, 1999; C. Mozzarelli (org.), *Identità italiana e cattolicesimo*, Roma, Carocci, 2003.

de um modo particular na literatura contra-revolucionária católica de Louis Gabriel Ambroise de Bonald (1754-1840), Joseph de Maistre (1753-1821) e Juan Donoso Cortés (1809-1853), para os quais a crise aberta pela revolução só se podia encerrar se a reflexão filosófica identificasse a relação essencial que ligava o plano da teologia ao plano da política [38]. Só deste modo podia ser desenvolvido um método analógico de investigação capaz de mostrar como determinadas representações divinas estavam ligadas a concepções políticas específicas e certas formas de governo implicavam cultos ou confissões específicas [39].

Este princípio analógico pode ser utilizado não apenas como aplicação fundacional, para indicar as condições em que uma sociedade é justa, mas também num uso crítico e negativo, para desmascarar a origem teológica de argumentações políticas. Ludwig Feuerbach (1804-1872) traça, por exemplo, um perfeito paralelismo entre o desenvolvimento da teologia, que se dissolve numa antropologia, e a monarquia que se extingue na república [40]. Num apontamento de 1843, Karl Marx (1818-1883) identifica na troca entre sujeito e predicado o carácter geral da época moderna, «a sua teologia política», à qual nem Hegel se furtou pois concebeu a ideia do Estado como sujeito e a sua existência como predicado, embora na realidade as coisas se passassem de maneira oposta [41]. Pierre-Joseph

---

[38] Cf. *infra*, cap, V, secção 1.1, págs. 178-186.

[39] Ch.L.S. de Montesquieu, *Lo spirito delle leggi* (1748), Milão, Rizzoli, 1989. XXIV, 3-5, págs. 781-783.

[40] L. Feuerbach, *Nachgelassene Aphorismen*, in Id., *Sämtliche Werke*, F. Jodl (org.), Estugarda, Frommann, 1960², pág. 314.

[41] [Anónimo], *Einleitung*, in K. Marx & F. Engels, *Gesamtausgabe* (1927), Glashütten, Auvermann, 1970, I, 1, 1, pág. LXXIV (Kreuznacher Heft, IV, 1853. Cf. F.E. Schrader, *Die Auflösung der «Politischen Theologie» Hegels*, in *Der Fürst dieser Welt*, cit. pág.s 227-248. Sobre a relação entre Deus e o Estado em Hegel cf. G.W.F. Hegel, *Lineamenti di filosofia del diritto*, trad. it. de F. Messineo, Roma-Bari, Laterza, 1974, par. 258, aditamento 152 (de E. Gans), pág. 430. Cf. M. Theunissen, *Hegels Lehre vom absolutem Geist als theologisch-politischer Traktat*, Berlim, De Gruyter, 1970.

Proudhon (1809-1865) nas *Confissões de um Revolucionário* (1849) admira-se com o facto de «no fundo da nossa política encontrarmos sempre a teologia» [42], enquanto Mikhail Bakunin (1814) utiliza o mesmo critério num sentido ideológico-crítico para desmascarar o programa de Giuseppe Mazzini como uma não muito dissimulada «teologia política», termo depreciativo para indicar tudo aquilo que na política tem uma qualquer referência religiosa [43].

Também o tema da analogia estrutural entre teologia e política, como já acontecera com a religião cívica, acabou por ficar, no século XIX, à margem da discussão teórica e surgiu apenas em referências esporádicas e causais. Pode ser encontrado em Arthur Schopenhauer (1788-1860), Sören Kierkgaard (1813--1855) [44], Friedrich Julius von Stahl (1802-1861), Alexis de Tocqueville, Johann Gustav Droysen (1808-1884), Jakob Burckhardt (1818-1897), Otto Gierke (1841-1921), Wilhelm Dilthey (1833-1911), Houston Stewart Chamberlain (1855-1939), Otto Hintze (1861-1940) [45]. Novo e decisivo impulso para a história do conceito de teologia política foram, no início dos anos 20

---

[42] P.-J. Proudhon, *Les confessions d'un révolutionnaire* (1849), Paris, Rivière, 1929, 14, pág. 220; Préface, pág. 60. Cf. B. Voyenne, *Proudhon et Dieu*, Paris, Cerf, 2004; D. Andreatta, *Dalle leggi ai contratti*, Pádua, Cleup, 2002.

[43] M.A. Bakunin, *La théologie politique de Mazzini et l'Internationale*, [Neuchatêl], Propagande Socialiste, 1871. Cf. *id.*, *Opere complete*, vol. 1: *La polemica con Mazzini*, trad. it. Catania, Anarchismo, 1976, págs. 34-98, com tradução feita sobre os manuscritos.

[44] A. Schopenhauer, *Parerga e paralipomena* (1851), trad. it., Milão, Adelphi, 1983, vol. 2, págs. 471-472: S. Kierkgaard, *Diario* (1853), trad. it., C. Fabbro (org.), Brescia, Morcelliana, 1982, X, 4 A, pág. 84.

[45] Tocqueville, *La democrazia in America*, cit., I, 2, págs. 45-48; F.J. Stahl, *Das monarchische Princip*, Heidelberg, Mohr, 1845; *id.*, *Der protestantismus als politisches Prinzip* (1853), Aalen, Scientia, 1987; J. Held, *Politik und Moral*, in K. von Rotteck & K. Welcker (orgs.), *Das Staats-Lexikon*, Leipzig, Brockhaus, 1864³, vol. 11, pág. 571; O. Hintze, *Il principio monarchico e il regime costituzionale* (1911), in *id.*, *Stato e società*, trad. it., Bolonha, Zanichelli, 1980, págs. 27-49. Cf. K.Th. Buddeberg, *Gott und Souverän*, in «Archiv des öffentlichen Rechts», 28, 1937, págs. 257-325.

do século passado, as intervenções de Hans Kelsen (1881-1973) e de Carl Schmitt (1888-1985), que efectivamente considerava Donoso Cortés como seu antecessor[46].

Em alguns ensaios concebidos entre 1913 e 1923, Hans Kelsen identificou uma estreita analogia entre o monoteísmo cristão e a doutrina do direito público e denunciou tal correspondência como efeito de uma metafísica social autoritária, a ser superada por um perfeito panteísmo lógico-jurídico[47]. Na sua obra *Teologia Política* de 1922, que pode ser considerada o verdadeiro início do debate do século XX, Carl Schmitt propôs, ao invés, uma perspectiva diametralmente oposta, que concebia o mesmo paralelismo entre religião e direito como uma necessidade essencial da política moderna. O Estado contemporâneo, com efeito, teria nascido da secularização de categorias teológicas, traduzidas para âmbito político. Nesta correspondência estrutural, a «sociologia dos conceitos», como Schmitt chama à nova forma de saber, identifica em termos propriamente metafísicos quer o princípio essencial do Estado moderno, ou seja, a secularização, quer a estrutura fundamental da vida política, ou seja, o fundamento teológico de todo e qualquer ordenamento. O conhecimento alcançado deste modo, que pretende ser uma doutrina abrangente, cria entre a teologia e a política um vínculo de tal maneira estreito que chega a pôr, paradoxalmente, em dúvida a autonomia histórica e teorética de ambas. Por um lado, de facto, a política está sempre dependente da teologia e a conclusão é ainda mais inquietante quando aplicada à época moderna, que se concebe exactamente como emancipação relativamente à metafísica e à religião; por outro, as ideias da religião, uma vez projectadas na sociedade, envolvem-se nos condicionamentos da história humana, como acontece no caso do monoteísmo, e vêem comprometer a sua pureza transcendente.

---

[46] Cf. *infra*, cap. V, pág. 178, nota 2.
[47] Cf. *infra*, cap. V, secção. 1.1, págs. 178-186.

Nestes dois aspectos concentraram-se as respostas, respectivamente, da filosofia e da teologia nas teses de Schmitt. Entre os filósofos, contra a ideia segundo a qual a sociedade contemporânea seria uma formação não auto-suficiente, quer na formulação de Karl Löwith, quer na de Schmitt, reagiu Hans Blumenberg, propondo o princípio da «legitimidade do moderno» ([48]). A crítica da ideologia de Ernst Topitsch, que se refere explicitamente a Kelsen, respondeu, ao invés, ao teorema da secularização tentando demonstrar que os conceitos políticos modernos não são, originalmente, derivados da teologia, mas ideias do mundo prático que são projectadas no âmbito religioso e, daí, novamente retomadas pela política ([49]). Solução semelhante foi recentemente proposta também por Jan Assmann, que acolhe e inverte a formulação de Schmitt: não é verdade que todos os conceitos da política moderna sejam conceitos teológicos secularizados, mas sim que todos os conceitos centrais da teologia, antiga e moderna, são conceitos políticos teologizados ([50]).

A teologia respondeu ao teorema da secularização reclamando a própria independência e reivindicando o carácter de absoluta alteridade da transcendência religiosa relativamente ao destino mundano. Já nos anos 30 do século XX, Erik Peterson tentou demonstrar que os princípios do cristianismo não são compatíveis com os conceitos políticos, que nunca se deu uma transferência de um campo para o outro e que, em definitivo, a tese de Schmitt seria historicamente infundada ([51]). A mesma reivindicação de separação, expressa na fórmula da «reserva escatológica», é típica também da experiência teológica que se designa a si própria como «nova teologia política» e que se caracteriza pela rejeição radical da «velha teologia política», de todos os esquemas conceptuais e de todas as soluções que se sedimentaram nos debates sobre secularização, confessionalização

---

([48]) Cf. *infra*, cap. V, secção 4.2, págs. 219-221.
([49]) Cf. *infra*, cap. V, secção 4.1, págs. 216-219.
([50]) Cf. *infra*, cap. V, secção 4.3, págs. 221-223.
([51]) Cf. *infra*, cap. V, secção 5.2, págs. 225-229.

e religiões políticas (⁵²), para repensar radicalmente, na sua pureza, a acção do cristão no mundo. No campo protestante, as premissas para esta viragem já estavam presentes na *Declaração de Barmen* (1934) (⁵³), que fixava o credo das igrejas protestantes não alinhadas com o regime nacional-socialista (⁵⁴) e concebia o agir no século como uma praxis essencial, mas instrumental, não sendo possível que a igreja se faça de Estado nem vice-versa, que a política absorva a teologia (⁵⁵).

A novidade do Concílio Vaticano II e a reformulação crítica da Teologia da Libertação não deixaram de se fazer ouvir na teologia católica, que a partir dos anos 60 do século passado aprofundou a reflexão entre teoria e praxis. Como já havia ensinado Erik Peterson (⁵⁶), o agir cristão, interpretado como prática da esperança imitando Jesus Cristo, antecipa a promessa de redenção do mundo e investe todo o espectro da existência humana; tudo isto, no entanto, não se resume a um genérico mandamento ético de fazer o bem, pois a adesão à presença de Deus impele a praxis cristã a questionar-se incessantemente se e até que ponto a sociedade moderna se mantém fiel à mensagem evangélica e, por isso, exige radicalidade em vez de rigorismo, exige uma religião messiânica em vez de uma religião burguesa, um futuro de expectativa em vez de um presente de saciedade (⁵⁷). A mesma rejeição da «velha teologia política» e a aspiração a uma existência cristã verdadeira é ainda mais

---

(⁵²) S. Wiedenhofer, *Teologia politica in Germania 1965-1975*, in «Studia Patavina», 22, 1975, págs. 563-591; *id.*, *Politische Theologie*, Estugarda, Kohlhammer, 1976, págs. 20-30; Metz, *Teologia politica*, cit.

(⁵³) W.-D. Hauschild, *Bekennend Kirche*, in *Religion in Geschichte und Gegenwart*, cit., vol. 1, 1998, colunas 1241-1246; C. Nicolaisen, *Barmen*, *op. cit.*, vol. 1, 1998⁴, colunas 1111-1115.

(⁵⁴) K. Blaser *et al.*, *Tra la croce e la svastica*, Turim, Claudiana, 1984.

(⁵⁵) Graf, *Politische Religion*, cit., colunas 1472-1473.

(⁵⁶) K. Anglet, *Der eschatologische Vorbehalt*, Paderborn, Schöningh, 2001.

(⁵⁷) J.B Metz, *Al di là della religione borghese* (1980), trad. it., Brescia, Queriniana, 1990², págs. 7-24 e 62-97; Wiedenhofer, *Politische Theologie*, cit., págs. 40-48 e *id.*, *Politische Theologie*, in *Staatslexikon*, cit., colunas 497-500.

evidente naquela teologia que levanta o problema da libertação e que continua a designar-se a si mesma como «teologia política» ([58]).

Vista unicamente pelo prisma das vicissitudes dos nomes e no seu sentido «especial», a história da teologia política revela-se no fim de contas uma questão complexa e descontínua. É uma questão complexa porque a designação «teologia política» é apenas uma entre muitas denominações, ao lado da qual seria necessário considerar também fórmulas como «teologia civil», «religião civil», «religião política». É uma questão intermitente porque, mesmo considerando todas as variantes linguísticas, um discurso directo sobre este tema emerge apenas por breves instantes históricos, separados por longos intervalos de silêncio. Também este é um motivo para integrar o ponto de vista da história onomasiológica «especial» numa perspectiva mais ampla, a do conteúdo conceptual, ou seja, a da teologia política em sentido «próprio».

([58]) Cf. *infra*, cap. V, secção 6.2, págs. 239-247.

Capítulo II
A fundação cristã do problema
1. A formulação do problema
1.1. O apóstolo Paulo

Para elaborar uma história da teologia política em sentido «próprio» têm que se verificar duas condições: que tanto a política como a teologia se exprimam num discurso racional. Se a primeira alcançou este estado com os Gregos, a segunda atingiu-o em ambiente helenista por obra de Paulo de Tarso: é com ele, por isso, que se deve dar início a uma reconstrução da teologia política em sentido próprio.

O apóstolo Paulo transformou a pregação evangélica, ou o conteúdo mítico primitivo das comunidades cristãs, na primeira teologia cristã. Concentrando-se no tema da mediação entre o homem e Deus ele formulou uma doutrina estruturada da redenção, na qual Jesus é inteiramente o Cristo, a cruz é o momento fundamental da história, o sacrifício é o princípio necessário do qual derivam sistematicamente todas as consequências para a vida da alma, para a organização da comunidade, para a profissão de fé. Nas suas teses, presentes sobretudo na *Epístola aos Romanos*, as leituras reformistas e contra-reformistas viram, tradicionalmente, uma doutrina da política cristã de natureza puramente teológica, sem qualquer referência à história; a exegese bíblica recente, sob a égide da sigla «Nova perspectiva sobre São Paulo» ([1]), ao invés, situou de novo as suas doutrinas no contexto judaico em que foram elaboradas. Considerando as epístolas do apóstolo no âmbito da situação da Palestina do século I d.C. e à luz das relações entre o judaísmo e o proto--cristianismo, tal exegese bíblica pôde, assim, dar origem a uma «teologia política paulina» ([2]), não tanto para identificar consequências práticas imediatas, eventualmente relacionadas com as seitas messiânicas, com o «zelo» escatológico e os sentimentos da revolta anti-romana ([3]), mas para compreender a proposta da redenção como alternativa teológica global ao domínio religioso do império. Na óptica do império triunfante a obra missionária de Paulo não aparece, assim, simplesmente como a pregação de uma nova experiência religiosa, mas sim como o trabalho de um legado de um reino que há-de vir, que disseminava pelo território romano células de fiéis já devotadas a uma nova lei: um projecto profundamente anti-imperial, que almejava subverter todo o edifício político mediante uma alternativa teológico-política ([4]).

Também segundo esta perspectiva emergem três momentos característicos, que constituem o contributo fundamental que

---

([1]) E. P. Sanders, *Paolo e il giudaismo palestinese* (1977), trad. it., Brescia, Paideia, 1986; R.A. Horsley (org.), *Paul and Empire*, Harrisburg, Pa., Trinity, 1997; J.D.G. Dunn, *La teologia dell'apostolo Paolo* (1998), trad. it., Brescia, Paideia, 1999.

([2]) N.T. Wright, *The Climax of the Covenant*, Edimburgo, Clark, 1991.

([3]) J. Jeremias, *Gerusalemme ai tempi di Gesù* (1923), trad. it. Roma, Dehoniane, 1989; R.A. Horsley, *Banditi, profeti e messia* (1985), trad. it., Brescia, Paideia, 1995.

([4]) M. Hengel, *Violenza e non violenza* (1971), trad. it. Turim, Marietti, 1977; *id.*, *Il figlio di Dio* (1975), trad. it. Brescia, Paideia, 1984; N.T. Wright, *What Saint Paul Really Said*, Grand Rapids, Mich., Eerdmans, 1997.

Paulo deu à teologia cristã e que forma os elementos centrais na recepção do seu pensamento: transcendência, cristologia e projecto de Deus. Em primeiro lugar, o reino de Deus é uma alternativa ao reino de César, algo que o substituirá transcendendo-o. O mundo, de facto, é percorrido por uma profunda fractura já que o pecado afastou o homem da imagem de Deus e deixou-o subjugado à carne (Rm 3, 9-20): todos os homens são pecadores, ninguém é justo e a lei, não podendo ser cumprida, actua como um inexorável instrumento de condenação (2, 15). Só a Encarnação do Filho de Deus permite que o homem, na medida em que participa da natureza de Cristo, veja restaurada em si a imagem divina original (8, 1-4) e seja justificado (3, 26). Mas é então que entre o império do pecado e o mundo redimido do espírito intervém uma alternativa drástica (8, 5-14). Deus, ao mandar à Terra o próprio filho, não reúne Terra e Céu, não emancipa a carne, mas sim condena-a, destrói-a e inaugura o reino do espírito que a supera (8, 3-6). A verdadeira cidade dos cristãos é, com efeito, o Céu (Fil 3, 20). Independentemente de se conceber este passo como um movimento entre duas épocas da Terra ou como um trânsito da Terra para o Céu, o tempo está, de todos os modos, fracturado entre uma era de falsidade e uma era da verdade. Na natureza não habita Deus, mas apenas a morte; a verdadeira vida, a do Deus único só será no tempo futuro. Por isso, a escatologia de Paulo representa a total negação do mundo presente (Rm 6, 4; 12, 2; Ef 2, 15; 4, 17-24) e a recusa em encontrar nele algum sentido implícito, qualquer eventual mistura entre razão divina e pecado humano ([5]). A ideia encarna-se na história para a destruir; Deus desce à Terra apenas para a aniquilar; o contra-império de Jesus subverterá desde os alicerces o império de César.

O segundo elemento característico da teologia de Paulo é a elaboração de uma cristologia fundamental. Jesus não é,

---

([5]) H. Gollwitzer, *Die Revolution des Reiches Gottes un die Gesellschaft*, in *Diskussion zur «Theologie der Revolution»*, cit., pág. 53.

de facto, apenas um Messias chamado a libertar Israel ou a humanidade do domínio do império ou do pecado, mas é o verdadeiro Filho de Deus, reconhecido por todo o mundo humano como Senhor e Cristo (Fil 2, 5-11). Ele é o mediador que torna possível a transformação da carne em espírito porque se fez homem e sofreu o suplício da cruz, mas precisamente ao morrer aniquilou a morte unindo-a à natureza divina (Ef 1, 7). Só o sacrifício de Jesus Cristo pode justificar o homem e fundar a comunidade dos fiéis, a qual subsiste na medida em que reconhece, acolhe e repete o mesmo sacrifício (Rm 3, 26). Como Jesus é o mediador entre Deus e os homens por ter morrido na cruz, assim a Igreja se reúne em torno de Cristo apenas por meio da cruz. O sacrifício é, portanto, o fundamento da cristologia e esta, por sua vez, gera uma eclesiologia na qual a comunidade dos fiéis é depositária e mediadora de salvação.

Em terceiro lugar, a teologia paulina reelabora a ideia bíblica de uma história da salvação, segundo a qual Deus tem um projecto tanto para o homem como para a criação. Quanto ao indivíduo, o projecto de Deus introduz uma diferença entre os homens pois nem todos serão salvos, mas somente aqueles que tiveram a graça de conhecer o Evangelho (Rm 9, 11). As boas obras, por isso, não são suficientes para a salvação se não forem acompanhadas pela fé, mas o imperscrutável desígnio da vontade divina concedeu esse conhecimento apenas a uma parte da humanidade, que foi chamada a ser, por isso, o Povo de Deus (Ef 1, 11; 2Tm 1, 9). A ideia do plano divino implica, por outro lado, também uma dimensão cósmica, já que desde a eternidade que está presente em Deus o propósito misterioso que se revelou em Jesus Cristo e que deve ser anunciado ao mundo inteiro (Ef 3, 9-11). O seu momento central, que diz respeito quer ao indivíduo quer à humanidade, só pode ser o sacrifício da cruz porque «Deus predestinou-o a ser instrumento de expiação por meio da fé, no seu sangue, para manifestar a sua justiça» (Rm 3, 25).

Também a história da salvação, tal como já a eclesiologia, atinge o seu ápice e cumprimento no ponto crucial da meditação paulina: na cristologia do sacrifício eucarístico.

1.2. Os três tipos de teologia política cristã

Depois do apóstolo Paulo a teologia política passa a ser concebida segundo três modalidades diferentes, geradas pelo triângulo da sua reflexão, o triângulo que une Deus, a Igreja e a política, ou seja, Deus, Cristo e o império. O primeiro vértice desta figura contém a ideia da transcendência e divide o mundo em duas dimensões radicalmente separadas, a dimensão da vida eterna, na forma de uma promessa do reino dos céus, e a dimensão do pecado. Este vértice é, como vimos, criação do apóstolo Paulo, obviamente no contexto do judaísmo do período intermédio, e encontrou-se facilmente com o neoplatonismo da idade imperial.

O segundo vértice compreende a Igreja e é consequência da cristologia eucarística, outro importante contributo paulino. A Igreja é a comunidade dos fiéis que se constitui sobre e em torno da cruz, é um corpo místico unificado por um corpo real, o qual, ao morrer, uniu o humano e o divino. O sacrifício de Cristo. Como acto fundamental e como sua reactualização na história, é o meio essencial de comunicação entre divino e humano e institui a Igreja como mediação sacramental. Neste sentido, a eucaristia é promessa de vida eterna, que se realizará no fim dos tempos, mas também sua antecipação, e portanto sua parcial realização já nesta terra.

O terceiro vértice é ocupado pelo reino ou pela natureza e inclui o mundo como problema residual, a vida terrena e o pecado. Como não pertencem ao mundo, mas apenas vivem nele uma parte da sua existência, os cristãos devem definir a relação correcta a estabelecer com a dimensão do século. A resposta mínima pode ser a do respeito exterior pelas instituições terrenas como Jesus mandou (Mt 22, 15-22; Mc 12, 13-17; Lc 20, 20-26). Mas já o famoso capítulo 13 da *Epístola aos Romanos* sugere que «não há autoridade se não a de Deus» e que por isso existe um qualquer vínculo de necessidade entre a vontade de Deus e a existência dos ordenamentos humanos, ainda que sempre ligados ao pecado. O mundo e os fenómenos que nele se encontram colocam, por isso, o cristão perante uma tarefa complexa: ainda que a sua finalidade seja a de fugir do século, vê-se na obrigação de ter que explicar a questão do mal, a eventual presença do bem e o vínculo que une a desordem e a ordem na criação. Este esclarecimento vale para o mundo no seu conjunto, mas aplica-se sobretudo ao homem, à sua vida terrena e aos seus comportamentos morais e políticos. O discurso sobre o bem e o mal é, por isso e antes de mais, uma reflexão sobre a sociedade política e sobre a sua origem (ou não origem) divina, isto é, sobre a relação entre o ordenamento (político) do mundo e a transcendência. Para dar forma a este conjunto de problemas a teologia patrística apoiou-se nas tradições filosóficas antigas, de modo particular no estoicismo e no neoplatonismo. A ideia do *logos*, exposta no prólogo do Evangelho de S. João (1, 1-18) [6], provenha ela da cultura essénica ou do ambiente judaico-cristão [7], ou seja, mediada por Fílon de Alexandria [8], recuperava nesse sentido um conceito fundamental da filosofia

---

[6] Pohlenz, *La Stoa*, cit., II, págs. 269-271; A.M. Hunter, *Il dibattito sul Vangelo di Giovanni* (1968), trad. it. Brescia, Claudiana, 1969.

[7] J.H. Charlesworth, *Gesù nel giudaismo del suo tempo alla luce delle più recenti scoperte* (1988), trad. it Turim, Claudiana, 1994; J.H. Charlesworth (org.), *Gesù e la comunità di Qumran* (1992), trad. it. Casale Monferrato, Piemme, 1997.

[8] Fílon de Alexandria, *La fuga e il suo ritrovamento*, in *id.*, *L'uomo e Dio*, Milão, Rusconi, 1986, 94-112, págs. 234-240; *id.*, *La piantagione di Noé*, 5-10, in *id.*, *La migrazione verso l'eterno*, Milão, Rusconi, 1988, págs. 178-179; *id.*, *L'erede delle cose divine*, Milão, Rusconi, 1994, 188, pág. 147. Cf. Pohlenz, *La Stoa*, cit., págs. 193-215.

estóica; para as mesmas fontes ([9]) e mediações romanas ([10]) e judaico-helenistas ([11]) remetia também a doutrina da lei natural, que Ambrósio (339-397), Agostinho e Lactâncio (250?--320?) integraram na teologia cristã como seu elemento fundamental ([12]). Também por efeito destes enxertos culturais o século ficou claramente configurado como âmbito próprio no seio do pensamento cristão, caracterizado pelo facto de ser acessível à especulação racional.

Os três vértices do triângulo agora descrito – o mundo, Deus e a Igreja –, podem dar vida a três diferentes relações, que definem três diferentes possibilidades da teologia política que se desenvolveu ao longo da história ocidental. O primeiro caso é aquele em que a transcendência se revela no mundo exclusivamente como verbo eterno e, por isso, se manifesta apenas no reino secular. No segundo caso, a transcendência actua no mundo apenas como verbo encarnado e, por isso, está presente apenas na igreja de Cristo. A terceira possibilidade é que a transcendência se dê a conhecer em simultâneo como *logos* eterno e como *logos* encarnado e que actue ao mesmo tempo no reino e na igreja, naturalmente com gradações e proporções diferentes. Para designar com uma fórmula estas três variantes

---

([9]) Diógenes Laércio, *Vite dei filosofi*, edição de M. Gigante, Milão, Editori Associati, 1991, VII, 88, págs. 274-275; *Stoici antichi*, cit., I, 172--177, págs. 84-87; II, 916-917, págs. 806-807; II, 1106-1126, págs. 920--931. Cf. Pohlenz, *La Stoa*, cit., I, págs. 266-273.

([10]) M.T. Cícero, *De legibus*, II, 4, 8; *id.*, *Pro T. Annio Milone oratio*, IV, 10; *Digesta*, I, 1, 1, 3; I, 1, 9; III, 3, 2; *Institutiones*, I, 2, pr. Cf. M. Scattola, *Das Naturrecht vor dem Naturrecht*, Tubinga, Niemeyer, 1999, págs. 22-28.

([11]) Fílon de Alexandria, *La creazione del mondo secondo Mosè*, in *id.*, *La filosofia mosaica*, Milão, Rusconi, 1987, 143, p. 86.

([12]) A. Ambrósio, *I sei giorni della creazione*, in *id.*, *Tutte le opere*, Roma, Città Nuova, 1979, vol.1, V, 21, 66-68, págs. 318-323; A. Agostino, *Contro Fausto Manicheo*, in *id.*, *Opere*, Roma, Città Nuova, 2004, vol. 14, 2, XXII, 27-28, págs. 508-511; *id.*, *La città di Dio*, cit., XIX, 13, 1, pág. 964, XIX, 14, pág. 967; Cf. Lactâncio, *Divinae institutiones*, edição de U. Buella, Florença, Sansoni, 1973, VI, 8, pág. 205.

da teologia política, pode-se dizer que no primeiro caso temos «um império sem igreja», no segundo «uma igreja sem império» e no terceiro «uma igreja com um império». A primeira solução é a do Império Romano do Oriente; a segunda é a do Império Romano do Ocidente nos primeiros cinco séculos da era cristã; a terceira é a do Sacro Romano Império e da Idade Média no seu conjunto.

A história antiga e medieval é dominada pela alternância destas três formas de teologia política; nem a Reforma nem a Contra-Reforma introduziram novidades de relevo, mas argumentaram com os elementos fundamentais deste paradigma. Só em finais do século XVII é que se pôs em discussão não este ou aquele aspecto em específico, mas a concepção de fundo da teologia política cristã, a ideia de que Deus pode, de um modo ou de outro, ou em ambos, comunicar com o mundo. A história da teologia política, entendida em sentido «próprio» conhece, portanto, apenas duas épocas históricas, a da transcendência e a da secularização, que podem ser consideradas como a sua «idade antiga» e a sua «Idade Moderna».

Que no Império Romano de Oriente, ou seja, na sua representação ideal que nos foi dada entre outros por Eusébio de Cesareia, o reino exista sem igreja significa que o império é imediatamente a comunidade na qual vivem os fiéis de Cristo. Deus actua no mundo com a hierarquia da criação, que estabelece diferenças em cada sociedade e entre as várias sociedades do mundo, e com o plano da providência, que inclui não apenas a revelação, mas também a formação de uma grande estrutura política capaz de sustentar a difusão do Evangelho por todos os homens. Se todas as vicissitudes da criação são estrutura da vontade de Deus, então, também o imperador desempenha uma função sacerdotal pois ele é instrumento indispensável da providência, e se ele é chefe do reino dos cristãos, deve ser também chefe da igreja deles. Do ponto de vista da mediação sacramental poder-se-ia também dizer que no mundo tudo é alma e nada é corpo.

A versão de Agostinho inverte este princípio e pressupõe que no mundo tudo é corpo e nada é alma e que, por isso, a única manifestação do *logos* divino na Terra foi a de Cristo. Sobre a cruz foi fundada a sua igreja, que é testemunho vivo do seu sacrifício, e por isso só a ela, e de um modo específico só à ordem sacerdotal, cabe o papel de mediação entre Deus e o mundo. A ordem política não pode, ao invés, ter valor algum em si mesma e deve pertencer ao reino do mal, embora seja necessária para garantir a sobrevivência da comunidade cristã.

No que toca à terceira variante, o verbo divino manifesta-se na revelação e atribui à igreja uma missão sacramental fundada sobre o sacrifício de Cristo, mas ao mesmo tempo também o reino é justificado na ordem do mundo, pois também o século é governado pelo verbo divino. Ao sacerdócio pertence a verdadeira mediação sacramental, pois é dirigida para a vida eterna; todavia, também o rei desempenha uma função em vista da salvação, só que subordinada à igreja, como o corpo está submetido à alma e, portanto, deve ser considerado uma espécie de função ministerial [13]. Já Clemente I Romano (80-99), o segundo ou terceiro pontífice depois de Pedro, e Tertuliano (155?-230?) defenderam a ideia segundo a qual a criação é regulada por uma ordem divina, em cujo vértice participam as hierarquias políticas e o imperador [14]. O mesmo princípio da sacralidade e ministerialidade da autoridade política, que apresenta as potestades seculares como independentes, mas subordinadas à igreja, foi um elemento fundamental da teologia política medieval, a partir de um passo dos *Reconhecimentos* do Pseudo-Clemente

---

[13] K. Groß-Albenhausen, «*Imperator Christianissimus*», Frankfurt a.M., Clauß, 1999.

[14] Clemente I, *La lettera di Clemente ai Corinti*, edição de G. Sirolli, Roma, Presenza, 1996, 20, págs. 37-39; 27-28, 41, 44-45, 57-58; Q.S.F. Tertuliano, *Apologetico*, edição de A. Resta Barile, Bolonha, Zanichelli, 1992, 30-33, págs. 120-128.

(220?) ([15]), utilizado ainda nas discussões dos inícios da Idade Moderna ([16]), através das explicitações de João Crisóstomo, Ambrósio e Gelásio I (492-496) ([17]), até às falsificações do Pseudo-Isidoro (850?).

1.3. O reino sem a igreja. Eusébio de Cesareia

A via que conduz ao cesaropapismo, à identificação entre os vértices do reino e da igreja, começa com Constantino e com Eusébio de Cesareia (256?-337), o primeiro historiador da igreja ([18]), mas também autor da primeira teologia política do império ([19]). No *Discurso Real*, que juntamente com o *Discurso para o Trigésimo Aniversário* forma o texto que nos chegou com o título *Elogio de Constantino*, e em *Teofania*, a obra que trata do *logos* divino e da sua acção redentora ([20]),

---

[15] Pseudo-Clemente I, *I Ritrovamenti*, edição de S. Cola, Roma, Città Nuova, 1993, I, págs. 94-95.

[16] M. Scattola, *Guerra giusta e ordine della giustizia nella dottrina di D. de Soto*, in M. Scattola (org.), *Figure della guerra*, Milão, Angeli, 2003, págs. 100-101.

[17] A. Ambrósio, *Lettere* (70-77), in *id.*, *Tutte le opere*, cit., vol. 21, 1988, X, 76, 19, págs. 146-147 e X, 75ª, 5, págs. 116-117; Gelásio I, [*Lettera ad Atanasio I*], in S.Z. Ehler & J.B. Morrall (orgs.), *Chiesa e Stato attraverso i secoli* (1954), trad. it. Milão, Vita e Pensiero, 1958, págs. 36-37; Isidoro de Sevilha, *Sententiae*, in *Patrologia Latina*, cit., vol. 83, III, 39, colunas 709-710; III, 47, colunas 717 e III, 50-51, colunas 721-724.

[18] Eusébio de Cesareia, *Storia ecclesiastica*, edição de M. Ceva, Milão, Rusconi, 1979.

[19] M. Amerise, *Introduzione*, in Eusébio de Cesareia, *Elogio de Costantino*, edição de M. Amerise, Milão, Paoline, 2005, págs. 33-37; R. Farina, *L'impero e l'imperatore Cristiano in Eusebio de Cesarea*, Zurique, Págs., 1966; M.J. Hollerich, *Religion and politics in the writings of Eusebius*, in «Church History», 59, 1990, págs. 309-325; *La théologie politique de l'empire chrétien*, edição de P. Maraval, Paris, Cerf, 2001.

[20] Eusébio de Cesareia, *On the Theophania*, trad. ingl. do siríaco de S. Lee, Cambridge, Cambridge University Press, 1843. Os primeiros três livros da *Teofania* repetem o texto do *Discurso Real*.

Eusébio parte da evidência de que o universo está ordenado e, portanto, deve ter sido criado pelo Todo-poderoso. Deus não apenas criou o mundo a partir do nada como continuamente o mantém com a sua acção providencial exercida mediante a sua palavra eterna. Deus, a plenitude de todo o bem, tem de facto um mediador eleito, a divina majestade, o Filho unigénito, que dialoga eternamente com o Pai, participa da sua íntima natureza e pode abaixar-se a todos os seres da criação. O *logos* eterno mistura-se, assim, com os entes do cosmos e com a sua potência mantém unido o universo, enquanto o guia com a sua infinita sapiência [21]. A palavra divina é, por isso, um manancial eterno que procede do Pai, uma mente difusa por todo o universo, mas invisível, como um rei que governa a partir do segredo do seu trono e guia todas as vicissitudes humanas até à meta almejada (12, 2-5, págs. 180-183).

A tarefa do mediador divino é, com efeito, restaurar a unidade da humanidade dispersa pelo pecado. A redenção será levada a cabo plenamente no reino de Deus, mas é preparada e iniciada já na terra pelo *logos* divino, que actua de duas maneiras diferentes e simultâneas: encarnando-se na figura de Jesus e governando a história terrena como mente invisível. A infinita sapiência, todavia, dispôs os dois processos de modo a que se reforcem reciprocamente, e assim a pregação do Verbo, a semente da qual nascerá o reino de Deus, caiu num momento de guerras e de profundos tumultos, a que se seguiu um longo período de paz, de maneira a mostrar a fragilidade dos cultos pagãos e o poder da religião cristã. Como a verdade única da palavra eterna varreu os erros e as falsas divindades do politeísmo, do mesmo modo em muitas cidades, fundadas pelos demónios da idolatria, foram reunidas sob a guia do povo romano (16, 5-7, págs. 212-214) [22]. O poder do império não é, por isso, apenas um instrumento no plano da redenção, mas

---

[21] *Id.*, *Elogio di Costantino*, cit. 11, 10-12, págs. 173-176.

[22] *Id.*, *De demonstratione Evangelica libri decem*, in Patrologia Graeco--Latina, cit., vol. 22, III, 2, 965, colunas 178.179.

é também uma manifestação do *logos* divino, uma vez que antecipa a união da humanidade que será completada no reino do Pai. Neste sentido, o império é já a verdadeira sociedade eclesial, na qual se pratica a mensagem evangélica e que não subjaz a mais nenhuma mediação. Neste contexto, mais atento ao Verbo do que a Cristo, mais ao discurso externo do que ao acontecimento da cruz [23], não é possível pensar a igreja como comunidade sacramentalmente separada, e eventualmente contraposta, à comunidade política, uma vez que numa e noutra actua a mesma razão divina, e por isso ambas devem ser a mesma sociedade, a sociedade dos cristãos unidos pelo imperador e a caminho do Pai sob a orientação do Verbo.

Se o *logos* divino intervém na história com a mesma urgência com que se manifesta na revelação, então ele deve estar activo do mesmo modo no Salvador e no imperador, do mesmo modo, mas naturalmente em graus diferentes. Nos prólogos das duas partes do *Elogio* Eusébio declara, por isso, que quer exaltar Constantino não pelos seus méritos militares e políticos, mas pelas suas qualidades de príncipe, as quais remetem para o vínculo secreto que une a autoridade terrena à sua fonte eterna (1, 2-3, págs. 102-103 e 11, 2, págs. 166-167) [24]. A majestade é, com efeito, originalmente um atributo divino, correspondente à luz celeste que circunda o Todo-poderoso. O Pai depois de ter terminado a criação entregou-a ao Filho, que participa da majestade divina (At 7, 55-56) e alcançou uma potestade universal para a preservação do mundo inteiro. Em virtude deste benefício, ele une todas as coisas acima e abaixo da circunferência dos céus, cada qual segundo a própria razão, abre as portas do reino do Pai e permite aos homens antecipar sobre a terra a fruição da existência futura (VI, 9, pág. 113) [25].

---

[23] G. Fedalto, *La difesa cristologica in Eusebio de Cesarea*, in «Bessarione», 1, 1979, págs. 67-83.

[24] L. Tartaglia, *Sul prologo del «De laudibus Constantini» di Eusebio di Cesarea*, in «Koinonia», 9, 1985, págs. 68-73.

[25] Cf. Tertuliano, *Apologetico*, cit., 35, 5, pág. 130.

E é a partir do Verbo divino e através dele que o príncipe romano recebe a sua potestade, como um legado da majestade divina. Assim como Deus governa toda a criação, do mesmo modo o príncipe romano reina sobre o mundo, imitando Deus e irradiando uma centelha da sua própria potência (1, 6, págs. 110-111). Por isso, também o imperador é «caro a Deus» (1, 6, pág. 111) e «apoiado pelas emanações reais do alto» (2, 1, pág. 112). O Verbo entrega-lhe a semente da verdadeira sapiência, ilumina-o e transmite-lhe o saber do reino do Pai, enquanto ele, ao invés, é o intérprete da palavra divina e imita o salvador: como, de facto, o Cristo reabriu as portas do reino do Pai, assim o imperador almeja unir todo o género humano no conhecimento do verdadeiro Deus (2, 4-5, págs. 113-114). O império é, portanto, a comunidade dos fiéis do Deus único, a igreja na Terra, e o imperador é o seu chefe, o responsável pela interpretação legítima do verbo. Deus só fala por meio do Filho ao monarca romano; não há espaço para uma igreja separada do reino.

Foi sobre estes fundamentos, sobre a proeminência do *logos* eterno e sobre o vínculo directo, não mediado pelo sacerdócio, entre reino e transcendência, que se edificou a igreja de Oriente com o seu chefe e imperador. O Concílio de Niceia (325) abriu portas à presença de Constantino; Teodósio II (408-450) convocou o Concílio de Éfeso (449) na qualidade de rei e sumo sacerdote e Marciano (450-457) o de Calcedónia (451) como sacerdote e imperador [26]. A função dogmática dos patriarcas, no entanto, permaneceu intacta até Justiniano I (527-565), que aperfeiçoou o domínio do imperador sobre a igreja não apenas no campo da organização, mas também no âmbito doutrinal [27]. O imperador, agora, não apenas resolvia as

---

[26] E. Dal Covolo & e R. Uglione (org.), *Cristianesimo e istituzioni politiche*, Roma, Las, 1997; E. Dal Covolo & e R. Uglione (org.), *Chiesa e impero da Augusto a Giustiniano*, Roma, Las, 2001.

[27] C. Cappizzi, *Giustiniano I tra politica e religione*, Soveria Mannelli, Rubbettino, 1994.

disputas sobre a natureza humana e divina de Cristo, mas também compunha hinos e tratados sobre matérias teológicas([28]).

1.4. A igreja sem o reino. Santo Agostinho

A segunda grande interpretação da relação entre reino e sacerdócio, entre política e teologia, entre império e igreja, encontrou uma formulação exemplar na doutrina de Santo Agostinho([29]), que se caracteriza por dois elementos: a radical distinção entre as duas cidades em que a humanidade está dividida e o estado de mistura em que ambas se encontram na história governada por Deus. O princípio teológico sobre o qual ambas se fundam é a diferença absoluta entre imanência e transcendência, um pressuposto de base do Cristianismo de S. Paulo, que Agostinho desenvolve até às extremas consequências. Se, com efeito, Deus e o mundo pertencem a duas esferas distintas e incompatíveis, se Deus é verdade, bem e poder, enquanto o outro é pecado, mal, indigência, então, o homem não poderá de modo algum, recorrendo unicamente às suas próprias forças, erguer-se até ao conhecimento de Deus nem o seu agir poderá alguma vez influenciar a vontade omnipotente. Portanto, a graça, que salva o indivíduo, deve ser um dom divino([30]), sempre e totalmente gratuito (XIV, 26, pág. 690), enquanto o livre-arbítrio apenas adquire aquilo que

---

([28]) Justiniano I, *Scritti teologici ed ecclesiastici*, edição de M. Amelotti & L. Migliardi Zingale, Milão, Giuffrè, 1977; N.H. Baynes & H.St. L.B. (ed.), *L'eredità di Bisanzio* (1948), trad. it Milão, Vallardi, 1961.

([29]) H.X. Arquillière, *L'augustinisme politique* (1934), Paris, Vrin, 1955.

([30]) Agostinho, *La città di Dio*, cit. XIV, 11, 1, págs. 665-666; XXII, 1, 2, págs. 1121-1122; *id.*, *Manuale sulla fede speranza carità*, in *id.*, *Opere*, cit., vol. 6, 2, 9, 32, págs. 512-515. Cf. É. Gilson, *Introduzione allo studio di Sant'Agostino* (1929), trad. it. Casale Monferrato, Marietti, 1983; S. Cotta, *La città politica di Sant'Agostino*, Milão, Comunità, 1960; H. de Lubac, *Agostinismo e teologia moderna* (1965), trad. it. Bolonha, Il Mulino, 1968.

já lhe foi entregue e, quando deixado a si próprio, apenas pode escolher o mal.

Do confronto entre as duas posições absolutas, a do sumo bem e a do pecado, resulta uma mistura de divino e humano que leva a postular a existência das duas cidades e a conceber a salvação como acontecimento histórico. Se, de facto, Deus é o sumo bem, ele deve governar todos os acontecimentos do mundo. O livre-arbítrio humano deve, assim, consistir no facto de que também o pecado faz parte dos desígnios divinos e que, por isso, os indivíduos desde a eternidade que estão predestinados para a salvação ou para a danação. A liberdade humana, com efeito, é incompatível não apenas com a presciência divina, mas também com a predestinação, já que Deus escolhe os justos concedendo--lhes a força para reconhecerem a sua graça[31]. No género humano distinguem-se, assim, dois grupos: a grande massa dos danados (XV, 21, pág. 731) e o pequeno grupo dos eleitos, que Deus escolhe em base ao imperscrutável desígnio da sua sabedoria (XIV, 26, pág. 690; XXII, 1, 2, pág. 1121).

Na história humana estão, por isso, ligados, em sentido literal, os destinos de duas cidades: a de Deus, guardada para a salvação, e a dos homens, votada à perdição. A sua raiz comum é, todavia, uma tendência a realizar o fim, a que se pode também chamar amor, entendendo-se com isso a natural aspiração à paz de todas as realidades humanas. Mas a paz depende, por sua vez, da harmonia entre as partes que compõem cada ente e deve, por isso, ser definida como a tranquilidade que acompanha a ordem. Como no universo existem diferentes géneros de compostos, por consequência existem outros tantos tipos de paz (XIX, 13, 1, págs. 963-964). Todas as realidades da criação estão, por sua vez, dispostas numa série ordenada, na qual cada grau superior pressupõe os graus que a antecedem. Se, de facto, falta a paz do corpo, a tranquilidade da alma inferior

---

[31] Agostinho, *La città di Dio*, cit., XXII, 2, pág. 1123; *id.*, *La predestinazione dei santi*, in *id.*, Opere, cit., vol. 20, 6, 11, págs. 242-245.

também fica ameaçada, e se os apetites irracionais não estão serenos também a alma racional não consegue usufruir da sua harmonia e por aí adiante (XIX, 14, pág. 966). Para atingir a paz celeste é, portanto, necessário alcançar uma certa tranquilidade terrena e, por consequência, quer a cidade de Deus quer a cidade dos homens devem usar as mesmas realidades temporais, embora os seus fins sejam, de facto, diferentes. Uma deseja apenas a paz terrena e realiza a concórdia entre os cidadãos mediante a ordem e a obediência para alcançar uma certa harmonia das vontades humanas sobre os problemas da vida mortal; a outra serve-se desta tranquilidade terrena e obedece às leis civis porque, pelo menos no breve espaço da existência humana, vive na dimensão do século (XIX, 17, pág. 971).

Poder-se-ia pensar, neste ponto, que a cidade terrena, como também cada uma das esferas subalternas, realiza uma ordem autónoma, dotada de uma qualquer bondade intrínseca, ainda que limitada a esta vida, e poder-se-ia julgar que a boa disposição do âmbito profano seja propedêutica e necessária para a tranquilidade celeste, como sua condição. Contra esta leitura, que atribui uma certa, ainda que limitada, autonomia ao mundo humano e à natureza, Agostinho formula duas objecções de princípio. Em primeiro lugar, a ordem da justiça pode ser gerada e mediada apenas pelo único e verdadeiro Deus. Por outras palavras, só quem venera Deus pode realizar a justiça sobre a terra, enquanto quem nunca o conheceu não pode dar justo valor às próprias acções. Mas então o mesmo comportamento será virtuoso na presença de Deus, e totalmente pecaminoso na sua ausência. Sem o culto divino não pode existir ordem política alguma e um povo que adore falsos deuses cria sempre sociedades injustas e ímpias, como mostra a história dos Gregos e dos Romanos (XIX, 21, págs. 975-977 e XIX, 24, págs. 984-985). Somente a cidade de Deus pode realizar a verdadeira harmonia entre os homens, já que a cidade terrena é sempre dominada pelo mal, pois é filha do pecado. Esta não pode desempenhar qualquer função escato-lógica, qualquer tarefa sacramental ou ministerial.

A FUNDAÇÃO CRISTÃ DO PROBLEMA

Em segundo lugar, a tranquilidade terrena não é uma condição da paz celeste, aliás, à luz da anterior objecção é inevitável concluir que também a tranquilidade de tipo inferior (das paixões, do corpo, da razão) só é alcançável quando já se realizou a ordem de tipo superior, quando a alma repousa em Deus. Por outro lado, a cidade terrena anda sempre em guerra (XV, 4, pág. 697) e o domínio político, separado dos costumes pios, faz-se acompanhar por uma vida de delito (IV, 4, pág. 221). Convenha-se, por isso, que os santos não precisam da cidade terrena e que serão salvos independentemente dela, se não mesmo apesar dela (IV, 4, pág. 221). Efectivamente, as duas comunidades estão ligadas por duas formas diferentes de temporalidade. Enquanto a cidade de Deus é perpétua e imutável, habitada desde a eternidade pelos eleitos, a cidade dos homens teve um início e terá um fim, e representa um acidente transitório: não existia no paraíso porque a alma não conhecia ainda as paixões (XIV, 26, págs. 688-689) e, do mesmo modo, terminará no fim dos tempos (XIX, 27, pág. 287).

A absoluta diferença entre as duas cidades reflecte-se imediatamente na constituição da história, que é regida pela vontade imperscrutável de Deus.

> A Deus Todo-poderoso [...] não faltou certamente um desígnio relativo ao número de cidadãos da sua cidade, predestinado pela sabedoria e resultante também do género humano que havia sido condenado. Ele escolheu-os não pelos seus méritos, uma vez que todo o género humano fora condenado na sua raiz viciada, mas pela sua graça, mostrando assim todo o alcance do seu dom, não apenas naqueles que foram libertados, mas também entre aqueles que não o foram (XIV, 26, p. 690).

Uma história deste género só pode obviamente ocorrer num tempo aberto e único, que exclui o ciclo do eterno retorno e apenas conhece o mergulhar do passado no futuro (XII,

14-21, págs. 578-594). Tal história é, sobretudo, o desenrolar da redenção, pautada pelos três momentos da Queda, Encarnação e Juízo Final, e articulada pelas intervenções com que Deus preservou a sua cidade, que remonta a Abel e Seth (XV, 17) e que até ao nascimento de Cristo se identificou com o povo de Israel (XV-XVII, págs. 693-856).

Neste contexto, a história humana, isto é, pagã, tem um significado secundário e residual: não mostra nem teleologia nem desenvolvimento em direcção a um fim. A história mundana não melhora nem piora, nem possui um princípio interno de evolução e as suas relações com a cidade de Deus permanecem inalteradas do início até ao fim. A cidade dos santos não deve, com efeito, expandir-se para triunfar sobre a cidade dos homens nem deve agir de forma a separar-se dela, mas deve sim apenas conservar-se a si própria perseverando na fé e na prática das virtudes. Também na história profana se percebem os sinais da justiça divina (V, 12, págs. 279-285 e V, 15, pág. 288) e «é certo que os reinos terrenos dependem da providência divina» (V, 1, pág. 261), todavia, não desempenham qualquer papel na economia da salvação e servem tão-somente para «domar as graves culpas de muitos povos» (VI, 13, pág. 285).

Não existe, portanto, um plano da história que envolva o mundo inteiro, cristão e pagão, num desígnio único. Esta só podia ser a perspectiva de Eusébio de Cesareia, que integrava os destinos dos reinos terrenos no projecto global da providência divina. E se a cidade dos santos é uma comunidade escolhida por Deus, que vive à espera do fim, o reino não pode ter para ela nem sequer uma função negativa, quase como se a cidade dos homens tivesse a tarefa de garantir as condições mínimas de ordem necessárias para a sobrevivência da cidade de Deus. Devido a esta simetria a igreja de Cristo deve militar na história, mas não pode triunfar no tempo. Ela é sem dúvida superior ao reino, mas não pode reivindicar nenhuma tarefa de guia na ordem temporal pois as duas esferas permanecem rigorosamente separadas.

1.5. A igreja e o reino. Gelásio I

A doutrina de Agostinho, que anula o papel do reino no plano da história sagrada, pressupõe um quadro de espera escatológica, que torna supérflua a atenção para com o tempo e a natureza. Mas como a visão cristã se estende no horizonte de um longo período, se o fim não está iminente, é necessário explicar ambos os âmbitos do mundo, e o sacerdócio e o século, para os abranger num mesmo desígnio. A epístola autêntica do papa Gelásio I (492-496) ao imperador Anastásio – que nos chegou através dos *Decretos Falsos* do Pseudo-Isidoro, uma recolha de materiais sinodais e papais pós-apostólicos, amiúde contrafeitos –, publicada em meados do século IX ([32]), por um lado deu um contributo essencial para estabelecer a superioridade do pontífice sobre outras autoridades civis e religiosas, por outro, elaborou um paradigma que concebia o reino e o sacerdócio como duas manifestações autónomas de uma mesmo ordem. A criação, afirma Gelásio I, é regida por dois princípios, que delimitam duas esferas distintas e autónomas: a autoridade consagrada dos pontífices e a potestade real. A vontade de Deus atribuiu ao imperador a chefia exclusiva do âmbito mundano da conduta pública, e assim todos os sacerdotes reconhecem as suas leis; do mesmo modo, aos religiosos foi atribuída a tarefa de dispensar os sacramentos divinos e, portanto, no que respeita a matérias de fé, deve-se a eles obediência pronta e sincera. O próprio imperador, que também é superior em dignidade a qualquer outro homem, no que concerne à salvação do homem submete-se espontaneamente aos ministros religiosos e recebe deles os sacramentos; no que toca

---

([32]) Isidorus Mercator [Pseudo-Isidoro], *Decretalium collectio*, in *Patrologia Latina*, vol. 130. Cf. G. Hartmann, *Der Primat des römischen Bischofs bei Pseudo-Isidor*, Estugarda, Kohlhammer, 1930; W. Ullmann, *Il pensiero politico del Medioevo* (1965), trad. it., Roma-Bari, Laterza, 1984, págs. 86-92.

à religião ele, de facto, depende do juízo deles e não pode fazer valer a sua vontade ([33]).

As duas esferas assim delineadas, a do reino – que conserva a disciplina dos corpos com a lei – e a do sacerdócio – que cuida da salvação das almas com os sacramentos –, não estão totalmente separadas nem no mesmo plano. Explicitando um argumento que viria a ser retomado no século XVI ([34]), Gelásio I recorda, com efeito, que bem maior é o peso do sacerdócio do que o do reino. Ambos são, realmente, responsáveis perante Deus, mas enquanto o imperador terá de prestar contas apenas do seu governo, o pontífice terá de responder não apenas pelo seu agir, mas também pela acção do imperador. Perante Deus o pontífice é, portanto, co-réu do imperador, e, na medida em que é responsável pelas acções deste último, deve ser também capaz de as orientar, censurar e condenar. O sacerdócio e o reino são, portanto, dois segmentos ou âmbitos da mesmo ordem geral e, como a validade de ambos deriva directamente de uma raiz comum, não dependem um do outro; todavia, encontram-se numa relação de tipo hierárquico já que o primeiro tem uma finalidade mais importante do que a do primeiro e, consequentemente, tem que lhe ser superior.

Este paradigma teológico-político estabelecido por Gelásio I foi a plataforma da discussão medieval, que acolheu o seu princípio fundamental e se dividiu, também de um modo acidentado, sobre os modos de o actuar e sobre os limites entre os seus componentes. Eram três os pontos essenciais universalmente aceites deste esquema. Em primeiro lugar, a ordem do mundo compõe-se de três elementos: Deus, fonte de toda a autoridade, a igreja, que cuida da salvação das almas, e o império, que administra a justiça secular. Em segundo lugar, a igreja e o império são autónomos

---

([33]) Gelásio I, [*Lettera ad Anastasio I*], cit. págs. 36-37; *id.*, *Epistolae et decreta*, in *Patrologia Latina*, cit., vol. 59, 13, colunas 71-72. Cf. G. Tabacco, *Sperimentazioni del potere nell'alto Medioevo*, Turim, Einaudi, 1993, págs. 3-41 e 209-242.

([34]) Cf. *infra*, cap. III, secção 3.4, pág. 114.

e recebem de Deus a razão da sua existência. Em terceiro lugar, ambos estão coordenados por uma estrutura interna global que se manifesta através da sua acção no mundo. Os problemas e as diferenças surgiam quando se tratava de especificar os últimos dois pontos: de que modo os dois ordenamentos recebem a sua autoridade de Deus e de que modo estão coordenados entre si?

Pode-se colocar as respostas que a teologia medieval deu a estas duas questões numa escala tipológica e, ao mesmo tempo, também vagamente cronológica. A primeira opção, que corresponde ao pensamento pontifício e canónico, interpretou a relação entre os dois campos claramente em favor do sacerdócio: o âmbito secular estava submetido à esfera espiritual e o rei recebia a sua potestade por mediação do papa. «O poder secular e o poder espiritual são distintos, mas toca ao segundo, em última instância, o direito de estabelecer se o poder secular se mantém dentro dos seus limites «naturais» ou se exorbita deles» ([35]). A segunda solução, formulada em ambientes imperiais, acentuou a mediação real, colocando-a acima da dignidade eclesiástica. A terceira posição, que surgiu com a escolástica e foi também acolhida por Dante Alighieri e Marsílio de Pádua, separou os dois níveis concedendo-lhes perfeita autonomia. Como numa geometria fractal, a tripartição geral do último período da idade antiga replicou-se num dos seus três paradigmas e assim também no seio da teologia política gelasiana foram concebidas três variantes: a agostiniana, a eusebiana e a gelasiana.

2. A teologia política da Idade Média

2.1. *Isidoro de Sevilha*

A solução delineada por Gelásio I foi aprofundada pelo papa Gregório I Magno (590-604), que no seu *Comentário*

([35]) F. Valentini, *Politica I*, Florença, Sansoni, 1969, pág. 267.

Moral a Job e nas suas epístolas especificou ambos os pontos que eram objecto de discussão: a relação entre as duas ordens e a fonte da autoridade terrena. Gregório I concebia, de facto, o sacerdócio e o reino como duas esferas distintas, governadas pelo papa e pelo imperador, cada qual com independência no seu âmbito. Os homens nasceram certamente todos iguais, como ensina o direito romano [36], mas o pecado original difundiu a malvadez e tornou indispensável a subordinação entre quem manda e quem obedece [37].

A potestade do imperador deriva, por isso, directamente de Deus, cabendo-lhe o dever de proteger a igreja, combatendo a heresia, a idolatria e a vida dissoluta do clero [38]. Quem foi colocado no posto de comando deve exercer a autoridade com humildade, segundo o exemplo de David, pois terá que prestar contas a Deus da sua própria conduta; mas quem obedece deve respeitar sem condições a vontade do rei porque a sua autoridade tem uma origem sagrada. Acusar o rei de alguma omissão ou delito significa, com efeito, culpar também Deus que lhe concedeu a potestade [39]. Por consequência, a uma ordem «canónica» da autoridade política é sempre devida obediência, mesmo quando ela é injusta, pelo menos enquanto não obrigar a cometer um delito [40].

Isidoro de Sevilha (560?-636) esclareceu ulteriormente em que sentido o pecado representa a condição da potestade política. Em consequência da queda de Adão foi, de facto, infligida

---

[36] *Digesta*, I, 1, 4.

[37] Gregório I Magno, *Commento morale a Giobbe*, in *id.*, *Opere*, Roma, Città Nuova, 1997, vol. 1, 3, XXVI, 46, págs. 496-497; vol. 1, 4, XXXI, 6, 8, págs. 244-245.

[38] *Ibidem*, XIX, 9, 16, págs. 36-37; *id.*, *Lettere*, in *id.*, *Opere*, cit., vol. 5, 1, I, 72-73, págs. 254-259; vol. 5, 2, IV, 7, págs. 28-29; IV, 32, págs. 78-81; V, 32, págs. 164-167; vol. 5, 3, VIII, 4, pág.s 24-31.

[39] *Id.*, *Commento morale a Giobbe*, cit., vol. 1, 3, XXII, 24, 56, p. 275; *id.*, *Lettere*, cit., vol. 5, 4, XI, 47, págs. 138-141.

[40] *Ibidem*, vol.5, 1, III, 64, colunas 498-499.

aos homens a pena da escravidão, a qual é um auxílio oferecido pela misericórdia divina contra o abuso da liberdade, já que os homens, dominados pelo pecado, se abandonariam a todo o género de crimes se o temor da punição nos os detivesse de cometerem as acções mais torpes. O género humano portanto só se pode conservar se for instituída uma diferença entre quem tem de sofrer o medo e quem pode provocar esse medo. Deus, assim, distinguiu a condição dos homens ordenando que alguns fossem escravos e outros senhores, de modo que a inclinação para o mal de uns fosse evitada pela potestade de outros ([41]). Foi portanto a própria providência divina a ordenar as autoridades seculares, para que aqueles que são chamados à vida espiritual pudessem dedicar-se com muito maior segurança à contemplação (III, 39, 1, coluna 709). Como os príncipes e os reis foram nomeados pela vontade de Deus para refrear os malvados, não é lícito julgar o seu governo, mas é o regime deles que é sempre proporcional aos méritos e às culpas dos súbditos, de modo que até a opressão de um tirano mais não é que a punição imposta a um povo pelos seus pecados (III; 39, 2-3, coluna 709). Por outro lado, o facto de a autoridade não estar sujeita ao juízo dos súbditos não significa que ela actue segundo o seu arbítrio, já que ela é tanto mais obrigada perante Deus, e portanto tanto mais culpada, quanto maior for a liberdade de que goza. Por isso, todas as potestades mundanas continuam sujeitas à disciplina da religião e obedecem às leis que elas próprias promulgaram (III, 50, 5-6, coluna 722). A autoridade secular e a autoridade religiosa colaboram, com efeito, no cumprimento da mesma tarefa de preservar o homem do pecado e são, em igual medida, responsáveis perante o juiz divino. Semelhante cumplicidade vale em primeiro lugar para os príncipes, que foram instituídos para protegerem a igreja e incutir nos súbditos aquele temor da potestade que o sacerdote não pode obter recorrendo

---

([41]) Isidoro de Sevilha, *Setentiae*, cit., III; 47, 1, colunas 717.

unicamente à persuasão; sob o juízo do Todo-poderoso eles deverão prestar contas da condição em que se encontra a igreja que lhes foi confiada, quer quando a justa governação incrementa a paz, quer quando a ordem é dissolvida pelo arbítrio (III, 51, 1-6, coluna 723).

2.2. Os escritores carolíngios

Os dois princípios enunciados por Isidoro – a convicção de que ambas as potestades provêm igualmente de Deus e que ao império cabe a defesa da igreja – foram plenamente desenvolvidos no período carolíngio, quando a estabilidade alcançada pela realeza franca permitiu reivindicar ao imperador a plenitude da protecção sobre a comunidade dos cristãos e uma dignidade próxima da sacralidade do sacerdócio. Já entre os escritores do século IX, que utilizaram de preferência a forma literária do *speculum principis* e desenvolveram um núcleo comum, delinearam-se duas linhas concorrentes. O princípio no qual todos os autores se inspiravam era o de que uma mesma ordem divina governa a vida da sociedade terrena e engloba quer a potestade do papa quer a do imperador. A diferença entre as duas opções dizia respeito à posição do reino e do sacerdócio no seio de tal hierarquia, pois os escritores do período de Carlos Magno acentuaram a função de mediação do império, enquanto os autores da geração seguinte reiteraram a subordinação da potestade secular à potestade eclesiástica.

Alcuíno de Iorque (735?-804), ao dedicar a Carlos Magno o seu tratado *A Fé na Santa e Indivisível Trindade*, recupera o modelo de Isidoro e recorda que a dignidade imperial foi ordenada e colocada por Deus no topo das autoridades humanas para guiar o povo à salvação. Quem foi escolhido para tal honra recebeu do Todo-poderoso tanto a potestade quanto a sabedoria: a primeira para oprimir os soberbos e defender os humildes, a segunda para governar os súbditos na verdadeira religião(⁴²). Uma vez que todos os homens são chamados a pertencer ao povo de Deus, ao imperador cabe essencialmente uma função religiosa, a de proclamar o nome de Cristo por toda a Terra através dos triunfos militares(⁴³). Embora não tenha uma função sacramental directa, uma vez que só o sacerdote pode ser vigário de Cristo (24, colunas 178-179)(⁴⁴), o imperador tem todavia a função de «poupar o povo cristão e de defender a igreja de Cristo» (109, coluna 330), de ser «presídio da igreja» (164, coluna 428) e de zelar que a reverência e o temor para com ela nunca diminuam, mas, ao invés, aumentem (157, coluna 414).

Na sua *Via regia* (814), dedicada a Ludovico, *o Pio* (⁴⁵), Esmaragdo de São Miguel (?-830) acentua o carácter consagrado da autoridade imperial(⁴⁶) recordando os três sinais que caracterizam o verdadeiro rei: Deus gerou-o a partir de uma estirpe nobre, ungiu o seu chefe com o sagrado crisma e adoptou-o como filho(⁴⁷). Foi portanto o Todo-poderoso quem constituiu o imperador como rei do povo terreno e quem o nomeou «herdeiro no seu céu do seu próprio Filho», de modo que ele governará para sempre com Cristo. A elevação do imperador à figura de «herdeiro do Filho» e co-regente do reino eterno recupera exactamente a linguagem da majestade, pois a unção com o crisma replica no campo terreno a consagração de Jesus, que foi ungido por Deus, ou seja, elevado à condição de senhor de todos os homens, com o Espírito Santo (At 10, 38)(⁴⁸). A majestade é, com

---

(⁴²) Alcuíno de Iorque, *De fide sanctae et individuae trinitatis libri tres*, in Patrologia Latina, cit., vol. 101, colunas 11-12.

(⁴³) *Id.*, *Epistolae*, *op. cit.*, vol. 100, 109, colunas 329-330.

(⁴⁴) *Id.*, *Orationes ad Deum et apóstolos*, *op. cit.*, vol. 101, coluna 1167.

(⁴⁵) Esmaragdo de São Miguel, *Via regia*, *op. cit.*, vol. 102, colunas 931-970. Cf. J.C. & R.W. Carlyle, *Il pensiero politico medievale* (1903-1936), trad. it. Roma-Bari, Laterza, 1956, vol. 1, págs. 230-238.

(⁴⁶) H.H. Anton, *Fürstenspiegel A. Lateinisches Mittelalter*, in *Lexikon des Mittelalters*, Munique, Artemis und Winckler, 1989, vol. 4, colunas 1040-1049.

(⁴⁷) Esmaragdo de São Miguel, *Via regia*, cit., coluna 933.

(⁴⁸) Fausto de Riez [Pseudo-Pascásio Diácono], *De spiritu sancto libri duo*, in *Patrologia Latina*, cit., vol. 62, I, 10, colunas 20-21.

efeito, atributo de Cristo sentado à direita do Pai (At 7, 55-56; Mt 26, 64; Mc 16, 19; Sal 110, 1)([49]), do qual, a teologia política medieval e proto-moderna se expande sobre os reinos da terra como um raio de virtude divina([50]). Adoptado desde a infância como filho de Deus e herdeiro de Cristo, o rei cristão deve fazer frutificar todos os dons divinos que recebeu e ser excelente em todas as virtudes; por outro lado, deve preservar a comunidade dos fiéis reprimindo o vício, condenando quem deve ser condenado e cumprindo conscienciosamente o ministério real, já que ele age «como se fosse Cristo»([51]). Foi neste ponto que, na confusão dos papéis, a figura do rei mais se aproxima da função sacramental, segundo o modelo bíblico de Melquisedec, o rei-sacerdote (Gn 14, 18-20; Sl 110, 4), e que na *Constituição Romana* do ano 824 assegurou ao imperador o controlo sobre os Territórios de São Pedro pretendendo o juramento de fidelidade do pontífice antes da sua consagração.

Os escritores da geração seguinte, envolvidos nas lutas entre Ludovico, *o Pio* e os filhos, regressaram com mais decisão ao esquema de Gelásio I e reiteraram a superioridade da autoridade eclesiástica sobre a autoridade secular. Neste sentido, Agobardo de Lião (760?-840) defendeu em *Comparação entre Governo Eclesiástico e Político* (833), obra publicada pouco antes da batalha de Lügenfeld, que a autoridade espiritual representa Deus na terra e por isso é chamada a julgar também a

---

([49]) Cf. Hilário de Poitiers, *Tractatus super Psalmos*, *op. cit.*, vol. 9, 2, 24--25, colunas 275-276; 66, coluna 397, onde é o homem em geral que é assumido à direita de Deus; Arnóbio, o Jovem, *Arnobii catholici et Serapionis conflictus de Deo trino et uno*, *op. cit.*, vol. 53, 1, 11, colunas 256-258; Máximo de Turim [?], *Sermones dubii et suppositi nec non duo epistulae*, *op. cit.*, vol. 57, 29, coluna 907; Beda, o Venerável, *Liber retractationis in Actus apostolorum*, *op. cit.*, vol. 92, 3, colunas 1005-1006.

([50]) Tomás de Aquino, *I sermoni e le due lezioni inaugurali*, Bolonha, Esd, 2003, 5, pág 94; *id., Super Epistolas S. Pauli lectura*, Turim, Marietti, 1953, vol. 2, 1, 2, 41-44, págs. 344[b]-345[b].

([51]) Esmaragdo de São Miguel, *Via regia*, cit. coluna 933.

governação secular(⁵²). Também os *specula principum* (*) publicados nesses anos recuperam a diarquia das potestades seculares e espirituais, na sequência das orientações sinodais do concílio de Paris (829)(⁵³). Na abertura da sua *Instrução do Rei* Jonas de Orleães (780-843) retoma a distinção de Gelásio I e comenta-a com uma frase de Fulgêncio de Ruspe [468-533] segundo a qual o pontífice é o sumo vértice da igreja, enquanto o imperador é a mais alta potestade do mundo cristão(⁵⁴), mas recorda também que a autoridade sacerdotal é muito mais importante do que a autoridade real pois tem de prestar contas a Deus pela acção de todos os magistrados terrenos(⁵⁵). O rei é julgado pelos bispos e estes, por sua vez, são chamados a justificar-se perante Deus: assim, a hierarquia das autoridades deve ser pensada como uma escala descendente que vem de Deus até à dignidade sacerdotal e desta até à potestade real e, de seguida, até aos súbditos (I, 2, coluna 286).

Uma das fontes fundamentais da argumentação desenvolvida por Jonas é o *Tratado dos Dozes Males do Século*, uma obra produzida pelo monaquismo irlandês do século VII e falsamente atribuída a Cipriano de Cartago ou a Santo Agostinho (⁵⁶). O mesmo livro figura também nas referências de Incmaro de Reims (806?-882?), que, no seu tratado *A Pessoa do Rei e o*

(⁵²) Th. Sickel, *Agobardus*, in *Allgemeine Deutsche Biographie*, Leipzig, Duncker und Humblot, 1875, vol. 1, págs. 140-141.

(*) Os *speculum principum* (ou, no singular, Espelho do Príncipe) são obras de tipo educativo e moral que esboçam o ideal do governante: indicam as suas responsabilidades e deveres, as virtudes do bom governante, os critérios de formação e educação do príncipe, etc. (*N.T.*)

(⁵³) *Concilia aevi Karolini 742-842*, Hannoverae, Hahnius, 1908 (Monumenta Germaniae histórica, Leges, Concilia, 2)

(⁵⁴) Fulgêncio de Ruspe, *De veritate praedestinationis et gratiae Dei*, in Patrologia Latina, cit., vol. 65, II, 22, 38, coluna 647.

(⁵⁵) Jonas de Orleães, *De institutione regia*, *op. cit.*, vol. 106, I, 1, coluna 285.

(⁵⁶) Pseudo-Cipriano, *De duodecim abusionibus saeculi tractatus*, *op. cit.*, vol. 4, IX, coluna 887-888. Cf. E. Heyse, *De duodecim abusivis seculi*, in *Lexikon des Mittelalters*, cit., vol. 125, coluna 833-856.

Ministério Real, o comenta amplamente. Também para Incmaro a potestade real tem origem directa em Deus, que premeia ou pune os povos enviando-lhes um príncipe justo ou um tirano [57]. O Todo-poderoso, com efeito, unge o rei «no governo do reino com o óleo da graça do seu Espírito Santo, com o qual ungiu os sacerdotes, os profetas e os mártires, que com a fé conquistaram reinos e exerceram a justiça» [58]. Conservando as leis e administrando as sentenças, o imperador contribui, de facto, para a realização da ordem da justiça divina, que Incmaro, citando o Pseudo-Cipriano, define como «a única via real, isto é, a lei de Deus, que não se dobra nem à esquerda nem à direita» [59].

2.3. A mediação sacerdotal

Os princípios comuns e as diferentes opções do período carolíngio foram explicitados pelos escritores do século IX, os quais se diferenciaram ulteriormente por colocarem alternadamente uma ou outra no topo das potestades humanas. O *Dictatus papae* de 1075, a recolha dos 27 cânones promulgados por Gregório VII (1073-1085) na sua luta contra Henrique IV, continha nesse sentido uma dupla afirmação da superioridade do Papa: no seio da igreja e em relação ao imperador. Já que, de facto, a igreja romana foi fundada pelo único Senhor, só o pontífice romano é universal por direito (artigos 1 e 2). Além do mais, pelos méritos de São Pedro ele torna-se santo assim que é ordenado canonicamente e, por consequência, a igreja romana não pôde nem jamais poderá errar (artigos 23 e 22), nem alguém pode ser considerado católico se não concordar com os seus ensinamentos (artigo 26). Por isso, o Papa pode depor o imperador (artigo 12) e desvincular os súbditos do juramento de fidelidade

---

[57] Incmaro de Reims, *De regis persona et regio ministerio*, in Patrologia Latina, cit., vol. 125, colunas 833-856.

[58] *Id.*, *Coronationes regiae*, *op. cit.*, coluna 807.

[59] *Id.*, *De regis persona et regio ministério*, cit., 27, coluna 851.

quando os reis são iníquos (artigo 27), e o príncipe excomungado deixa de poder conviver com os fiéis e deve ser segregado do consórcio cristão (artigo 6)[60].

A posição de Gregório VII, que mantém distinta a existência de duas ordens, terrena e celeste, não é a negação da cidade do homem em nome da cidade de Deus, mas aproxima a primeira da segunda até quase a fazer desaparecer. O reino deve, portanto, ser uma emanação da igreja, ou estar sob o seu controle. Estes pressupostos teóricos, que estavam na base do *Dictatus papae*, foram reiterados por Gregório VII em duas cartas ao bispo Hermano de Metz de 1076 e 1080, que justificavam as duas excomunhões infligidas aos reis romanos[61]. O argumento fundamental utilizado pelo papa remetia para a ideia do vicariato divino. Cristo, com efeito, escolheu Pedro como seu sucessor na terra ordenando-o que apascentasse o seu rebanho (Jo 21, 15-17) e deu-lhe as chaves do reino dos céus e o poder de ligar e de desligar no Céu o que é ligado e desligado na Terra (Mt 16, 17-20). «E se a Santa Sé Apostólica, pela potestade de comando que lhe foi dada pela Divindade, decide e julga sobre as coisas espirituais porque não também sobre as seculares?». Os príncipes e os reis são, na realidade, membros da igreja e quando descuram os preceitos da religião pecam, em primeiro lugar, contra a justiça divina e demonstram ser sequazes do Anti-Cristo (pág. 61). Também contra eles, por isso, deve ser feita valer a faculdade de ligar e desligar, que o Papa exerce mediante o instrumento da excomunhão, eximindo os súbditos do vínculo da obediência.

O mérito de ter elaborado a imagem, de resto já utilizada por Alcuíno de Iorque e Henrique IV, que se tornaria canónica para explicar a relação de subordinação do império relativamente à

---

[60] Gregório VII, *Il «Dictatus papae» sul potere dei pontefici*, in *Chiesa e Stato*, cit. págs. 56-58.

[61] *Id., Prima lettera al vescovo Ermanno di Metz*, op. cit., págs. 59-62; *id., Seconda lettera al vescovo Ermanno di Metz*, op. cit, págs. 69-78; Cf. Carlyle, *Il pensiero politico medievale*, cit., vol. 2, págs. 375-516.

igreja, é de Bernardo de Claraval (1090?-1153). Comentando no seu tratado *A Consideração* o trecho do Evangelho de Lucas (22, 38), em que os apóstolos mostram a Jesus duas espadas, ele defende que estas representam a potestade espiritual e a potestade temporal. Ambas são da responsabilidade da igreja porque, caso contrário, aos discípulos que diziam: «Senhor, aqui estão duas espadas», Jesus não teria respondido: «Chega», mas sim: «É demais». Apesar de ambas pertencerem à autoridade religiosa, as duas espadas são utilizadas, no entanto, de modos muito diferentes: a espada temporal é desembainhada apenas *em função* da igreja, pela mão do soldado, mas a um gesto do sacerdote, e a espada espiritual, ao invés, também é desembainhada *pela* igreja [62]. Saindo da metáfora, ambas as potestades – sobre as almas e sobre os corpos –, fazem parte do mesmo ordenamento, que tem a sua concretização humana na comunidade dos fiéis. A igreja possui ambos os gládios, mas não os pode empunhar da mesma maneira, porque a sua missão é a de convencer as almas mediante a pregação, e deve deixar a coerção dos corpos ao magistrado secular. Deste modo, o sacerdócio torna-se responsável por todas as esferas da ordem terrena, mas ao mesmo tempo é excluído do exercício directo do governo e da força. Neste sentido, o contexto da formulação de Bernardo sugere que o seu objectivo seja precisamente o de censurar a ingerência do clero nas questões temporais. A metáfora das duas espadas é, de facto, utilizada, para confirmar que o Papa jamais deve empunhar a lâmina da justiça terrena, e que o mandamento «Apascenta as minhas ovelhas» (Jo 21, 15-17) obriga-o a vestir sempre a farpela do pastor, isto é, a anunciar, inerme, o evangelho, mesmo quando é chamado a pregar aos dragões e aos escorpiões (IV, 3, 6, págs. 868-869).

---

[62] Bernardo de Claraval, *La considerazione a Eugenio papa*, edição de F. Gastaldelli, in *id.*, *Opere*, Milão, Scriptorium Claravallense, 1984, vol. 1, IV, 3, 7, págs. 868-871.

Nos anos imediatamente a seguir, a doutrina das duas espadas foi retomada, *tout court*, por João de Salisbúria (1100?--1180) no *Policraticus*, que explicitou o carácter ministerial da potestade secular. O príncipe recebe, com efeito, o gládio secular das mãos da igreja, que, de facto, é de sua propriedade, mas que todavia renuncia a usar para se cingir apenas à autoridade sobre as coisas espirituais e para não manchar as suas mãos com sangue. Como ambas as funções provêm da mesma fonte divina, não existe distinção de qualidade entre a potestade temporal e a potestade eclesiástica, mas são dois graus diferentes da mesma ordem, de modo que também o príncipe é ministro do sacerdócio. Como todo o dever prescrito por leis divinas é justo e pio, assim é santo também o rei que age segundo as indicações da justiça celeste; mas é naturalmente inferior à santidade do clérigo tanto quanto a punição das malfeitorias, que envolve a disciplina dos corpos, está subordinada ao cuidado das almas [63].

Com os papas canonistas Inocêncio III, Gregório IX e Inocêncio IV, a ideia da mediação pontifical enunciada por Gregório VII atingiu formulações radicais e foi codificada na doutrina da «plena potestade» (*plenitudo potestatis*), uma fórmula que remontava a uma carta do papa Leão I e que surgira também numa epístola do papa Virgílio I de 538, já inserida nas recolhas do Pseudo-Isidoro e, por fim, integradas no *Decreto* de Graciano [64]. Nos seus sermões e nas suas bulas, incluídas nas *Decretali* ou *Liber Extra* do espólio de direito canónico, Inocêncio III (1198-1216) apresentou o reino e o sacerdócio como duas ordens conjuntas, mas distintas e hierarquicamente

---

[63] João de Salisbúria, *Polycraticus*, in Patrologia Latina, cit., vol. 199, IV, 3, coluna 516. Cf. também Hugo de São Victor, *De sacramentis Christianae fidei*, *op. cit.*, to. 176, II, 2, 3-4, colunas 417-418.

[64] Leão I, *Epistolae*, *op. cit.*, to. 54, 14, coluna 671; Graciano, *Decretum*, II, 3, 6, 8 (Leão I, 446?); II, 2, 6, 12 (Virgílio I, 538); II, 2, 6, 11 (Gregório IV, 833). Cf. E. Cortese, *La norma giuridica*, Milão, Giuffrè, 1964, II, págs. 203-230; R.L. Benson, «*Plenitudo potestatis*», in «*Studia Gratiana*», 14, 1967, págs. 195-217.

subordinadas. Deus, com efeito, criou duas grandes dignidades no firmamento da igreja, que são como as duas espadas que os apóstolos apresentaram a Jesus (Lc 22, 38) e como as duas grandes luzes do céu, a maior para iluminar o dia e a menor para clarear a noite. O sacerdócio governa o dia das coisas espirituais e liberta as almas prisioneiras das correntes do pecado porque lhe foi concedido o privilégio de ligar e desligar na Terra e no Céu; o reino resplandece nas trevas da heresia e dos inimigos da fé cristã para verificar as injúrias cometidas contra Cristo e os cristãos, punir os malfeitores e premiar os justos com a potestade do gládio material [65].

Mesmo admitindo, em linha de princípio, uma certa autonomia das duas dignidades, o sacerdócio é tão superior ao reino como a alma o é comparativamente ao corpo e, neste último, a cabeça em relação aos membros, já que nenhum corpo pode viver sem alma e os membros só podem dizer que pertencem ao mesmo corpo quando obedecem a uma mesma cabeça. Como Cristo é, de facto, a mente que anima o corpo da igreja (Ef 5, 22-24), assim Pedro deve ser a cabeça da igreja (Jo 1, 42; Mt 16, 18-19) e a ele, como também a todos os seus sucessores, Jesus concedeu a plena potestade sobre todos os outros membros [66], a qual mais não é do que um reflexo daquela majestade que ele, enquanto Filho de Deus, tem no Céu e na Terra (Mt 28, 18; Jo 3, 35) [67]. Consequentemente, o pontífice não é apenas vigário de Pedro, mas sim, «vigário

---

[65] Inocêncio III, *Registrum super negotio Romani Imperii*, in *Patrologia Latina*, cit., vol. 216, 2, coluna 997; 32, coluna 1035.

[66] Carlyle, *Il pensiero politico medievale*, cit., vol. I, págs. 509-558; vol. 3, págs. 161-447; L. Buisson, «*Potestas*» *und* «*Caritas*», Colónia, Böhlau, 1958; W. Ullmann, *Il papato nel Medioevo* (1972), trad. it. Roma-Bari, Laterza, 1999, págs. 226-230; K. Pennington, *Pope and Bishops*, Filadélfia, University of Pennsylvania Press, 1984.

[67] Inocêncio III, *Registrum*, cit. 18, coluna 1012; Id., *Sermones*, in *Patrologia Latina*, cit., vol. 217, *De tempore*, 18, coluna 395; *De sanctis*, 13, colunas 516-517; 21, colunas 547-556; *De diversis*, 2, colunas 657-658; *id.*, *De sacro altaris mysterio libri sex*, *op. cit.*, vol. 217, I, 8, colunas 778-779.

de Cristo». Se o reino secular nasceu da violência humana, o sacerdócio foi, ao invés, instituído por ordem divina, tanto que na sua forma original, na ordem Melquisedec, englobava também ambas as dignidades (Gn 13, 17-20), e enquanto que aos príncipes foi concedido apenas um domínio sobre o corpo e limitado a uma única província, o pontífice governa, pelo contrário, sobre as almas e exerce a sua potestade sobre toda a terra e sobre todos os seus habitantes [68].

Inocêncio III tirou as extremas consequências quanto à relação entre as duas sumas autoridades nos três decretos *Venerabilem* (1202), *Per venerabilem* (1202) e *Novit* (1204) [69]. Embora tanto os sacerdotes como os reis sejam consagrados com o mesmo crisma, quem unge, o sacerdote, deve ser evidente-mente superior a quem é ungido, superior ao rei [70]. A eleição do imperador romano é, sim, um direito dos príncipes germânicos – que o exercem por tradição depois que a sede apostólica transferiu o império romano das mãos dos Gregos para a pessoa de Carlos Magno –, todavia, é ao Papa que compete o direito de examinar a pessoa designada para rei dos Germânicos para depois a elevar ao grau de imperador com a unção, a consagração e a coroação. Quem tem a faculdade de impor as mãos tem também, de facto, a faculdade de julgar o candidato, já que nunca poderia ser elevado ao trono real um sacrílego, um excomungado, um herege ou um tirano [71].

Inocêncio IV (1243-1254) confirmou na encíclica *Eger cui lenia* (1246), cuja autenticidade é, no entanto, dúbia, e no seu comentário às *Decretali* a doutrina da plena potestade formulada pelos antecessores, enquanto a bula *Unam sanctam*

---

[68] *Id.*, *Registrum*, cit., 18, coluna 1013.

[69] *Decretalium compilatio (Liber Extra)*, I, 6, 34; IV, 17, 13; II, 1, 13. Para a tradução cf. Inocêncio III, *Per venerabilem fratrem*, in *Chiesa e Stato*, cit., págs. 98-101; *id.*, *Novit ille*, *op. cit.*, págs. 102-104; *id.*, *Venerabilem fratrem*, *op. cit.*, págs. 104-105.

[70] *Id.*, *Registrum*, cit., 18, coluna 1012.

[71] *Id.*, *Venerabilem fratrem*, cit., pág. 105.

(1302) de Bonifácio VIII (1295-1303) resumiu de forma definitiva os principais argumentos a favor da superioridade do papado, aplicando-a não apenas ao imperador, mas também a todos os outros reis da Cristandade, embora não tivessem sido consagrados pelo pontífice [72]. Bonifácio parte do pressuposto que não existe salvação fora da igreja de Roma, confiada a Pedro e a todos os seus sucessores. Nesta passagem ambas as espadas, a do poder espiritual e a do poder temporal, foram originalmente entregues ao pontífice, que delega depois uma delas à autoridade secular. Tanto o sacerdócio como o reino têm, portanto, uma origem divina, mas o Papa recebe o seu poder imediatamente de Deus, enquanto a autoridade temporal chega ao rei apenas mediatamente, por intercessão do pontífice. Mas se é a dignidade espiritual que institui a dignidade terrena, então, essa terá também o direito de a julgar, no caso de degeneração [73].

Os canonistas do século XIII, de que se devem recordar sobretudo Inocêncio IV e Enrico de Susa (1200?-1287), aplicaram sistematicamente a doutrina da *plenitudo potestatis* estendendo, em casos específicos, a competência do Papa também sobre os infiéis. Se o direito natural e a revelação pertencem a uma única e mesma ordem criada por Deus, então, o sacerdote, o intérprete da revelação divina, é capaz de julgar também todos os crimes contra o projecto de Deus. Por consequência, a jurisdição do pontífice quanto ao bem da lei natural deve estender-se ao mundo inteiro, e ele tem a faculdade de condenar quem pratica delitos contra a lei natural, independentemente

---

[72] *Extravagantes communes*, I, 8, 1. Para a tradução cf. Bonifácio VIII, *Unam sanctam*, in *Chiesa e Stato*, cit., págs. 122-125.

[73] *Sacerdozio e regno da Gregorio VII a Bonifacio VIII*, edição da Pontifícia Universidade Gregoriana, Roma, Gregoriana, 1954; B. Tierney, *The Continuity of Papal Political Theory in the Thirteenth Century*, 1965, in *id.*, *Church Law and Constitutional Thought in the Middle Ages*, Londres, Variorum, 1979, 5, págs. 227-245; J.A. Watt, *The Theory of the Papal Monarchy in the Thirteenth Century*, Londres, Burns & Oats, 1965.

do facto de o pecador pertencer à igreja de Cristo ou ser um pagão. Baseando-se neste argumento Inocêncio IV concluiu no seu comentário às *Decretali* que o Papa pode declarar guerra contra os infiéis quando estes cometem pecado contra a lei divina, por exemplo, quando não admitem que os seus povos ouçam a pregação do Evangelho, já que a veneração do Deus verdadeiro é o primeiro dos preceitos naturais ([74]). Enrico de Susa compendiou esta argumentação numa fórmula que atribuía ao pontífice jurisdição e plena potestade sobre a totali-dade da urbe terrestre.

> Estamos convictos, aliás, sabemos por certo que o Papa é o vigário geral de Jesus Cristo e que, por isso, detém a potestade não apenas sobre os cristãos, mas também sobre todos os infiéis. Como, de facto, Cristo recebeu a potestade plenária, não seria um pai de família precavido e sapiente se não tivesse atribuído ao seu vigário, que deixava na terra, uma plena potestade sobre todos os homens. Por isso se diz do Papa não só que tem a potestade, mas também que tem a potestade plena, porque Cristo deu a Pedro e aos seus sucessores as chaves do reino dos céus. Daqui resulta que o Papa tem potestade e jurisdição sobre todos os homens, de direito obviamente, não de facto ([75]).

Durante a polémica que opôs Bonifácio VIII a Filipe, *o Belo* de França as mesmas doutrinas foram defendidas e radicalizadas nos escritos de Egídio Romano (*A Potestade Eclesiástica*, 1301), Henrique de Cremona (*A Potestade do Papa*, 1301), Iacopo Capocci de Viterbo (*O Governo Cristão*, 1301) e nos de epígonos como Agostinho Trionfo (*Suma sobre a Potestade Eclesiástica*, 1320) e Guido Vernani de Rimini (*A Potestade*

([74]) Inocêncio IV, *In V libros Decretalium commentaria*, Venetiis, [s.e.], 1570, III, 34, 8, 1-10, págs. 513^b-515^a.

([75]) Enrico de Susa, *In tertium Decretalium librum commentaria*, Venetiis, Giunti, 1681, XXXIV, 8, 14, fo. 128^{rb-va}.

do Sumo Pontífice, 1327? e *Confutação da «Monaquia»*, 1329--1334). Tais doutrinas, por fim, chegaram à época da Reforma ([76]) pela mediação de canonistas e teólogos como Nicolau Tedeschi e Álvaro Pelayo.

2.4. A mediação real

Como mostram as formulações mais radicais dos canonistas, a plena potestade do Papa é uma faculdade jurisdicional, uma capacidade de examinar e julgar, e deriva da responsabilidade pontifical para com o ordenamento imprimido por Deus na criação. Pensando na *iurisdictio* e na *plenitudo potestatis* destes textos no contexto da soberania moderna, isto é, no contexto da faculdade de dispor do direito no seio de um determinado território, poder-se-ia ser facilmente induzido a ver em tais formulações uma doutrina da «monarquia papal» ou da «hierocracia». Tais formulações, na realidade, não contêm a pretensão de um governo do papa sobre o império ou sobre o mundo, mas levam às extremas consequências um princípio já presente nas formulações de Gelásio I, segundo o qual o sacerdócio e o império fazem parte de uma mesma ordem teológica e política e devem, por isso, responder a Deus conjuntamente pelas suas acções. Aquilo que a doutrina pontifícia e canonista especificou entre os séculos IX e XIII foi o sentido desta reacção, o motivo por que os seus três elementos – Deus, o sacerdócio e o reino – foram dispostos de um modo tal que o sacerdócio se tornou superior ao reino e mediou o acesso à ordem divina.

Contra os defensores das razões papais na luta pelas investiduras – como Pier Damiani, Humberto de Silva Cândida, Anselmo de Aosta, Manegoldo de Leutenbach, Godofredo de Vendôme, Bernardo de Costanza –, os apoiantes das razões

---

([76]) Cf. *infra*, cap. III, secção 3.1, págs. 100-101.

imperiais – como Pedro Crasso, Vendico de Treviri, Vidone de Ferrara – responderam recordando o horizonte comum no contexto do qual actuam as duas máximas autoridades humanas; sublinharam, no entanto, que ambas provêm de Deus e que, por isso, são relativamente independentes uma da outra ([77]). Do mesmo modo, já o rei dos Romanos Henrique IV (1050?--1106), ao convocar a Dieta de Worms (1076), utilizou a imagem das duas espadas «para pôr fim a todo o mal: a espada espiritual e espada material», as quais são a dupla manifestação de uma mesma ordem, porque a autoridade eclesiástica ensina não apenas a obedecer a Deus, mas também a honrar as ordens do rei, enquanto a potestade imperial subjuga, externamente, os inimigos da religião cristã e obriga, internamente, todos os fiéis a respeitarem os sacerdotes. Entre ambas as dignidades deve existir uma relação de amor de modo que uma seja reforçada pela presença da outra; isto, no entanto, não significa que uma esteja submetida à outra, já que ambas provêm de Deus e, portanto, o cargo imperial não depende do pontífice e nem deve prestar-lhe contas, mas apenas ao Todo-poderoso, que tanto cria os papas como os reis ([78]).

O jurista Pedro Crasso, na sua defesa de Henrique IV, esclareceu as modalidades segundo as quais foram instituídas as duas dignidades do reino e do sacerdócio servindo-se do conceito de lei. O Criador, de facto, para o qual nada existe de mais querido do que a salvação do género humano, deu aos homens duas leis diferentes para reconhecerem as ordens de Deus e para governarem os movimentos incertos da alma, mas entregou-me uma aos homens de igreja através dos apóstolos e seus sucessores, enquanto manifestou a outra aos cargos seculares através dos imperadores e dos reis. A distinção é, de

---

([77]) *Libelli de lite imperatorum et pontificum saeculis XI e XII conscripti* (1891-1897), Hannoverae, Hahnius, 1961 (Monumenta Germaniae historica, Scriptores, Libelli de lite).

([78]) Henrique IV, *Lettera per invitare i vescovi germanici alla dieta di Worms*, in *Chiesa e Stato*, cit., págs. 63-65.

resto, de tal natureza, que as duas leis são, é certo, suficientes nos campos que lhes são próprios, mas nascem ambas de uma raiz comum, de modo que uma não pode violar as prescrições da outra sem cometer sacrilégio [79].

Enquanto Pedro Crasso ainda interpreta a relação entre as duas autoridades em termos legais e paritários, o autor dos *Tratados de Iorque*, redigidos contra o arcebispo de Cantuária Anselmo de Aosta (1003-1109) para defender a autoridade do rei na «luta pelas investiduras inglesas», desloca o equilíbrio em favor da dignidade secular. O clérigo anónimo reconhece, citando Gelásio I, que no mundo, ou seja, na igreja, tanto «a autoridade do sagrado governo sacerdotal» como «a potestade real» detêm o «principado». Seria, no entanto, errado distribuir este poder de maneira a atribuir ao sacerdote apenas o domínio sobre as almas e ao rei apenas o domínio sobre os corpos, como se as almas pudessem ser governadas sem os corpos e os corpos sem as almas. Quem tem um tem também que ter também o outro, pois a salvação eterna alcança-se somente mediante disciplina terrena: mas o rei tem sem dúvida a seu cargo o cuidado dos corpos e, por isso, deve ter também o cuidado das almas [80].

A ordem a que pertencem tanto o rei como o sacerdote é sempre composta por duas naturezas – a humana e a divina –, as quais estão compendiadas na pessoa de Cristo, que é verdadeiro rei e verdadeiro sacerdote. Assim como em Cristo estavam unidas duas naturezas, também no rei e no sacerdote estão presentes duas pessoas, uma terrena e a outra espiritual. Numa são ambos indivíduos do mundo, na outra são, em virtude da graça, o próprio Cristo, ou seja, Deus-homem; por outro lado, uma natureza, a terrena, é própria de cada um deles, enquanto que a outra, a celeste, é comum a ambos. Tanto o rei como o pontífice são, por isso, representantes de Cristo na Terra e participam de uma

---

[79] Pedro Crasso, *Difesa di Enrico IV*, in *Il papa ed il sovrano*, edição de G.M. Cantarella & D. Tuniz, Novara, Europìa, 1985, 4, págs. 95-96.

[80] Anónimo, *Tractatuts Eboracenses*, in *Libelli de lite*, cit., vol. 3, tratado 4, pág. 663.

mesma função sacramental. Todavia, comunicam de maneiras diferentes com a pessoa divina, porque da dupla natureza de Cristo, que é Deus feito homem, o rei «representa» o aspecto divino, o Filho eterno e não criado, enquanto o sacerdote representa a sua assunção na existência humana. Como o Filho é superior ao homem, assim o rei será superior ao sacerdote e deverá, então, ocupar o vértice supremo da igreja e ser o chefe do povo de Deus na terra ([81]).

2.5. A dupla mediação de Tomás de Aquino

A disputa sobre as investiduras, com as suas sequelas canonistas, foi possível devido a um pressuposto lógico comum a todos os partidos envolvidos na luta. Todos davam por adquirido que as duas potestades no centro da discussão eram imediatamente concedidas por Deus, ou seja, que só o Todo-poderoso, na qualidade de autor da ordem cósmica, podia ser a fonte de toda e qualquer potestade sobre a Terra. Isto, porém, implica que o poder terreno é sempre da mesma qualidade e de uma mesma matéria, e portanto, para todas as ocorrências fornecidas de tal bem, apenas se pode levantar o problema da quantidade na sua posse, ou seja, o problema da proximidade à fonte de onde emana toda a riqueza. A solução é sempre uma hierarquia em que as várias potestades estão colocadas no seio de uma gradação descendente, e neste sentido, as afirmações de Gregório VII e do Anónimo de Iorque são apenas as duas formulações extremas, complementares e opostas do mesmo paradigma.

A argumentação de Pedro Crasso, perspectivando um plano duplo de leis, saía parcialmente deste modelo. Foi, no entanto, Tomás de Aquino (1124/5-1274), quem, nos mesmos anos da formalização canonista e fazendo frutificar a redescoberta de

---

([81]) *Ibidem*, págs. 665-667. Cf. Kantorowickz, *I due corpi del re*, cit., págs. 39-55.

Aristóteles, formulou um esquema no qual uma mesma ordem divina compreende dois âmbitos separados e autónomos. Reino e sacerdócio provêm, de facto, de duas diferentes fontes, da natureza e da revelação, que por sua vez têm a razão divina a chefiá-las. A potestade, portanto, é concedida de dois modos diferentes, um mediato e outro imediato, e cada um deles gera uma autoridade de tipo diferente. Como provêm de fontes separadas e têm qualidades diferentes, os dois âmbitos da potestade não podem cruzar-se, mas sendo oriundos da mesma razão divina, eles estão, todavia, coordenados e ligados por uma relação necessária. Os mandamentos da virtude natural podem, de facto, ser observados também sem a revelação, mas não são por isso suficientes para a salvação; por outro lado, os méritos da graça só podem ser alcançados depois de terem sido cumpridos todos os deveres da natureza.

Tomás especifica o nexo entre os diferentes níveis da ordem teológica e política na sua doutrina das leis. O desígnio global do mundo, e a sociedade política que deles faz parte, agem, de facto, em Deus como lei eterna, a qual «não é mais do que o projecto da divina sabedoria relativo a cada acção e a cada movimento»[82]. Em si mesma, enquanto razão do Criador, a lei eterna só está presente em Deus; no mundo, ao invés, ela só se pode manifestar através das outras leis – natural, humana e divina –, que, por isso, são sempre «participações» na lei eterna e dela descendem.

No edifício complexo da jurisdição a lei humana compreende as indicações do direito positivo, está ordenada para o bem de uma comunidade limitada e é promulgada por uma potestade capaz de legislar. As suas indicações são sempre retiradas de uma das formas superiores, a qual se especifica em vista de circunstâncias particulares (Ia IIae, q. 95, a. 2, pág. 738), de modo que a estrutura de uma comunidade política se baseia

---

[82] Tomás de Aquino, *La somma teologica*, Bolonha, Esd, 1996, vol. 2, Ia IIae, q.93, a. 1, p. 719. Cf também vol. 1, Ia, q. 14, a. 8, págs. 169-170; Ia, 15, a. 2, págs. 184-186.

sempre na ordem mais geral da lei natural – ou como sua imediata dedução no direito dos povos ou como sua determinação nos conteúdos do direito civil – e, por este meio, ela participa na lei eterna e realiza o projecto divino na terra. O reino, o centro da lei humana, procede portanto de Deus, é mediado pela lei natural, ou seja, pela natureza comum a todos os homens, e é independente da fé e da igreja.

A lei natural, sobre a qual se baseia o ordenamento secular, contém todos os preceitos fundamentais para regular a vida humana (Ia IIae, q. 94, a. 2, págs. 728-729) e é imediatamente conhecida por todos os homens ou por infusão divina ou por dedução dos princípios primeiros; por outro lado, a lei natural corresponde aos mandamentos do Decálogo, que é portanto compêndio de todas as normas morais compreensíveis pelo uso estrito da razão. Uma parte do Decálogo, a segunda tábua da lei, diz respeito aos deveres do homem para com o próximo, mas a primeira engloba também aqueles deveres para com Deus que são evidentes independentemente da revelação.

Os princípios gerais da lei natural são reconhecidos por todos os homens em cada época, são imutáveis e são suficientes para construir uma ordem humana justa e legítima na esfera terrena. Todavia, depois do pecado original, o âmbito da lei natural por si só é incapaz de obter a salvação da alma, que, de facto, exige a lei divina, revelada e, portanto, positiva. No Antigo Testamento a lei divina compreendia a legislação do povo de Israel; completou-se depois no Novo Testamento, onde fundamentalmente actua como «graça do Espírito Santo, resultante da fé em Cristo» (Ia IIae, q. 106, a. 1, págs. 878-879). Na sua essência a lei divina consiste, portanto, numa revelação no espírito e, por isso, deve ser considerada uma presença activa na interioridade, enquanto vale como norma positiva para as disposições «tanto em matéria de fé como de costumes, que são como que elementos capazes de predispor para a graça do Espírito Santo» (pág. 879).

As leis operantes no mundo constituem, deste modo, dois ordenamentos autónomos, gerados de dois modos diferentes pela mesma fonte e ligados por uma relação hierárquica. Tanto a lei natural como a lei da fé provêm de Deus, mas a primeira manifesta-se no homem através da razão, enquanto que a segunda só é acessível pela revelação. A lei natural contém todas as indicações que dizem respeito quer a Deus quer ao próximo, e antes do pecado original era suficiente para garantir a bem-aventurança (Ia IIae, q. 109, a. 3-4, págs. 906-909). Na condição de pecado as forças do homem por si só não são suficientes para amar a Deus como vem prescrito na primeira tábua dos mandamentos, tanto que a salvação eterna apenas pode proceder de uma lei outra e diferente, ou seja, da lei divina que cria os meios sacramentais e que à rectidão terrena acrescenta a graça celeste. A corrupção humana, todavia, não atormenta do mesmo modo os preceitos da segunda tábua dos mandamentos, pois a virtude humana é capaz de obedecer a todos os mandamentos do direito natural aí enunciados e consegue, por isso, realizar uma sociedade política legítima. A ordem da razão é, por conseguinte, autónoma da ordem da revelação. Da primeira nasce a comunidade política, que preside à vida virtuosa sobre a terra; da segunda nasce a comunidade sacramental da igreja que promete a vida eterna. Os dois âmbitos são distintos, mas estão unidos, pois provêm ambos da mesma lei eterna, isto é, da razão divina, e encerram duas partes do mesmo projecto global, colocadas a dois níveis consecutivos e complementares.

2.6. A dupla ordem de Dante Alighieri e de Marsílio de Pádua

Se a comunidade política está incluída na ordem da justiça, então, ela deverá ser natural e o homem será espontaneamente levado a viver em sociedade. Tanto na *Suma Teológica* como no inacabado *Governo dos Príncipes* Tomás de Aquino recorda, por isso, que viver em comum faz parte da essência humana, e não apenas no sentido acidental de o homem estar fornecido de um instinto para se associar, mas também em sentido próprio porque só com os outros é que ele pode exercer as virtudes que constituem a sua natureza racional (Ia IIae, q. 94, a. 3, pág. 730). Ptolomeu de Lucca, ao terminar o tratado de Tomás de Aquino, ofuscou a distinção entre natureza e graça porque propôs uma doutrina do domínio proveniente directamente de Deus e culminante no domínio real e sacerdotal do Papa ([83]). A naturalidade e, portanto, a autonomia do reino foram, ao invés, repostas e sublinhadas por Egídio Romano (1243?-1316) em *Governo dos Príncipes* (1277--1279) ([84]) e por João de Paris (1269?-1306) em *Potestade Régia e Papal* (1302) por ocasião do conflito entre Bonifácio VIII e Filipe, *o Belo*. Também para João de Paris a comunidade política é um facto natural e, por isso, a autoridade proveniente de Deus é sempre mediada pelo povo que elege o rei – ou directamente ou escolhendo uma família real –, e que em casos extremos, como o de heresia, conserva o poder de o destituir. De igual modo, também para a igreja o concílio deve ser superior ao Papa, e, em caso de indignidade, o colégio dos cardeais, que representa a comunidade cristã na sua totalidade, pode depor o pontífice. A dupla ordem de Tomás, expressa nas duas leis que governam o mundo humano, é assim transformada em dois âmbitos terrenos distintos e reciprocamente independentes.

A mesma separação foi radicalizada por Dante Alighieri (1265-13121), que, na *Monarquia* (1308?-1313?), partiu da constatação que o homem, em razão do corpo e da alma, participa simultaneamente no mundo dos entes corruptíveis e no dos entes incorruptíveis, e deve, portanto, estar ordenado em função de dois fins diferentes. Na qualidade de ente corruptível ele

---

[83] *Ibidem*, III, 1, págs. 179-181; III, 10, págs. 216-221; III, 12-13, págs. 229-236.

[84] Egídio Romano [Egídio Colonna], *De regimine principum libri 3*, Aalen, Scientia, 1967, III, I, 2-4, págs. 403-410; III, 2, 30, págs. 535-537.

aspira à felicidade nesta vida, que consiste na prática da virtude humana, mas na qualidade de ente incorruptível ele persegue também a bem-aventurança da vida eterna, que se alcança na visão de Deus. O primeiro fim alcança-se seguindo os preceitos da filosofia e agindo em conformidade com as virtudes morais e intelectuais; o segundo atinge-se obedecendo aos mandamentos espirituais, que transcendem a razão humana e se realizam com as três virtudes teologais. Diferentes são também as fontes do ensinamento, já que, no primeiro caso, é necessário servir-se da razão humana, enquanto que no segundo a verdade apenas pode ser revelada por Deus e de modo directo, através dos seus profetas, do Evangelho de Jesus Cristo e do Espírito Santo. Na terra foram, portanto, constituídas duas ordens diferentes: uma orientada para o aquém, outra para o além. E como a humanidade vive, por natureza, perturbada, é necessário criar um instituto que oriente, um *directivum*, cada uma das duas ordens, que são o pontífice, que conduz o género humano à vida eterna conformemente à revelação, e o imperador, que o orienta para a felicidade temporal segundo os ensinamentos da filosofia.

Cada ente do mundo, todavia, pertence a uma disposição universal preestabelecida por Deus, que atribuiu a cada criatura um lugar específico. Como tem de presidir a esta ordem geral, na qualidade de seu curador, o imperador só pode ser escolhido por Deus, que é quem sabe realmente o que o todo e as partes necessitam. Por consequência, não apenas a potestade mas também a escolha da pessoa do imperador provêm directamente de Deus. Escolha essa que, obviamente, se realiza através do colégio dos eleitores, mas estes, à maneira do consistório cardinalício, funcionam apenas como instrumento da vontade divina e devem ser considerados sobretudo «anunciadores da providência divina» [85].

---

[85] Dante Alighieri, *Monarchia*, Milão, Rizzoli, 1988, III, 15, págs. 364-
-371; M. Maccarrone, *«Romana Ecclesia»*, Roma, Herder, 1991, págs. 969-
-1017 e 1063-1135; A.K. Cassell, *The «Monarchia» Controversy*, Washington, D.C., The Catholic University of America Press, 2004.

Se o reino provém directamente de Deus, não poderá depender do sacerdócio e, por isso, Dante refuta quer a figura das duas espadas quer a metáfora dos dois grandes luzeiros para demonstrar que a lua não recebe nem o seu ser nem a sua virtude do sol, mas que o astro do dia apenas pode contribuir para incrementar com a sua luz superabundante o agir próprio do astro nocturno (III; 4, págs. 318-327).

A solução de Dante não leva às extremas consequências a separação entre revelação e razão que a originou porque no campo da natureza, do reino, da eleição imperial faz ainda valer a escolha da providência e uma autoridade proveniente imediatamente de Deus. Reino e sacerdócio foram, ao invés, ligados a dois princípios diferentes e radicalmente separados por Marsílio de Pádua (1280?-1342). Em *O Defensor da Paz* (1324) a cidade é apresentada como produto unicamente da razão humana e é excluída qualquer intervenção transcendente. Esta recondução da comunidade política à natureza, sem mais, tem como efeito que a comunidade complementar, a eclesiástica, pode ser pensada apenas como fé e sem o contributo da religião, e por isso também sem interesse para o governo terreno. O reino, que é a comunidade civil completa, nasceu, de facto, da agregação sucessiva de comunidades mais pequenas: da família passou-se para a aldeia e, por fim, para a cidade ([86]), a «comunidade perfeita que atingiu o limite pleno da auto-suficiência, que é feita para tornar a vida possível, e subsiste para a necessidade de viver bem» ([87]). Para viverem uma vida boa os homens necessitam do reino pois são compostos por elementos contrários que tendem a dispersar-se; tomados

---

([86]) Marsílio de Pádua, *Il difensore della pace*, edição de C. Vasoli, Turim, Utet, 1975, I, 4, págs. 118-122. Cf. C. Dolcini, *Introduzione a Marsilio da Padova*, Roma-Bari, Laterza, 1995; V. Omaggio, *Marsilio da Padova*, Nápoles, Editoriale scientifica, 1995; G. Piaia, *Marsilio e dintorni*, Pádua, Antenore, 1999, págs. 22-36 e 79-103; J. Miethke, *«De potestate papae»*, Tubinga, Möhr Siebeck, 2000; M. Merlo, *Marsilio da Padova*, Milão, Angeli, 2003.

([87]) Aristóteles, *Política*, I, 2, 1252^b 27-31.

individualmente não são capazes nem de prover à própria existência pessoal nem de exercitar todas as virtudes necessárias para viver bem. Por outro lado, quando eles se reúnem em sociedade nascem inevitavelmente disputas e litígios que podem ser graves ao ponto de destruírem a cidade e que exigem a instituição de uma norma de justiça e de um guardião. Em razão desta génese natural, a autoridade de governo não poderá deixar de provir dos homens que fundam a cidade, e por isso a causa eficiente do governante só pode ser o corpo dos cidadãos ou a sua maior parte, a quem cabe também a potestade de fazer as leis (I, 12, 3, págs. 171-174).

O viver bem, no entanto, convém aos homens de dois modos diferentes, um temporal e terreno e o outro eterno e celeste. A filosofia só conseguiu elaborar um ensinamento racional para a primeira destas duas necessidades, confirmando por via demonstrativa que a comunidade política é necessária para a vida eterna; desta última, ao invés, não se pode fornecer nenhuma demonstração racional e, por isso, a filosofia renunciou a este campo de especulação e deixou-o para a fé. Mas como não admitem discurso racional, as coisas espirituais não podem querer ser reguladas por uma lei obrigatória, já que a obrigação apenas pertence à naturalidade do campo temporal. As coisas espirituais podem certamente ter uma lei própria, a lei divina, mas esta só pode exercer a sua punição no futuro e no além, sendo juridicamente ineficaz na terra, onde pode agir apenas como conselho e promessa de um prémio ou de um castigo (II; 2, 5, págs. 262-264). Por consequência, o domínio da igreja é puramente espiritual e destituído de toda e qualquer força coerciva, e não pode interferir de modo algum no governo temporal do reino, que é o único a poder exercer a obrigatoriedade criada pela lei. Os dois âmbitos estão, assim, radicalmente separados e são dominados por dois princípios, de facto, diferentes: o princípio da razão, que gera a força, e o princípio da fé, que se abandona à esperança.

Capítulo III

A recapitulação quinhentista

A história da teologia política apenas conhece duas grandes épocas, internamente organizadas de maneira simétrica. A primeira época, a mais extensa, ocupa grande parte dessa história, vai desde o começo do problema teológico-político na cultura cristã até à grande inovação moderna e desenrola-se ao longo de milénio e meio. A modernidade, a segunda grande época, começa no século XVII e engloba os últimos quatrocentos anos. Por seu lado, cada uma destas épocas articula-se internamente em duas fases: primeiro, um longo período de desenvolvimento e depois uma rápida recapitulação final, que ilumina o processo chegado à conclusão e identifica os princípios que o estruturaram. Na primeira época da teologia política este epílogo culminante foi desencadeado pela Reforma, que reabriu o problema teológico-político e repropôs, numa veste radicalizada e, por isso, mais nítida, todas as principais soluções elaboradas durante o período patrístico. Também no século XVI estiveram em acção três perspectivas já conhecidas desde de finais da antiguidade: a agostiniana, a eusebiana e a gelasiana.

1. A posição agostiniana

1.1. A escatologia política de Martinho Lutero

O representante quinhentista do agostinismo político, em sentido próprio, foi Martinho Lutero (1483-1546), cuja doutrina dos dois reinos trouxe a verdade à teologia política de Agostinho esclarecendo as suas consequências implícitas ([1]). Deve, todavia, ser já antecipado que Lutero adoptou o agostinismo radical apenas na segunda década do século XVI e que, na década seguinte, substituiu esta doutrina teológico-política por uma variante diferente e em muitos aspectos incompatível, a que chamaremos *politica Christiana* ([2]).

A doutrina dos dois reinos ou dos dois governos ([3]), que intensifica a figura agostiniana das duas cidades e forma o núcleo central da teologia política de Lutero, foi desenvolvida como reacção aos distúrbios sociais dos primeiros anos da Reforma e em resposta às esperanças escatológicas que os acompanhavam e foi exposta nos textos escritos entre 1520 e 1525: *A Liberdade do Cristão* (1520), *À Nobreza Cristã da Nação Alemã* (1520) e, sobretudo, *Sobre a Autoridade Secular* (1523). O ponto de partida é dado pela distinção fundamental com que se abre *A Liberdade do Cristão*, onde Lutero compendia a condição do

---

([1]) G. Pani, *M. Lutero*, Roma, Pubblicazioni agostiniane, 1983; W.D.J. Cargill Thompson, *The Political Thought of M. Luther*, Brighton, Harvester, 1984; A. Trapé, *Agostino e Lutero*, Palermo, Augustinus, 1985; G. Cotta, *La nascita dell'individualismo politico*, Bolonha, Il Mulino, 2002.

([2]) Cf. *infra*, cap. III, secção 3. 5, págs. 113-126.

([3]) H.-H. Schrey (org.), *Reich Gottes und Welt*, Darmstadt, Wissenschaftliche Buchegesellschaft, 1969; U. Duchrow, *Christenheit und Weltverantwortung*, Estugarda, Klett, 1970; M. Dießelhorst, Zur *Zwei-Reiche--Lebre M. Luthers*, in *Cristianesimo, secolarizzazione e diritto moderno*, cit., vol. 1, pág. 141-198; V. Vinay, *La Riforma, Chiese e sette protestanti*, in *Storia delle idee politiche, economiche e sociali*, edição de L. Firpo, Turim, Utet, 1987, vol. 3, págs. 229-410; V. Mantey, *Zwei Schwerter-zwei Reiche*, Tubinga, Mohr, 2005.

cristão com as duas afirmações contraditórias, mas válidas ao mesmo tempo, segundo as quais o discípulo de Cristo é por um lado senhor de todas as coisas e não submetido a ninguém (1 Cor 9, 19; Rm 13, 8), mas por outro lado, também é servo de todas as coisas e súbdito de todos (Gal 4, 1-5) ([4]). O cristão, de facto, possui sempre uma dupla natureza: se considerarmos a sua alma, ele vale como homem espiritual, novo e interior; se, ao invés, olharmos para a carne e o sangue, ele é homem corpóreo, velho e exterior. Para ser verdadeiramente livre e renascido não carece de nenhum bem do mundo, mas deve tão-somente acreditar e esta é a única acção que a sua natureza interior pode realizar (Jo 6, 28). O homem é obviamente incapaz de se erguer do abismo de perdição em que se encontra para confiar na palavra divina e por isso Deus enviou Jesus Cristo. As obras, pelo contrário, não podem tocar de modo algum a alma e são, por isso, irrelevantes para a salvação, aliás, são de facto nocivas (7-10, págs. 370-372). Se só a fé concedida por graça divina pode dar a liberdade, então, nenhuma acção exterior pode tornar o homem bom ou mau, mas a acção será boa ou má conforme for praticada por um justo ou por um malvado. Por consequência, ao cristão renascido na fé não serve nenhum mandamento e nenhuma lei, mas ele está acima das leis e dos mandamentos. Por fim, a liberdade concedida pela fé não pode conhecer graus diferentes para homens diferentes e, por isso, não pode existir uma ordem sacerdotal separada, mas todos os cristãos que participam na graça de Cristo são igualmente ministros divinos.

O tratado *Sobre a Autoridade Secular* projecta estas premissas teológicas e individuais na dimensão colectiva e política. Todos os verdadeiros cristãos pertencem, de facto, ao reino de Deus, cujo rei é Cristo e, ainda que agindo na terra, eles constituem uma comunidade puramente espiritual e livre. Os súbditos deste reino obedecem ao Espírito Santo, que lhes

---

([4]) M. Lutero, *Della libertà del Cristiano* (1520), in *id., Scritti politici*, trad. it. de G. Panzieri, Turim, Utet, 1959², 1, pág. 367.

fala no coração e os instrui e, portanto, se todos os homens fossem verdadeiros cristãos não haveria necessidade na Terra de príncipes, nem espada, nem leis(⁵). Mas na verdade, poucos são os eleitos do reino de Deus; para a grande multidão dos malvados o Todo-poderoso arranjou, por isso, o reino do mundo e submeteu-os à espada e à lei para que não caiam no mal e vivam ameaçados pelo medo da punição. Também a autoridade política, como testemunham as Sagradas Escrituras (Gn 9, 6; Mt 26, 52; Lc 3, 14; Rm 13, 1-7; 1Pd 2, 13-16), foi instituída pela vontade de Deus e pertence à ordem divina (1, 1, págs. 398-400).

Para chefiar os dois diferentes reinos, o Criador instituiu dois governos ou «regimentos», o espiritual e o temporal. O primeiro submete os homens pios ao comando de Cristo e do Espírito Santo e forma uma sociedade perfeita no seu género. Se, todavia, os bons quisessem governar o mundo a seu modo, então os malvados seriam libertados de todo o vínculo e abusariam da liberdade evangélica para destruírem os outros e a si próprios. Por isso, foi necessário acompanhar o regimento espiritual com um domínio temporal, distinguindo cuidadosamente entre a ordem que torna bem-aventurados e a ordem «que busca a paz exterior e contrasta as obras malvadas». Formalmente todos os homens estão submetidos ao regime mundano, mas, bem vistas as coisas, ele só vale realmente para os malvados, porque os cristãos já praticam o bem, de modo que, por fim, os dois governos estão de facto separados: o espiritual e interior para os cristãos, o temporal e exterior para os que estão danados (1, 4, págs. 403-406). Nesta rigorosa divisão de tarefas, de interno e externo, não resta espaço algum para uma função pública e política da igreja. Como o reino de Deus e o governo de Cristo são apenas espirituais, a igreja age numa dimensão puramente interior, afastada da potestade terrena, enquanto que em tudo aquilo que diz respeito ao mundo exterior ela está submetida à vigilância

---

(⁵) *Id.*, *Sull'autorità secolare* (1523), *op. cit.*, 1, 3, págs. 401-402.

da autoridade civil instituída por Deus ([6]). Quando, portanto, o magistrado terreno se arroga o direito de governar também a alma, usurpa o governo de Deus, com o resultado de desviar os homens e de os conduzir para a danação. Nenhuma ordem, de facto, pode obrigar a seguir este ou aquele credo, pois o acto de crer é intrinsecamente livre e incoercível (1, 1, págs. 418-420).

Por outro lado, como a lei temporal não tem qualquer valor em campo espiritual, do mesmo modo a norma evangélica não pode ser invocada contra as disposições do príncipe, que são irresistíveis no seu campo. A autoridade civil foi, de facto, designada por Deus para preservar a paz exterior com a espada, não com o Evangelho. Quem portanto se rebela contra as ordens da potestade política é, em primeiro lugar, culpado de insurreição contra a vontade divina e, em segundo lugar, invoca um direito de resistência que não pode valer no regimento terreno porque não existe nenhuma lei capaz de interferir com o âmbito secular chamando-o a julgamento. O cristão deve, por isso, obedecer sempre aos preceitos da autoridade; se depois esta lhe quiser impor a idolatria ele deve recusar a ordem para salvar a alma, mas deve estar preparado para suportar a perda de todos os bens terrenos e da própria vida (2, 1, pág. 425) ([7]). A única forma de defesa perante um magistrado claramente malvado é, portanto, a desobediência passiva. Deus, com efeito, reservou para si a vingança (Rm 12, 19; Dt 32, 35; Mt 7, 1) e providencia a punição dos tiranos com desventuras terrenas, com as armas de príncipes estrangeiros e, naturalmente, com a danação eterna ([8]).

([6]) *Id.*, *Alla nobiltà cristiana di nazione tedesca* (1520), *op. cit.*, págs. 133-134.

([7]) *Id.*, *Contro le empie e scellerate bande dei contadini* (1525), *op. cit.*, págs. 485-486; *Se anche le genti di guerra possono giungere alla beatitudine* (1526), *op. cit.*, 1, págs. 546-547.

([8]) *Ibidem*, 2-5, págs. 547-550. Cf. M.A. Falchi Pellegrini, *Il problema della resistenza nel pensiero dei riformatori tedeschi*, Génova, Ecig, 1986; H. Mandt, *Tyrannis, Despotie*, in *Geschichtliche Grundbegriffe*, cit., vol. 6, págs. 662-668; M. Turchetti, *Tyrannie et tyrannicide de l'Antiquité à nos jours*, Paris, Puf, 2001, págs. 375-384.

2. A posição eusebiana

2.1. A mediação directa. Jaime VI da Escócia

A solução eusebiana exprime-se na passagem do século XVI para o século XVII directamente nas obras de um rei, Jaime VI da Escócia (1587-1625) e I de Inglaterra (1603-1625), que compôs *A Verdadeira Lei das Monarquias Livres*, posta a circular no anonimato em 1598 e reimpressa em 1603 após a segunda coroação, e que retomou as mesmas teses em *Dom real* (1603), um «espelho do príncipe» dedicado ao primogénito Henrique, e nos discursos dirigidos ao parlamento por ocasião da disputa sobre o direito civil ([9]). Jaime, na qualidade de rei da Escócia, pretendia atingir por um lado os presbiterianos, como John Knox (1505-1572) e George Buchanan (1506-1582), que vinculavam o rei a um pacto original estipulado com o povo ou com a igreja, e, por outro lado, os católicos, que submetiam o monarca ao controlo, directo ou indirecto, do pontífice ([10]). Na qualidade de rei da Inglaterra dirigia-se polemicamente também contra os puritanos e contra os defensores do direito comum que elevavam o direito inglês a lei do reino para limitar a iniciativa do monarca.

Em *A Verdadeira Lei das Monarquias Livres* e no discurso ao parlamento de 21 de Março de 1609 Jaime I delineia os contornos de uma potestade régia de origem sobrenatural que é a forma perfeita de governo, por estar próxima do arquétipo divino, e que não pode ser limitada por nenhuma instância

---

([9]) W.H. Greenleaf, *James I and the Divine Right of Kings*, in «*Political Studies*», 5, 1957, págs. 36-48; A. Cavarero, *Giacomo I e il Parlamento*, in A. Biral *et al.*, *Teorie politiche e Stato nell'epoca dell'assolutismo*, Roma, Enciclopedia Italiana, 1980, págs. 47-85; C. Bingham, *James I of England*, Londres, Weidenfeld and Nicolson, 1981.

([10]) Ch.H. McIllwain, *Introduction*, in Jaime I, *The Political Works of James I*, Cambridge, Mass., Harvard University Press, 1918, págs. XXI-XXV.

terrena (¹¹). São três os fundamentos da autoridade monárquica, oriundos respectivamente da revelação divina, das leis do Reino e do direito natural. O primeiro argumento, fornecido pelas Sagradas Escrituras, demonstra que todas as monarquias terrenas são directamente instituídas por Deus e prossegue indicando, primeiro, os deveres do senhor, depois os dos súbditos (págs. 54-55). No *Livro dos Salmos* David diz aos monarcas: «Vós sois deuses, sois todos filhos do Altíssimo» (Sl 82, 6), pois eles sentam-se no trono de Deus sobre a terra e só a ele devem prestar contas da sua governação. A tarefa do rei é administrar a justiça (Sl 101), dar leis justas ao povo (2Rs 18 e 22-23; 2Cr 29 e 34-35), procurar a paz (Sl 72), ser um bom pastor da sua população procurando abundância para o reino (1Sm 8; Jr 29), mas sobretudo ser ministro de Deus para o bem daqueles que são justos (Rm 13, 1-7).

O segundo argumento considera a origem histórica das monarquias, de modo particular da monarquia escocesa. Idealmente, poder-se-ia pensar que os reinos nasceram do acordo dos mais débeis que entregaram a sua protecção aos mais fortes desde que fossem respeitadas determinadas condições, de modo que a formulação das leis seria sempre anterior à instituição dos soberanos. Mas não foi assim que se passou e a história narra, ao invés, que o rei Fergus abandonou a Irlanda e conquistou a Escócia, habitada, na época, por povos incivilizados, aos quais, após os ter submetido, deu as suas leis. O rei, por isso, antecede a introdução do governo como também as normas que regulam o seu reino, e por isso é superior às classes, aos parlamentos e às suas leis. «E daqui resulta necessariamente que são os reis os autores e os criadores das leis e não que são as leis que fazem os reis» (pág. 63). Por consequência,

---

(¹¹) Jaime I, *Basilikon doron*, op. cit., págs. 1-52; *Id.*, *The trew law of free monarchies*, págs. 53-70; *id.*, *A speach to the Lords and Commons of the Parliament at White-Hall, on Wednesday the XXI. of March anno 1609*, págs. 306-326.

ainda que procure conformar as suas acções às leis que deu, um bom rei não está de modo algum submetido a ela, e quando tempera a sua acção, obedece apenas à sua boa vontade esperando que o seu exemplo tenha alguma utilidade.

Em terceiro lugar, o direito natural fornece duas importantes semelhanças para demonstrar a potestade absoluta de um monarca livre, isto é, não limitado nas suas funções por contratos explícitos, porque relativamente ao seu povo ele é como um pai para os seus filhos ou como a cabeça para o corpo. Em ambos os casos um elemento guia o todo e põe ordem nas partes subordinadas; em ambos os casos é concebível que o pai castigue o filho para bem da família ou que a cabeça ampute um membro para a salvação do corpo; mas a totalidade da pessoa morreria de imediato se quisesse cortar a cabeça, por mais doente que estivesse (págs. 64-66).

A um rei livre é, portanto, sempre devida obediência e ele, como foi directamente instituído por Deus, tem também a tutela da verdadeira religião, de acordo como o Acto de Supremacia de Henrique VIII (1534). Ele é justa e legitimamente chefe supremo da igreja de Inglaterra e tem plenos poderes para castigar, reprimir, reformar, corrigir, regular, conter e emendar todos os erros, heresias e abusos para o incremento da religião de Cristo e para a conservação da união e tranquilidade do reino (págs. 54-55 e 307-310)[12].

A teologia política de Jaime I parece basear-se em duas afirmações aparentemente em conflito. Por um lado, o rei é claramente obrigado a realizar o bem do reino, pelo qual é responsável e que diz respeito quer à saúde do corpo quer à salvação da alma. Existe, portanto, uma ordem divina que estabelece o bem e o mal sobre a terra, que regula a comunicação

---

[12] M. D. Palmer, *Enrico VIII* (1971) trad. it, Bolonha, Il Mulino, 2003; G.W. Bernard, *The King's Reformation*, New Haven, Conn., Yale University Press, 2005.

da virtude e que sanciona as relações de subordinação entre os homens. O monarca é chamado a conformar-se a esta ordem divina, e cada uma das suas acções pode ser avaliada segundo este critério. O certo e o errado, o bem e o mal foram, portanto, estabelecidos por Deus, antes de ele instituir os reinos da Terra e escolher os príncipes chamados a governá-los e, por isso, a justiça não depende de modo algum do arbítrio do soberano. Se ele, de facto, não preserva o direito e a equidade, se cede ao apelo das paixões, se dá liberdade à sua vontade pessoal, transforma-se num tirano, e nega a justiça divina.

Por outro lado, também é igualmente verdade que a potestade do rei é livre, que ele não conhece nenhum superior sobre a Terra capaz de o julgar e que ele está antes e acima da lei. A sua condição pode sintetizar-se nos seguintes termos: o rei deve obedecer à lei de Deus, mas sobre a Terra ele próprio é a lei de Deus. Evidentemente, é aqui proposta uma teologia em que o ordenamento divino actua imediatamente e sem diferença alguma no ordenamento político. A disposição terrena é uma hierarquia requerida e instituída por Deus que se realiza na distribuição dos cargos, na chefia do rei e na obediência dos súbditos. Entre a razão divina e a sua representação terrena não existe qualquer diferença. Só o rei conhece o bem e o mal e sabe se o seu agir é justo ou injusto. Por outro lado, é, de todos os modos, possível que em qualquer momento o rei degenere em tirano. Quanto aos súbditos, o único modo que lhes é concedido de participarem no bem e de comunicarem a virtude é a obediência.

2.3. *A ordem da majestade*

Os mesmos argumentos utilizados por Jaime I foram também assumidos pelos escritores que nas primeiras décadas do século XVII introduziram na Alemanha os ensinamentos de Jean Bodin e que tornaram particularmente evidente a estrutura teológico-política com base na soberania ([13]). No modo mais eficaz, esta ideia da sociedade humana, na qual coincidem ordenamento divino e representação política, foi ilustrada por Henning Arniseus, que interveio também na disputa entre William Barclay e Roberto Bellarmino para defender a supremacia política de Jaime I ([14]).

Arniseus recusa, num modo, se possível, ainda mais radical e certamente mais eloquente, a doutrina do direito de resistência, e todas as suas obras podem ser interpretadas como polémica contínua à distância contra as teses monárquicas de Iohannes Althusius ([15]). Já na *Política Reconduzida ao Verdadeiro Método* de 1605 e, depois, de maneira explícita, na *Disputa Política sobre a Autoridade dos Príncipes* de 1611 ele rebateu ponto por ponto todos os argumentos recolhidos pela tradição monárquica e defendeu a tese segundo a qual nenhum motivo pode justificar a rebelião dos súbditos contra o soberano ([16]). Mas o facto de os súbditos estarem sempre

---

([13]) H. Quaritsch, *Souveränität*, Berlim, Duncker und Humblot, 1986; M. Stolleis, *La réception de Bodin en Allemagne*, in «Quaderni fiorentini per la storia del pensiero giuridico moderno», 24, 1995, págs. 141-156; M. Scattola, *Die Frage nach der politischen Ordnung*, in M. Peters & P. Schröder (orgs.) *Souveränitätskonzeptionem*, Berlim, Duncker un Humblot, 2000, págs. 13-39.

([14]) H. Arniseus, *De subiectione et exemptione clericorum*, Francofurti [ad Viadrum], Thimius, 1612. Cf. H. Dreitzel, *Protestantischer Aristotelismus und absoluter Staat*, Wiesbaden, Steiner, 1970; F. Buzzi, *«Maiestas» e «religio» nel pensiero del filosofo aristotelico tedesco H. Arniseus (ca. 1575-1636)*, in «Annali di storia moderna e contemporanea», 9, 2003, págs. 9-42.

([15]) M. Scattola, *«Controversia de vi in principem»*, in A. De Benedictis & K.-H. Lingens (orgs.), *Wissen, Gewissen und Wissenschaft im Widerstandsrecht*, Frankfurt a.M., Klostermann, 2003, págs. 175-249; *id.*, *Althusius e gli inizi della disciplina politica in Germania*, in F. Ingravalle & C. Malandrino (orgs.), *Lessico della «Politica» di I. Althusius*, Florença, Olschki, 2005, págs. 21-37.

([16]) H. Arniseus, *Disputatio politica de autoritate summorum principum in populum et subditos*, Francofurti [ad Viadrum], Eichorn, 1611; *id.*, *De autoritate principum in populum semper inviolabili*, Francofurti [ad Viadrum], Thimius, 1612.

obrigados à obediência não significa, como viria a dizer-se a partir de Thomas Hobbes, que a tirania seja impossível, como se tudo aquilo que o soberano ordena tivesse que ser bom pelo simples facto de vir da sua vontade [17]. Arniseus defende, ao invés, o princípio segundo o qual o rei deve praticar sempre o bem, já que existe uma ordem do bem, a que o vincula a origem divina da sua potestade [18], um princípio que se pode resumir na fórmula: «Um rei só pode ser bom» [19]. Sobre cada reino incumbe sempre a possibilidade de degenerar no mal e, quando infringe as prescrições da virtude, um príncipe degenera imediatamente num tirano. O absolutismo da soberania é, portanto, compatível com a existência da tirania, mas o direito de resistência continua excluído, pois a ordem da virtude é visível apenas a Deus e ao rei, que o representa na Terra, e nenhum súbdito pode reivindicar uma concepção do que é justo em oposição à concepção do senhor. Se perverter o reino, o príncipe continua responsável apenas perante Deus, que o condenará no céu e que, por vezes, o castiga também na Terra com desgraças e doenças e com as mesmas consequências dos seus vícios. Existe, todavia, também uma terceira forma de castigo, com a qual Arniseus integra a argumentação de Jaime I e de William Barclay: os tiranos, de facto, estão destinados a perder os seus reinos quando se tornam desmesuradamente cruéis, pois os seus súbditos revoltam-se e derrubam-nos [20]. Por fim, então, os indivíduos exercem uma qualquer forma de oposição violenta, a qual pressupõe um conhecimento do justo de tipo

---

[17] M. Scattola, *Il concetto di tirannide nel pensiero politico tedesco della prima età moderna*, in «Filosofia politica», 10, 1996, págs. 416--420.

[18] Arniseus, *De subiectione*, cit., I, 2, pág. 7.

[19] *Id.*, *De iure maiestatis libri tres*, Francofurti [ad Viadrum], 1610, I, 3, 9, pág. 63; *id.*, *De republica*, Francofurti [ad Viadrum], 1615, II, 3, 1, 8-10, págs. 504-505.

[20] *Id.*, *Disputatio politica de autoritate*, cit., 40-49, fo. C4^v-D2^v; *id.*, *De autoritate principum*, cit., IV, 12-16, págs. 124-131.

genérico e é praticado apenas em casos extremos e evidentes por si só. Trata-se, todavia, de um fenómeno espontâneo que não pode ser fixado num «direito de resistência», ou seja, num procedimento jurídico com leis, magistraturas de controlo e práticas de intervenção codificadas. A ordem divina reflecte-se imediatamente, portanto, na ordem política, é posta em acto pelo soberano e rege-se a si mesma, sem que outras instâncias possam intervir de algum modo na sua administração, mas, quando não são satisfeitas as condições mínimas de virtude, tal ordem perde vigor e aos súbditos é dado um momentâneo e limitado acesso ao conhecimento do bem.

3. A posição gelasiana

Também durante a recapitulação teológico-política do século XVI a posição que, pela sua natureza de solução intermédia, desenvolveu o maior número de variantes foi aquela que definimos como «gelasiana» e que, no triângulo de transcendência, igreja e reino mantêm abertas duas vias para a manifestação do desígnio divino no mundo: a via espiritual, da comunidade religiosa, e a via temporal, da sociedade política. Esta doutrina caracteriza-se pela presença de dois níveis distintos de ordenamento – a vida secular e a vida espiritual –, que provêm igualmente de Deus, estão dispostos hierarquicamente, mas são também independentes. Como a fonte do ordenamento próprio da existência terrena é a lei natural, todos os autores deste grupo partilham a mesma doutrina da justiça, segundo a qual os princípios gerais do bem humano foram inscritos por Deus no coração de Adão como ideias inatas, foram depois sintetizadas no Decálogo e repetidas na revelação. O conhecimento do justo está, portanto, acessível a todos os homens, pelo menos nos seus elementos fundamentais, embora apenas alguns prudentes saibam tirar as conclusões mais complexas e resolver os casos mais difíceis. Por um lado, existem diferenças originárias que tornam necessário o governo, por outro, todos gozam sempre de um, embora mínimo, conhecimento do bem, que permite distinguir entre o rei bom e o príncipe injusto. Por consequência, os autores que partilham desta estrutura teológico-política defendem sempre, em graus diferentes, a possibilidade da resistência contra o governo iníquo.

Embora todos os expoentes da «linha gelasiana» admitam a presença no mundo de dois ordenamentos divinos – um, indirecto, próprio do direito natural, e outro, directo, no qual Deus manifesta imediatamente a sua graça, com a revelação ou mediante um pacto –, tais ordenamentos, todavia, diferenciam-se profundamente no modo como dão forma à relação entre estas duas esferas. Partindo do pressuposto que a autoridade política é sempre instituída de maneira natural, pode, de facto, imaginar-se três versões diferentes.

Num primeiro sentido, a potestade pode ser constituída directamente por uma ordem do direito de natureza, como defende a «política cristã» de matriz luterana, a qual concebe o governo como uma extensão do domínio parental instituído pelo quarto mandamento. A autoridade política, que em nada difere da autoridade paterna, nasce assim por via natural e do alto, e por isso o ordenamento requerido pela lei de Deus é idêntico ao ordenamento gerado pela lei natural e faz com que a hierarquia política seja imediatamente uma hierarquia religiosa.

Num segundo sentido, a potestade pode ser gerada por uma ordem do direito natural, mas de um modo indirecto, de forma a introduzir uma diferença substancial entre a autoridade paterna e a autoridade política. Neste sentido, quando criam os seus reis, os súbditos não aplicam uma forma de subordinação já conhecida, mas introduzem com a sua reflexão um novo conceito de ordem e obediência. Por outro lado, a sociedade política assim instituída tem também uma tarefa religiosa pois reúne os fiéis do Deus verdadeiro, e assim à fundação a partir de baixo deve existir também um reconhecimento simultâneo do alto. O pacto e as outras manifestações de consenso divino são, portanto, elementos fundamentais deste tipo de argumentação, que é utilizada sobretudo na tradição calvinista.

O terceiro modelo é o católico, no qual a graça delimita uma esfera distinta e não actua nunca directamente no horizonte político de modo que o direito natural ocupa um âmbito totalmente separado da revelação. A autoridade política é construída a partir de baixo e o ordenamento divino nunca intervém na dimensão secular, se não na forma da potestade indirecta do pontífice.

3.1. A doutrina da plena potestade papal

A doutrina «clássica» medieval da plena potestade papal, elaborada durante a luta pelas investiduras e fixada pelos papas canonistas, foi transmitida aos séculos seguintes e chegou ao século XVI através da obra dos teólogos como Álvaro Pelayo (1280?-1352) e dos comentadores de direito canónico como Nicolau Tedeschi (1386-1445). Na obra *O Pranto da Igreja* (1332) Pelayo defendeu com veemência os direitos eclesiásticos e repetiu à letra o argumento de Inocêncio IV e Henrique de Susa. O Papa é o vigário geral de Jesus Cristo e, por isso, a sua potestade não se estende apenas sobre os cristãos, mas também sobre todos os infiéis. A jurisdição que ele tem sobre os pagãos é, obviamente, de direito, não de facto, mas tal não implica que, se os pagãos cometerem um crime contra natura, ele não os possa condenar e punir [21]. Também Nicolau Tedeschi, interpretando o terceiro livro dos *Decretali*, se referiu explicitamente a Inocêncio IV e concluiu que também os infiéis estão sujeitos à jurisdição papal pois estão submetidos, como

---

[21] Á. Pelayo, *De planctu ecclesiae libri duo*, Venetiis, Sansovinus, 1560, I, 37, fo., 9^{rb-vb}.

todos os homens, à lei natural (²²). Deste modo, as doutrinas canonistas entraram nas sumas de finais do século XV e inícios do século XVI. Assim, Silvestro Mazzolini (1456-1523) recordou na *Suma das Sumas* (1514) que o Papa pode julgar também os pagãos pois ele é o vigário de Cristo na Terra, a quem cabe a jurisdição sobre todos os homens, ainda que as suas intervenções não possam contradizer o direito natural (²³). Também por efeito da Reforma a discussão sobre a potestade pontifícia no âmbito temporal foi novamente integrada com a questão da sua primazia no âmbito eclesial e nesta forma dominou a discussão até à conclusão do Concílio de Trento, a partir das obras de Tomás Vio (1512), compostas ainda no clima do conciliarismo (²⁴), de Mazzolini (1518), Lutero (1520) e Augustin Alveldt (1520), até às réplicas do próprio Vio (1521), de Melanchton (1537) e de Albertus Pighius (1538).

3.2. A escola de Salamanca e a revisão das doutrinas canonistas

A tarefa de expor todas as implicações filosóficas da doutrina de Tomás de Aquino e de completar o reexame das posições canonistas coube àquele grupo de teólogos e juristas espanhóis, discípulos directos ou indirectos de Francisco de Vitória (1492?-1546), que foram reunidos sob a designação

---

(²²) N. Tedeschi, *Lectura super Tertio*, Venetiis, Iohannes de Colonia, 1475, III, 34, 8, fo. bb6rb.

(²³) S. Mazzollini, *Summae Silvestrinae, quae Summa summarum meritо nuncupatur, pars prima* (1514-1515), Venetiis, De Polis, 1598, Papa, 7, pág. 211vb. Cf. também Antonino Fiorentino, *Summae sacrae theologiae tertia pars*, Venetiis, Iunta, 1582, XX, 5, 8, fo. 397rb-vb.

(²⁴) F. Todescan, *Fermenti gallicani e dottrine anti-conciliariste al Lateranense I*, in *Cristianesimo, secolarizzazione e diritto moderno*, cit., vol. 1, págs. 567-609.

colectiva «escola de Salamanca» ([25]). Os expoentes desta orientação – entre os quais, para além de Francisco de Vitória, se evidenciaram, sobretudo, Domingos de Soto (1495-1560), Diego de Covarrubias (1500?-1577) e Fernando Vázquez de Menchaca (1512-1569) –, levaram às extremas consequências a ideia tomista de que as duas autoridades são igualmente criadas por Deus, mas instituídas de duas maneiras diferentes e totalmente independentes. Esta opção implicou, todavia, a rejeição explícita da doutrina medieval da plena potestade papal, tornou inadmissível também a monarquia universal imperial e ofereceu um novo modelo de ordenamento teológico-político, quer à eclesiologia católica, quer às repúblicas seculares.

Tanto nas lições universitárias como nos comentários à *Suma Teológica* de Tomás de Aquino ([26]), Francisco de Vitória, Soto e Covarrubias delinearam uma doutrina das autoridades humanas fundadas sobre a ideia da lei eterna, a manifestação da razão divina que regula a criação ([27]). No contexto deste ordenamento universal ao homem foram dadas duas vidas distintas, a terrena e a espiritual, sendo cada uma delas governada por uma justiça própria e tendo a chefiá-las duas diferentes potestades ([28]), a civil e a eclesiástica, iguais no que toca à causa

---

([25]) *Id., Lex, natura, beatitudo*, Pádua, Cedam, 1973; J. Belda Plans, *La escuela de Salamanca y la renovación de la teologia en el siglo XVI*, Madrid, Biblioteca de Autores Cristianos, 2000; M. Scattola, *Naturrecht als Rechtstheorie*, in F. Grunert & K. Seelmann (orgs.), *Die Ordnung der Praxis*, Tubinga, Niemeyer, 2001, págs. 21-47.

([26]) F. de Vitoria, *De iure belli*, edição de C. Galli, Roma-Bari, Laterza, 2005; *id., Vorlesungen («Relectiones»)*, edição de U. Horst *et al.*, Estugarda, Kohlhammer, 1995; *id., Comentários a la Secunda secundae de Santo Tomás*, edição de V. Beltrán de Heredia, Salamanca, Spartado, 1932-1952; D de Soto, *De iustitia et iuri libri decem* (1556-1557), edição de V. Diego Carro, Madrid, Instituto de estudios políticos, 1967-1968; D. de Covarrubias, *Regulae «Peccatum», De regulis iuris, lib. 6 relectio* (1554), Salmanticae, Portonarius, 1558.

([27]) Soto, *De iustitia et iure libri decem*, cit. I, 3, 1, pág. 22ª.

([28]) Vitoria, *Vorlesungen*, cit., De potestate ecclesiae, I, 1-5, pág. 172.

eficiente, o Todo-poderoso, mas diferentes no que respeita ao fim e à matéria ([29]).

A partir destas premissas é possível deduzir a forma de ambos os ordenamentos humanos e demonstrar duas consequências fundamentais: que o imperador não pode mandar sobre o género humano todo e que o pontífice não tem potestade sobre o âmbito temporal. Para o ordenamento previsto pela lei eterna e realizado pela lei natural os homens só podem alcançar a auto-suficiência terrena e praticar a justiça quando se associam em sociedades, as quais todavia seriam ineficazes se não fossem regidas por uma potestade livremente escolhida ([30]). A formação de uma comunidade política pressupõe, portanto, que todos os potenciais súbditos se reúnam publicamente para dar mandato ao futuro príncipe; mas é impossível reunir todos os homens do mundo num mesmo lugar e não é, por isso, concebível que se possa fundar por esta via um império universal, de modo que a Terra tem necessariamente de estar dividida numa pluralidade de repúblicas ([31]).

Efectivamente, o papado e os reinos do globo foram fundados por Deus de duas maneiras diferentes, imediata num caso, mediata no outro, e é precisamente devido à natureza indirecta da sua instituição que a autoridade política não pode nunca ser universal, já que ela deve sempre passar por uma intervenção dos homens, a qual só pode ser histórica, limitada no tempo e no espaço. Com o papado passa-se o oposto já que, pelo menos de direito, pode reclamar ser uma potestade universal criada por Cristo. Por outro lado, também o domínio do pontífice romano é bastante circunscrito nas suas competências. Antes de

---

([29]) *Ibidem*, De potestate civili, 1-8, págs. 118-134.

([30]) *Ibidem*, 9, págs. 134-136; F. Vázquez, *Controversiarum illustrium aliarumque usu frequentium libri tres* (1564), Valladolid, Cuesta, 193, I, Praefatio, 101-125, págs. 67-84.

([31]) Soto, *De iustitia et iure libri decem*, cit., IV, 3, 2, pág. 304^b. Cf. Aristóteles, *Política*, VII, 4, 1326^a 26-^{b} 26.

mais, «o Papa não é senhor do mundo» (³²); ele não detém nenhuma jurisdição universal sobre os povos da Terra: não tem o direito de julgar os povos pagãos, se estes não ofenderem os cristãos, nem pode punir os crimes contra natura ou as injúrias à majestade divina, porque a sua condenação só é tarefa do supremo legislador do mundo, ou seja, de Deus (³³).

Os mesmos argumentos valem também quando se considera o Papa apenas no contexto da comunidade dos cristãos, onde é evidente que «a potestade temporal não depende do sumo pontífice como as outras potestades inferiores, como os bispos ou os presbíteros» (³⁴). O governo civil não está, de facto, sujeito ao domínio temporal do Papa, que não pode julgar por via ordinária as causas dos príncipes ou examinar os seus títulos, nem tem a faculdade de depor uma autoridade secular, nem sequer por justa causa (³⁵).

A relação entre as duas potestades explica-se com o facto de ambas formarem dois ordenamentos independentes, oriundos de uma única fonte última e dispostos hierarquicamente. A sociedade secular «é uma república perfeita e completa. Por isso, não está sujeita a nada fora de si própria» (5, 4, pág. 238). Ela tem um fim em si mesma e, com efeito,

> mesmo admitindo que não existe nenhuma potestade espiritual e nenhuma beatitude sobrenatural, de todos os modos teria que existir algum ordenamento na república temporal e alguma potestade, como a que se encontra nas coisas naturais e também nas coisas irracionais (5, 9, pág. 242)

(³²) Vitoria, *Vorlesungen*, cit., De potestate ecclesiae, I, 5, 14, pág. 254.

(³³) Covarrubias, Regulae «Peccatum»»» relectio, cit., II, 10, fo. 75^(re)-78^(vb).

(³⁴) Vitoria, *Vorlesungen*, cit., De potestate ecclesiae, I, 5, 3, pág. 236; Soto, *De iustitia et iure libri decem*, cit., IV, 4, 1, pág. 302ª.

(³⁵) Vitoria, *Vorlesungen*, cit., De potestate ecclesiae, I, 5, 8, pág. 24o.

Do mesmo modo, também a Cristandade forma uma república «perfeita como a temporal e consequentemente auto-suficiente» (5, 13, pág. 252), todavia, a república espiritual não é imaginável sem a república temporal, como a fé não é concebível sem a natureza pois seria absurdo que um cristão pudesse salvar-se praticando unicamente as virtudes teologais, mas transgredindo todas as virtudes cardeais e morais. Para ser um bom cristão ele deve antes de mais ser um bom homem e por isso os dois ordenamentos deverão estar dispostos numa escala em que o grau superior só pode ser realizado após se ter completado o grau inferior.

Por outro lado, a felicidade humana, embora seja o fim perfeito da sociedade temporal, é incompleta relativamente à perfeição da beatitude sobrenatural, que é o objectivo da sociedade espiritual (5, 10, pág. 244) e, portanto, a relação entre os dois ordenamentos deve ser ulteriormente especificada: o ordenamento inferior pode subsistir também sem o superior, enquanto o superior precisa do inferior; todavia, o inferior deve estar de algum modo subordinado ao superior. Provêm ambos da mesma fonte e, portanto, a sua compatibilidade está garantida por definição, já que não é possível que a razão divina dê no âmbito da natureza indicações contrárias aos preceitos da fé. Todavia, a perfeita harmonia das duas esferas vale apenas do ponto de vista da razão divina e foi efectivamente possível apenas no estado de inocência. Na condição do pecado original é, ao invés, possível, aliás, é inevitável, que as duas potestades se contradigam e quando tal acontece, quando os dois fins divergem e a administração civil inflige algum dano à administração religiosa, deve-se sempre renunciar ao bem temporal e inferior para conservar o bem eterno e superior (5, 14, pág. 254).

No que respeita aos bens espirituais o Papa tem, portanto, uma grandíssima potestade temporal sobre todos os príncipes, reis e imperadores. Todavia, tal não significa que ele exerça directamente uma qualquer forma de soberania temporal, mas sim que pode intervir para defender a república espiritual, quando esta sofre grave prejuízo devido a alguma medida da república temporal. Neste caso, que se concebe apenas como situação excepcional, a potestade do Papa deve ser vastíssima «porque, quando é necessário para o fim espiritual, ele não apenas pode fazer tudo aquilo que é tarefa dos príncipes seculares, mas pode também criar novos príncipes ou removê-los e dividir os reinos e muito mais» (5, 12, pág. 248).

3.3. A doutrina da potestade indirecta do Papa

A revisão das formulações canonistas no seguimento do direito natural tomista constitui a plataforma do pensamento político da Contra-Reforma católica e foi fixada nas polémicas que nos primeiros anos do século XVII opuseram a igreja católica à república de Veneza (1606-1607) e à coroa inglesa. No primeiro caso a propósito da jurisdição eclesiástica, no segundo sobre o direito divino dos reis (1607-1610).

A defesa da posição católica foi assumida pelos jesuítas, que herdaram a teologia política dos dominicanos de Salamanca e elaboraram uma formulação característica com Roberto Bellarmino (1542-1621) e com a sua doutrina da «potestade indirecta» do Papa sobre o rei [36]. Bellarmino propôs esta teoria logo em *Controvérsias sobre a Fé Cristã*, publicadas entre 1586 e 1596 [37]. Sobre as mesmas bases doutrinais interveio na disputa sobre a interdição com *Resposta ao Tratado dos Sete Teólogos de Veneza* [38], foi depois chamado em causa na polémica sobre

---

[36] H. Höpfl, *Jesuit Political Thought*, Cambridge, Cambridge University Press, 2004; B. Bourdin, *La genèse théologico-politique de l'État moderne*, Paris, Puf, 2004; F. Motta, *Bellarmino*, Brescia, Morcelliana, 2005.

[37] R. Bellarmino, *Dalle «Controversie»* (1586-1593), trad. it. parcial in C. Giacon (org.), *Scritti politici*, cit., págs. 331-370.

[38] *Id.*, *Risposta del card. Bellarmino al trattato de i sette theologi di Venetia*, Roma, Facciotto, 1606.

o juramento de fidelidade ao rei de Inglaterra e respondeu ao *Triplici nodus triplex cuneus* (1607) de Jaime I ([39]) com uma *Resposta ao Livro Intitulado Triplex cuneus* ([40]). O debate prolongou-se até 1612 e foi alimentado não apenas por inúmeras intervenções inglesas, tanto de anglicanos como de católicos ([41]), mas também de políticos e teólogos continentais, como Martinus Becanus (1610), Pierre Du Moulin (1610 e 1614), Leonardus Lessius (1611), Henning Arnisaeus (1612) e David Pareus (1612). No contexto geral da controvérsia, uma ulterior e mais específica linha política foi aberta pela publicação do livro *Sobre a Potestade do Papa* (1609) de William Barclay, no qual se defendiam doutrinas galicanas compatíveis com as posições de Jaime I ([42]). Opondo a Barclay o *Tratado sobre a Potestade do Sumo Pontífice nas Questões Temporais* (1610) ([43]), Bellarmino elaborou de forma definitiva a ideia da potestade indirecta do Papa e suscitou por sua vez réplicas polémicas do beneditino Thomas Preston (1563-1640), que defendeu a obrigatoriedade do juramento de fidelidade ao rei também para os católicos ingleses ([44]).

No decurso destas repetidas passagens polémicas a doutrina de Bellarmino permaneceu imutável e foi sintetizada no quinto capítulo do *Tratado sobre a Potestade do Sumo Pontífice* ([45]). O poder do Papa enquanto tal – argumenta-se –, só pode ser

---

[39] Jaime I de Inglaterra, *Tríplice nodo triplex cuneus*, in *id.*, *The Political Works*, cit., págs. 71-92.

[40] R. Bellarmino [pseud. M. Tortus], *Responsio ad librum inscriptum Triplici nodo triplex cuneus*, Coloniae, Gualtherus, 1608.

[41] [R. Persons], *The Judgment of a Catholicke English-man*, [Saint-omer], [English College], 1608; L. Andrewes, *Tortura Torti*, Londini, Barkerus, 1609.

[42] W. Barclay, *De potestate papae*, [London], [Eliot], 1609.

[43] R. Bellarmino, *L'autorità del sommo pontefice sul potere politico* (1610), trad. it. parcial, in Id., *Scritti politici*, cit, págs. 331-370.

[44] Th. Preston, *Apologia cardinalis Bellarmini pro iure principum*, Cosmopoli [= Londres], Pratus, 1611; *id.*, *Disputatio theologica de iuramento fidelitatis*, Albionopoli [= Londres], Fabrus, 1613.

[45] Bellarmino, *L'autorità del sommo pontefice*, cit., 5, págs. 340-344.

espiritual e, por isso, deve dizer directamente respeito, como seu objecto primário, às questões de fé; e só indirectamente diz respeito à dimensão secular, como objecto secundário e em casos particulares. Embora, portanto, apenas detenha por via directa a potestade espiritual, o pontífice pode todavia interferir no âmbito secular enquanto guia a vida cristã. Diz-se, assim, que ele exerce também uma potestade temporal indirecta, ou seja, pode intervir extraordinariamente nas questões terrenas, mas apenas nas situações em que está gravemente em causa a salvação da alma e, apenas, com pessoas submetidas ao seu domínio espiritual. Por isso, o Papa não pode substituir o regime político, mas pode corrigir o poder secular com a sua supremacia apostólica, até ao ponto de poder privar um príncipe da governação para a entregar a outro. Deste modo, ele não perturba a ordem da criação, mas representa um segundo canal mediante o qual se manifesta a vontade de Deus, que quis que as duas autoridades fossem independentes uma da outra e que o seu projecto de salvação se realizasse em primeiro lugar através do consenso dos homens, que transmitem o domínio secular aos seus príncipes. Mas do mesmo modo Deus pode realizar os seus desígnios também por meio do seu vigário geral, que por isso não ocupa o lugar do povo, mas coloca-se ao lado dele, sempre e apenas em função da realização do fim espiritual.

Em substância, esta doutrina da potestade indirecta havia sido antecipada na revisão escolástica da escola de Salamanca e Bellarmino admitiu a sua dívida para com João Driedo, Francisco de Vitória e Domingo de Soto. Depois de Bellermino, esta doutrina foi retomada também por Francisco Suárez na *Defesa da Fé Católica* de 1613, com que pôs um ponto final na disputa do lado romano sem acrescentar novos elementos ([46]): duas sociedades perfeitas, a comunidade política e a igreja, almejam fins próprios, mas a primeira está subordinada à

([46]) F. Suárez, *Defensio fidei catholicae et apostolicae adversus Anglicanae sectae errores*, Conimbricae, Gómez, 1613.

segunda e são geradas pela mesma vontade divina, uma mediatamente e a outra imediatamente, de modo que ao chefe da Cristandade cabe quer um poder directo sobre os fiéis, quer um poder indirecto sobre os governos, que implica, em casos extremos, também a resistência e o tiranicídio.

3.4. A teologia política federal dos calvinistas

O esquema formalizado por Bellarmino prevê dois ordenamentos independentes, ambos provenientes de Deus de dois modos diferentes, mas subordinados um a outro e, por isso, capazes de se cruzarem em determinadas circunstâncias. Uma estrutura ideal semelhante, que une o homem a Deus de dois modos diferentes, encontra-se também na teologia política calvinista: também aqui uma mediação indirecta, na qual a vontade de Deus actua através da natureza e da fundação jurídica do poder, está acompanhada por uma manifestação directa com a qual Deus declara imediatamente o próprio valor. Obviamente, o calvinismo não reconhece a ideia da representação papal e o sujeito humano com o qual Deus entra directamente em contacto é o povo, ou seja, a comunidade dos eleitos. As duas diferentes vias pelas quais se realiza o ordenamento são, por isso, o direito natural e o pacto.

O escritor político que desenvolveu mais aprofundadamente ambos os aspectos, organizando-os numa teologia política global, foi Iohannes Althusius. A sua obra *Política* (1603, ampliada em 1610 e em 1614) é, em primeiro lugar, uma doutrina geral do ordenamento divino e da simetria de subordinação na criação [47], próxima, nesse aspecto, das conclusões

---

[47] Cf. L. Calderini, *La «Política» di althusius tra rappresentanza e diritti di resistenza*, Milão, Angeli, 1995; E. Bonfatti, G. Duso e M. Scattola (orgs.), *Politische Begriffe und historisches Umfeld in der «Politica methodice digesta» des I. Althusius*, Wiesbaden, Harrassowitz, 2002; *Il lessico della «Politica»*, cit.

do escritor católico Pierre Grégoire (1540?-1617)[48]. A argumentação de Althusius e das suas fontes pode reconduzir a três elementos fundamentais. Em primeiro lugar, o mundo deve ser concebido como um conjunto heterogéneo, formado por partes diferentes. Em segundo lugar, todas os componentes da criação, que se devem imaginar como princípios irredutíveis, podem manter relações harmónicas de justiça, cuja soma forma o ordenamento dado por Deus ao universo. Em terceiro lugar, uma relação entre elementos diferentes pode nascer apenas de um nexo de subordinação, o qual, por sua vez, é gerado exclusivamente pela parte superior. Por outras palavras, uma relação política é constituída sempre e apenas a partir do alto.

Também na doutrina de Althusius o direito natural da tradição escolástica, medieval ou proto-moderna constitui um dos princípios fundamentais do ordenamento global e representa o modo mediante o qual Deus se manifesta no mundo e regula por via indirecta a comunicação política entre os homens[49]. A lei natural ou, no léxico de Althusius, a «lei comum» é composta por uma série de princípios heterogéneos que o Todo-poderoso imprimiu no espírito humano no acto da criação e que indicam a cada homem o que é o bem e o que é o mal para a conservação da sociedade (21, 19-21, págs. 406-408)[50]. O conjunto das ideias inatas está compendiado nos Dez Mandamentos, os quais não pertencem

---

[48] P. Grégoire, *De republica libri sex et viginti* (1596), [Francofurti], Fischerus, 1597, VI, 1, 4, págs. 290-291. A fonte desta doutrina é Cícero, *De republica*, II, 42, 69.

[49] I. Althusius, *Politica methodice digesta* (1614), Aalen, Scientia, 1981, 1, 36, págs. 11 e 9, 8, pág. 170. Cf. Grégoire, *De republica*, cit., VI, 1, 1, págs. 289-290; Pseudo-Clemente I, *I ritrovamenti*, cit., I, 45, págs. 94-95.

[50] Cf. H.J. van Eikema Hommes, *Naturrecht und positives Recht bei I. Althusius*, in *Politische Theorie des I. Althusius*, edição de K.-W. Dahm *et al.*, Berlim, Duncker und Humblot, 1988, págs. 371-390; M. Scattola, *I. Althusius und das Naturrecht des 16. Jahrhunderts*, in *Jurisprudenz, Politische Theorie und Politische Theologie*, F.S. Carney *et al.*, Berlim, Duncker und Humblot, 2004, págs. 371-396; Id., *Models in History of Natural Law*, in «Ius commune», 28, 2001, págs. 91-159.

portanto ao direito divino positivo, ou seja, à revelação, mas fazem parte da dotação natural própria de todos os homens e só no que respeita à forma exterior do Decálogo é que remetem para a história do povo de Israel (21, 22-27, págs. 408-413). O direito natural é, portanto, o fundamento a partir do qual é preciso começar sempre que se reflecte sobre a política já que ele fornece os princípios sobre os quais se rege o ordenamento da sociedade e é a norma que o Criador deu ao homem para construir a cidade.

Para além desta mediação indirecta no direito natural existe, todavia, na teologia política de Althusius também uma via directa, um vínculo que Deus instaura imediatamente com uma sociedade humana específica na forma de uma aliança religiosa. Com efeito, o pacto mediante o qual o Todo-poderoso escolhe o seu povo é parte essencial da constituição de uma cidade e faz com que a dimensão política seja intrinsecamente teológica. Mas então a esfera religiosa não é simplesmente uma «república perfeita», como defendia a tradição escolástica da potestade indirecta, que se acrescenta à «república perfeita» da esfera secular para a completar. A «comunidade simbiótica universal do reino» continua, sim, a distinguir-se numa parte «eclesiástica» e numa parte «civil», que cumprem respectivamente a primeira e a segunda tábuas do Decálogo, mas as duas dimensões não podem andar separadas nem é concebível que uma sociedade política possa estar completa apenas aplicando os mandamentos da segunda tábua. É necessário, por isso, pensar que no mundo humano se compenetram dois princípios de ordenamento, activos contemporaneamente em duas direcções opostas: a partir de baixo sobe a lei natural produzindo uma série cada vez mais complexa de vínculos sociais, do alto desce a vontade de Deus que se declara no pacto ([51]).

([51]) Cf. O. Gierke, *G. Althusius e lo sviluppo storico delle teorie politiche giusnaturalistiche* (1880), trad. it., Turim, Einaudi, 1974; E. Reibstein, *I. Althusius als Fortsetzer der Schule von Salamanca*, Karlsruhe, Müller, 1955; C. Malandrino, *Teologia federale*, in «Il Pensiero Politico», 32, 1999, págs. 427-446; M. Walther, *Gestalten und Implikationem politischer Theologie*, in *Jurisprudenz, Politische Theorie und Politische Theologie*, cit. pág. 143-167.

Por isso, «o primeiro e essencial fundamento e vínculo da sociedade humana e de toda e qualquer república bem constituída é a religião, o segundo a administração da justiça» (9, 32, pág. 182), e nesse sentido, o direito natural e o Evangelho devem integrar-se, porque o Criador deu aos homens uma lei que lhes ordena que construam passo após passo todos os degraus da comunidade, sem necessidade de intervenções celestes, até que o pacto com Deus não complete com uma revelação imediata o bem terreno, acrescentando o reconhecimento da transcendência e integrando a via indirecta com a via directa. A lei natural não consegue por isso realizar o seu verdadeiro ordenamento, que é o ordenamento de Deus, se não for, por fim, assistida pela revelação e por isso «a matéria do Decálogo é também política, pois ela governa a vida simbiótica e prescreve o que se deve fazer. Prescreve, de facto, a vida pia e justa» (21, 41, pág. 423).

Se se excluírem a representação pontifical e a mediação sacramental no monarca, o vínculo entre transcendência e imanência só pode realizar-se como relação directa entre Deus e a nação, na forma de uma aliança que transforma o povo na comunidade dos eleitos e a república numa igreja. A teologia política elaborada por Althusius, e própria em geral do pensamento calvinista, é, portanto, uma teologia política federal ([52]); o seu núcleo é a doutrina do pacto que cria o ordenamento político e todas as dinâmicas de comunicação que nele ocorrem. Uma vez que os elementos que concorrem na formação da vida justa e pia são três, triplo deve ser também o acordo: um para constituir o corpo político, um para instituir o magistrado e um para sancionar a relação com Deus. O contrato não é, por isso, único nem se estabelece apenas entre dois sujeitos, o rei e os súbditos, mas entre três instâncias – Deus, o magistrado e o

---

([52]) M. Walzer, *La rivoluzione dei santi* (1965), trad. it. Turim, Claudiana, 1996; M. Behnen, *Herrschaft und Religion in den Lehren des Lipsius und Althusius*, in *Politische Begriffe und historisches Umfeld*, cit., págs. 165-184.

povo –, e apenas pode ocorrer como realização de um ordenamento já prefigurado, mas ainda não realizado.

A doutrina federal de Althusius, desenvolvida em todas as edições de *Política*, foi antecipada e resumida de forma assaz eficaz também na disputa *A Justa Instituição e a Administração do Reino* de 1602 [53]. Já neste breve escrito Althusius recorda que o primeiro pacto se estabelece entre as diversas partes de uma cidade quando estas se obrigam reciprocamente a comunicar os seus bens materiais e espirituais para exercerem em conjunto a virtude e a piedade e para criarem um *politeuma* apetrechado de um direito público próprio. Uma vez constituído numa entidade individual, o povo estipula o segundo contrato com o magistrado, o qual se compromete a governar a sociedade segundo o direito do reino, obtendo em troca o obséquio dos súbditos. Por fim, ambos estabelecem uma aliança com Deus, que escolhe a cidade como seu povo pretendendo obediência aos seus preceitos. Esta terceira estipulação é decisiva, embora seja a última, pois é o pressuposto sobre o qual se rege a construção política na sua totalidade. Nenhum pacto, nem sequer o primeiro, poderia, com efeito, subsistir se todos os contraentes não estivessem já vinculados por uma relação de confiança garantida pelo reconhecimento do próprio Deus. Paradoxalmente, é pelo facto de já partilharem a mesma fé que eles se podem juntar numa mesma comunidade, mas por outro lado, eles fundam uma sociedade para adorarem o mesmo Deus. A união que eles estipulam formalmente e que deveria garantir todas os seguintes acordos está, portanto, já presente antes de a cidade ser criada, e o contrato político não institui a república mediante um acto do arbítrio

---

[53] I. Althusius, *Disputatio politica de regno recte instituendo et administrando* (1602), in «Quaderni fiorentini», 25, 1996, págs. 23-46. Amplas partes do texto foram traduzidas em G. Duso (org.), *Il contratto sociale*, Roma-Bari, laterza, 2005, págs. 3-15. Cf. também Althusius, *Politica*, cit. 9, 7-8, págs. 169-17; 19, 6-23, págs. 328-337; 28, 15-24, págs. 575-583.

humano, mas reconhece aquilo que preexistia e que, portanto, tem que ser.

O terceiro pacto também é essencial para a constituição do ordenamento político porque determina a recíproca posição das partes políticas de uma cidade. A aliança religiosa é, de facto, estabelecida entre Deus, por um lado, e o magistrado e o povo, por outro, segundo a figura jurídica da participação *in solido*. Ambos os contraentes ficam, assim, reciprocamente obrigados a suportar a totalidade da dívida mesmo quando apenas um dos dois faltar ao compromisso. Por isso, o povo é responsável perante Deus também pelas acções do magistrado e se este faltar aos próprios deveres a colectividade é chamada a corrigir as suas culpas (28, 17-24, págs. 576-583)([54]). Para poder fazer frente às suas responsabilidades, o povo tem, portanto, que reconhecer o ordenamento de Deus e distinguir em alguma medida, certamente grosseira, entre o rei bom e o tirano; deve ser também uma entidade autónoma, capaz de agir também sem o magistrado, antes e fora da relação de governo (38, 30-40, págs. 894-899). A iniciativa do povo não pode, todavia, chegar ao ponto de ser considerada uma grandeza constitucional auto-suficiente, pois nesse caso o magistrado tornar-se-ia supérfluo e toda a república uma democracia. Por outro lado, em qualquer cidade é necessária a presença em simultâneo do magistrado e do povo, como também da nobreza intermédia, e por isso, não podendo existir comunidades políticas puras, toda a forma constitucional terá necessariamente que ser mista (39, 23, págs. 950-951).

O esquema federal de Althusius, em que a natureza e a graça, a mediação indirecta do direito natural e a mediação directa da eleição divina, são duas partes inseparáveis do mesmo ordenamento, esteve também na base da teologia do pacto elaborada pelo debate puritano, primeiro na Inglaterra do século XVII e depois nas colónias norte-americanas ([55]).

---

[54] *Il contratto sociale*, cit., págs. 10-11.

[55] A. Strumia, *L'immaginazione repubblicana*, Florença, Le Lettere, 1991.

A necessidade de integrar o princípio natural com o princípio da revelação divina explica também o grande interesse da cultura calvinista pelos ordenamentos da sociedade mosaica, que foi a primeira manifestação da aliança divina reivindicada depois pelas comunidades reformadas. A «política judaica» ou «república dos judeus» era, em finais do século XVI, um género literário heterogéneo, que durante muito tempo tomou como modelo *A República dos Judeus* (1582) do historiador italiano Carlo Sigonio (1520?-1584)([56]). O estudo da república mosaica, isto é, do ordenamento político fundado no direito divino positivo, foi todavia cultivado sobretudo pelos autores calvinistas alemães e holandeses, como Bonaventure Corneille Bertram (1574), Théodore de Bèze (1577), François Du Jon (1593), Johann Kahl (1595), Wilhelm Zepper (1604) e Petrus Cunaeus (1617)([57]), e atingiu, por volta de 1640, um momento de grande produção editorial, coroado pelas obras, por sua vez conclusivas, de John Selden e de Hermann Conring([58]).

A doutrina política do pacto de Iohannes Althusius e o interesse pela república dos judeus são fenómenos ligados a uma orientação geral da cultura reformada, que na segunda metade do século XVI transformou a ortodoxia protestante numa teologia bíblica e que se exprimiu de modo particular na «teologia federal», a orientação na base do calvinismo holandês,

---

([56]) C. Sigonio, *De republica Hebraeorum libri septem*, Bononiae, Rossius, 1582. Cf. L. Campos Boralevi, *«Politica Iudaica?»*, in *Il lessico della «Politica»*, cit., págs. 253-263.

([57]) Ead., *Per una storia della «Respublica Hebraeorum» come modello politico*, in V.I. Comparato & E. Pii (orgs.), *Dalle repppubliche elzeviriane alle ideologie del '900*, Florença, Olschki, 1997, págs. 17-33; L. Campos Boralevi & D. Quaglioni (orgs.), *«Politeia biblica»*, Florença, Olschki, 2002; M. Bodian, *The biblical «Jewish Republic» and the Dutch «New Israel» in seventeenth-century Dutch thought*, in «Hebraic Political Studies», 1, 2006, págs. 186-202.

([58]) J. Selden, *De iuri naturali et gentium iuxta disciplina Ebraeorum*, Londini, Bishopius, 1640; H. Conring, *De politica sive republica Hebraeorum exercitatio*, Helmestadii, Mullerus, 1648.

do puritanismo inglês e, em perspectiva, da religião civil dos Estados Unidos [59]. A reinterpretação da doutrina cristã na perspectiva do pacto entre Deus e o seu povo foi iniciada por Ulrich Zwingli (1484-1531) durante as polémicas com os anabaptistas nos anos 1524-1525, e foi codificada por Heinrich Bullinger (1504-1575) no seu tratado *A Aliança ou o Pacto Único e Eterno de Deus* (1534) [60]. O mesmo princípio teológico foi acolhido por Calvino em *Instituição da Religião Cristã* [61], e desenvolvido de maneira particular pelos teólogos da universidade de Heidelberg, Zacharias Ursinus (1534-1583) e François Du Jon (1545-1602), que o transmitiram por sua vez aos teólogos de Herborn e de Leida [62]. Em Herborn a teologia de finais do século XVI e inícios do século XVII desenvolveu-se na direcção de uma doutrina exclusivamente federal com Kaspar Olevian (1536-1587), Iohannes Piscator (1546-1625) e Mathias Martinius (1572-1630) [63]. Na obra póstuma *O Pacto Divino da Fé* (1590) Olevian explica a necessidade de a redenção do homem acontecer na forma de uma aliança com Deus, e em modo particular de «uma aliança para a eternidade» [64], que só Jesus Cristo pôde consagrar

---

[59] J.F.G. Goeters, *Föderaltheologie*, in G. Müller (org.) *Theologische Realenzyklopädie*, Berlim, De Gruyter, 1983, vol. 11, págs. 246-252.

[60] H. Bullinger, *De testamento seu foedere Dei unico et aeterno brevis expositio*, Tiguri, Froschoverus, 1534; F. Büsser, *Bullinger, H.*, in *Theologische Realenzyklopädie*, 1981, vol. 7, págs. 375-387; C.S. Mccoy e J.W. Baker, *Fountainhead of Federalism*, Louisville, Ky., Westminster, 1991.

[61] J. Calvino, *Istituzione della religione Cristiana*, Turim, Utet, 1971, vol. 1, II, 10-11, págs. 551-589.

[62] H. Klueting, *Ursinus, Z.*, in *Theologische Realenzyklopädie*, cit. 2002, vol. 34, págs. 445-450.

[63] K. Olevian, *De substantia foederis gratuiti inter Deum et electos*, Genevae, Vignon, 1585; M. Martinius, *De federis naturae et gratiae signaculis quinque tractatus*, Bremae, Villerianus, 1618; H.H. Eßeer, *Die politische Theorie C. Olevians und des I. Althusius*, in *Politische Theorie des I. Althusius*, cit., págs. 83-97.

[64] K. Olevian, *Der Gnadenbund Gottes* (1590), Bona, Habelt, 1994.

na qualidade de representante do homem perante o Criador, e apresentando como penhor o sacrifício da cruz (pág. 4-7). Deus, de facto, tinha já estipulado um pacto com o homem ou com toda a criação, através da lei natural, gravada no coração de Adão e compendiada no Decálogo; o pecado, todavia, tornou vão o conhecimento e a obediência, transformando a lei em instrumento de condenação do homem; por isso, o Evangelho teve que substituir o Antigo Testamento, repetindo-o na sua substância, mas acrescentando a graça, com a qual o Todo-poderoso, na sua providência imperscrutável e necessária, concede ao homem a força da fé (págs. 8-9).

Na Holanda, a teologia federal encontrou o seu mais insigne representante em Franciscus Gomarus (1563-1641) e, após o triunfo dos gomaristas sobre os arminianos no sínodo de Dordrecht (1618-1619), alcançou a sua forma canónica em meados do século XVII com Iohannes Cocceius (1603-1669)[65]. Em Inglaterra, William Perkins (1558-1602) deu uma roupagem sistemática às reflexões dos teólogos continentais em *Armilla aurea* (1590)[66], recuperando a concepção de uma dupla aliança entre Deus e o homem, o «pacto das obras», resumido no Decálogo e englobando a lei natural, e o «pacto da graça», estipulado no Antigo Testamento com o povo de Israel e no Novo Testamento com a verdadeira igreja de Cristo. Desta forma, a doutrina da dupla aliança foi acolhida pelo puritanismo de Cambridge e foi rapidamente fixada em escritos de ampla difusão como, por exemplo, *O Pacto entre Deus e o Homem Explicado em Palavras Simples* (1596 e 1616) de John Fotherby (?-1619), *O Novo Pacto ou a Parte dos Santos* (1629) de John Preston (1587-1628) e *O Pacto da Livre Graça de Deus* (1645) de John Cotton[67],

---

[65] H. Faulenbach, *Coccejus, J.*, in *Theologische Realenzyklopädie*, cit., 1981, vol. 8, págs. 132-140.

[66] W. Perkins, *Armilla aurea*, Cantabrigiae, Legatt, 1590.

[67] J. Fotherby, *The Covenent between God and Man*, Londres, Iakson, 1596; J. Preston, *The New Covenent, or The Saints Portion*, Londres, Bourne, 1629; J. Cotton, *The Covenent of Gods Free Grace*, Londres, Hancockm 1645.

o ponto de partida da teologia federal nas colónias de New England ([68]). Com as *Confissões de Westminster*, aprovada pelo parlamento em 1648, este ensinamento entrou, por fim, a fazer parte integrante da doutrina da igreja de Inglaterra e da igreja da Escócia ([69]).

3.5. A política cristã

A estrutura ideal da teologia política federal de Althusius, isto é, a presença simultânea da mediação indirecta do direito natural e da mediação directa da revelação como duas partes inseparáveis do ordenamento político, encontra-se também na tradição luterana, com uma óbvia diferença substancial: a doutrina calvinista do pacto reconhece três componentes e atribuiu uma responsabilidade política também ao povo, enquanto a teologia luterana exclui tal eventualidade e concentra o papel de mediação no príncipe. Esta variante teológico-política, que foi a mais habitual dos autores evangélicos nos séculos XVI e XVII, não pode ser integralmente imputada às doutrinas agostinianas sobre a autoridade secular professadas por Lutero nos primeiros anos da Reforma e, com efeito, corresponde a uma tradição alternativa e mais tardia. Embora já em 1523 os teólogos Niclas Amsdorff (1483-1565) e Johann Bugenhagen (1485-1558) tivessem perspectivado em documentos reservados a possibilidade da oposição armada ([70]), a questão da resistência foi explicitamente discutida no círculo de Wittenberg apenas depois de 1529 ([71]), e também Lutero, rectificando a

---

([68]) Goeters, *Föderaltheologie*, cit., págs. 247-250.

([69]) R.M. Norris, *Westminster/Weastminsterconfession*, in *Theologische Realenzyklopädie*, cit., 2003, vol. 35, págs. 708-712.

([70]) Falchi Pellegrini, *Il problema della resistenza*, cit., págs. 41-60.

([71]) Cf. os documentos recolhidos em Von Rechmässigkeit, *Anfang, Fortund endlichen Außgang deß Teutschen Kriegs*, edição de F. Hortleder, Gotha, Endter, II, 2, pág. 63 e II, págs. 92-94.

doutrina da obediência incondicional da autoridade, reconheceu que aos cristãos era lícito pegar nas armas contra a autoridade secular quando esta pretendesse impor aos súbditos uma religião ímpia ([72]). Lutero, todavia, não se limitou a admitir o direito de defesa, mas elaborou no *Grande Catecismo* (1529) um novo ensinamento que contribuiu bem mais decididamente para a doutrina evangélica da autoridade do que os seus escritos anteriores sobre os dois reinos. Este específico conjunto teológico-político próprio da confissão luterana é, agora, designado pela fórmula – habitualmente em latim – de *politica Christiana* e caracteriza-se pela presença de quatro elementos: o fundamento de direito natural, a dedução da autoridade política do quarto mandamento, a presença de um quadro teológico que garanta a possibilidade de autodefesa, o desenvolvimento da doutrina dos três estados ([73]).

A reflexão sobre a lei natural entrou a fazer parte das teologias da Reforma desde os seus primórdios e foi levada a cabo sobretudo por Filipe Melanchton (1497-1560), que nas várias edições de *Lugares Comuns Teológicos* e nos seus comentários às obras de Aristóteles a apresentou como o verdadeiro núcleo da doutrina moral ([74]). Nesses mesmos anos Johann Oldendorp

---

([72]) M. Lutero, *Luther an Kurfürs Johann den Beständigen von Sachsen, 6. März 1530*, in H. Scheible (org.), *Das Widerstandsrecht als Problem der deutschen Protestanten*, Gütersloh, Mohn, 1969, págs. 60-63; *id.*, *Warnung an sein lieben Deutschen* (1531), in *id.*, *Werke in Auswahl*, edição de O. Clemen, Berlim, De Gruyter, 1959⁵, vol. 4, págs. 194-228. Cf. D. Böttcher, *Ungehorsam oder Widerstand?*, Berlim, Duncker und Humblot, 1991.

([73]) H. Dreitzel, *Monarchiebegriffe in der Fürstengesellschaft*, Colónia, Böhlau, 1991, vol. 2, págs. 484-499; *id.*, *Politische Philosophie*, in *Grundriß das Geschichte der Philosophie [Überweg]. Die Philosophie des 17. Jahrhunderts*, Basel, Schwabe, 2001, vol. 4, 1, págs. 673-693; L. Schörn-Schütte, *Obrigkeitskritik und Widerstandsrecht*, in *Aspekte der politischen Kommunikation im Europa des 16. und 17. Jahrhunderts*, edição de Schörn-Schütte, Munique, Oldenbourg, 2004, págs. 195-232; Id., *Politische Theologie – «Res Publica» Verständnis – Konsensgestüzte Herrschaft*, págs. 1-12.

([74]) Scattola, *Das Naturrecht vor dem Naturrecht*, cit., págs. 28-55.

publicou *O Que É Equitativo e Justo* (1529), o primeiro escrito de direito natural em alemão, e a *Introdução ao Direito Natural, das Gentes e Civil* (1539). Abundantes em argumentações típicas do direito natural são também os escritos de parte luterana durante a guerra de Esmalcalda, como também o *Método Apodíctico sobre as Leis de Direito Natural* (1562) de Niels Hemmingsen ([75]). Todas estas obras retomaram uma doutrina que Melanchton havia fixado em *Lugares Comuns Teológicos* a partir da edição de 1535, onde, repetindo a habitual equivalência escolástica, apresentou os Dez Mandamentos como compêndio da lei natural dada por Deus ao género humano na forma de ideias inatas.

À luz desta identidade, o modo melhor para expor a lei natural e divina é seguir a ordem do Decálogo. Explicitando o conteúdo de cada mandamento pode-se, assim, esgotar a totalidade do âmbito das leis necessárias ao homem, e também a autoridade política pode decorrer de um mandamento, o quarto, que institui na sociedade humana todas as diferenças de ordenamento. Assim, Lutero, comentando no *Grande Catecismo* de 1529 o dever de honrar pai e mãe, recorda que os progenitores devem ser entendidos como duas classes distintas no seio da família e que eles, por isso, «estão no lugar de todos os outros estados» criados por Deus, o qual, portanto, nos convida a obedecer não apenas a quem nos gerou, mas a todos aqueles que se encontram numa relação ordenada ([76]). No quarto mandamento está, portanto, incluída a obediência a todos os cargos de governação, «já que da autoridade dos

---

[75] J. Oldendorp, *Was bilig und recht ist* (1529), Frankfurt a.M., Sauer und Auvermann, 1969; *id.*, *Iuris naturalis, gentium, et civilis* εισαγωγή, Coloniae, Gymnicus, 1539; N. Hemmingsen, *De lege naturae apodíctica methodus*, Witebergae, Rhaw, 1562.

[76] M. Lutero, *Der große Katechismus* (1529), in *id.*, *Werke in Auswahl*, cit., vol. 4, pág. 18. Cf. também *id.*, *Delle belle opere* (1520), in *id.*, *Scritti religiosi*, trad. it. de V. Vinay, Bari, Laterza, 1958, 4, 12-17, págs. 159-166.

progenitores deriva e difunde-se toda e qualquer autoridade» (pág. 23). De modo semelhante argumenta também Melanchton em *Lugares Comuns Teológicos*, onde explica que a obediência aos pais é apenas «o primeiro grau do comando» e vale como regra para todas as outras formas de domínio ([77]). Se considerarmos a causa remota, ou seja o Criador, que é o artífice último do direito natural, a potestade política tem uma origem divina; ela provém, todavia, de uma fonte humana e natural se olharmos para a causa próxima, pois ela não é instituída por uma intervenção directa de Deus, que confere a sua majestade a este ou àquele rei, mas é um prolongamento ou uma extensão da autoridade parental. Nesta proveniência do poder político do quarto mandamento encontra-se também a principal diferença entre a teologia política evangélica e as teologias políticas católica e reformada. A autoridade passa dos pais para o rei de maneira directa, sem mudar de natureza, de modo que o príncipe torna-se o pai da república e usufrui do mesmo respeito que em casa é devido ao chefe da família (colunas 703-704). E como o respeito pelos pais é um mandamento de Deus, assim também a obediência devida à potestade pública, que recebe a sua força do obséquio filial, tem a sua própria razão na vontade divina anunciado pela lei natural. O grau sumo de obediência prescrito pelo quarto mandamento compreende, por isso, em primeiro lugar «o reconhecimento de Deus, que se deve considerar autor da condição humana quer no matrimónio quer na vida social [...]. Honrar significa, portanto, reconhecer que esta sociedade é obra divina» (coluna 703). No percurso que vai desde o Criador, como fonte última da autoridade, à concreta hierarquia dos cargos políticos entra em acção uma única mediação, a da lei natural recordada no Decálogo. Não intervêm, por isso, passagens constitucionais significativas, como aquelas imaginadas pela Escolástica, que fazia derivar o poder do rei de um

---

([77]) Melanchton, *Opera*, cit., colunas 396 e 703-707.

pacto originário entre os membros do reino, ou por Althusius, que desde o início do século XVIII teria feito do povo uma grandeza autónoma e da república uma estrutura sempre mista. No quadro da *politica Christiana* não são concebíveis formas jurídicas de controlo sobre a autoridade pública, que actua com a mesma urgência com que age o pai de família e é em definitivo responsável apenas perante o autor dos Mandamentos. Por outro lado, como o pai é responsável pela protecção da família, do mesmo modo o rei deve prover à salvação do reino, como também as autoridades intermédias devem garantir, com base no mesmo princípio, a segurança dos seus súbditos. Nem todas as ordens do príncipe merecem, assim, obediência incondicional, já que não deixam de estar no quadro da lei natural, que, ainda que imperfeita, permite reconhecer a autoridade iníqua e os seus crimes. Quando uma instância superior ou suprema degenera pondo a risco a salvação da comunidade, as autoridades imediatamente inferiores têm, portanto, a tarefa de intervir para salvarem quem foi confiado à sua protecção.

> Não se podem desculpar ou proteger os vícios com o pretexto do encargo divino nem com a dignidade do cargo se podem tolerar injúrias atrozes e manifestas, impiedades e luxúrias vergonhosas de tiranos agressivos sem limites, mas as autoridades restantes, a quem Deus forneceu de espada, actuam bem se expulsarem da governação os Calígulas e os Neros e todos os monstros do género (coluna 704).

A sua acção não se configura, porém, como um «direito de resistência», mas como um «direito de autodefesa» (*Notwehr, Gegenwehr*) que em última instância remonta ao direito natural à legítima defesa e à faculdade inata de responder à violência com a violência, como recorda o *Digesto* numa das suas primeiras leis (I, 1, 3). Sobre esta base desenvolveu-se um eloquente debate luterano sobre a resistência às ordens iníquas do imperador católico, cujas conclusões fundamentais foram recordadas também em *Lugares Comuns Teológicos* de Melanchton como comentário à lei natural (colunas 720-724).

Apesar do seu rigor teológico, a doutrina dos dois reinos ou regimes de Lutero foi ignorada pela doutrina política dos autores evangélicos e não se encontram vestígios dela nos escritos dos séculos XVI e XVII. Em seu lugar impôs-se como modelo político o ensinamento medieval das três ordens (milícia, doutrina, família) já recordado por Adalberão de Laon (847?-1030). Uma primeira referência a esta doutrina encontra-se no *Grande Catecismo*, em que Lutero explica que o quarto mandamento fala de três pais diferentes: o da casa, o do país e o espiritual ([78]). A primeira grande exposição evangélica da doutrina das três ordens foi, no entanto, a *Economia Cristã* ([79]) (1543) de Iustus Menius (1494-1558), colaborador de Melanchton e reformador religioso da Turíngia. A *Economia Cristã*, em particular, mostra a passagem na cultura evangélica da doutrina dos dois reinos para a doutrina das três ordens porque ao regimento terreno – que caso contrário tinha apenas uma função negativa, de prevenção do mal – é conferida uma tarefa positiva de realização de um ordenamento do bem proveniente de Deus e mediado pelo direito natural ([80]). Ideias semelhantes encontram-se também no *Ensinamento sobre a Legítima Defesa* de 1546, no qual Menius recorda que é necessário combater as tiranias para preservar o ordenamento divino da sociedade humana articulado em três ordens ou estados ([81]); no mesmo contexto, também a *Confissão de Magdeburgo* (1550) cita três *ordinationes* divinas: a igreja, a potestade secular e o regime da família ([82]).

---

[78] M. Lutero, *Der große Katechismus*, cit. pág. 25.

[79] I. Menius, *«Oeconomia Christiana»*, Wittemberg, Luft, 1543.

[80] *Ibidem*, fo. A4^r-8^r. Cf. [G. Maior], Ewiger, Göttlicher, Allmechtiger Maiestat Declaration, [Wittemberg], [Klug], [1546], fo. E2 $^{r-v}$.

[81] I. Menius, *Von der Notwehr unterricht*, Wittemberg, Creutzer, 1547, fo. C2^v-E2^v.

[82] [N. Gallus ou N. Amsdorf], *Confessio et apologia pastorum et reliquorum ministrorum ecclesiae Magdeburgensis*, Magdeburgi, Lotterus, 1550, fo. D4^r.

A doutrina luterana das três ordens conheceu um completo desenvolvimento no século XVII e forneceu o esquema teórico utilizado por Theodor von Reinkingk no *Tratado do Governo Secular e Eclesiástico* (1619) e em *Polícia Bíblica* (1653) ([83]). Entre 1648 e 1649 foram publicados, postumamente, 162 sermões de Georg Albrecht (1601-1647), que em três distintas recolhas tratavam de todos os aspectos ([84]) da «hierarquia política, eclesiástica e económica», enquanto o poeta e jurista Ahasver Fritsch (1629-1701) compôs entre 1674 e 1685 uma resenha completa dos vícios de todas as classes sociais, do príncipe ao ministro, do advogado ao homem da escola, do notário ao médico, do progenitor, do súbdito, do tutor: uma espécie de doutrina negativa das ordens ([85]).

O autor do século XVIII que, de todos, mais contribuiu para a «política cristã» foi, no entanto, Veit Ludwigvon Seckendorff (1626-1692), durante muito tempo conselheiro nas cortes da Saxónia e autor do *Estado do Príncipe Alemão* (1656) e do *Estado do Cristão* (1685) ([86]). O primeiro tratado desenvolve a doutrina do governo de um Estado confessional em todas as suas múltiplas esferas de intervenção, o segundo aperfeiçoa o projecto de Fritsch porque, depois de ter descrito as causas da degeneração das três ordens sociais, mostra que o único caminho para a sua verdadeira reforma é a realização do ensinamento cristão ([87]). Com o *Projecto ou Ensaio de Direito Universal ou Natural* (1691)

([83]) Th. Reinkingk, *Tractatus de regimine seculari et ecclesiastico*, Giessae, Hampelius, 1619; *id.*, *Biblische Policey*, Frankfurt a.M., Porsch, 1653.

([84]) G. Albrecht, *«Hierarchia ecclesiastica»*, Ulm, Kühn, 1648; *id.*, *«Hierarchia politica»*, Ulm, Wildeisen, 1648; *id.*, *«Hierarchia oeconomica»*, Nuremberga, Endter, 1649.

([85]) A. Fritsch, *Princeps peccans*, Ienae, Brösselius, 1674; *id.*, *Scholaris peccans*, Vratislaviae, Fellgibel, 1679; *Opifex peccans*, Norimbergae, Endterus, 1685.

([86]) V.L. von Seckendorff, *Teutscher Fürsten-Stat*, Frankfurt a.M., Götze, 1656; *Christen-Stat*, Leipzig, Gleditsch, 1685.

([87]) *Ibidem*, fo. B4ʳ.

Seckendorf forneceu também uma tardia fundação filosófico--política ou filosófico-jurídica da «política cristã» servindo-se do ensinamento de Hugo Grócio([88]). Deus é a fonte do direito e da obrigação – defende Seckendorff – e criou o homem para que realizasse a perfeição do ordenamento. O pecado original, todavia, deformou a tal ponto «a faculdade de reconhecer o direito divino e de lhe prestar perfeita obediência» (I, 4, pág. 406) que para o homem se tornou impossível obedecer à vontade do Criador; não obstante, o género humano ainda ficou com o suficiente da sabedoria originária para conservar a sociedade humana. O Todo-poderoso, depois, renovou o conhecimento do direito natural promulgando a lei mosaica (I, 9, págs. 410-411). O conhecimento residual e as intervenções divinas consentiram, deste modo, enfrentar a corrupção do género humano estabelecendo o domínio político como extensão da autoridade paterna, sancionada pelo quarto mandamento (I, 13, pág. 418), e a ele foi confiada a tarefa de fazer com que todos os preceitos do direito natural, da primeira à segunda tábuas, fossem respeitados de maneira a alcançar o bem-estar material e espiritual da cidade (II, 7, págs. 445-456). A pessoa ou o conselho que na república superintende ao cuidado do bem comum detém, consequentemente, também a tarefa de regular o culto divino, e nem é tolerável por direito natural a constituição de uma potestade religiosa ao lado da potestade política (II, 8, págs. 448-449).

A argumentação mais eloquente em favor da doutrina, alemã e luterana, da autoridade paterna foi apresentada no século XVII por Robert Filmer (1588-1653), um autor inglês e anglicano que já se distinguira durante a guerra civil com escritos em defesa do rei, mas destinado à fama em finais do século XVII com a publicação póstuma da obra *Patriarca* (1680), um tratado que retomava o discurso no ponto das polémicas de inícios

---

([88]) *Id.*, *Teutsche Reden und Entwurff von dem allgemeinen oder natürlichen Recht* (1691), Tubinga, Niemeyer, 2006, págs. 403-466. Cf. M. Stolleis, *V.L. von Seckendorff*, in *Staatdenker im 17. und 18. Jahrhundert*, edição de M. Stolleis, Frankfurt a.M., Metzner, 1987, págs. 148-171.

do século XVII e pretendia refutar quer a potestade indirecta de Bellarmino, quer a «disciplina de Genebra» – tanto de católicos como de calvinistas –, que defendiam que o poder régio advinha das multidões e lhes concedia um direito legítimo de punir os soberanos, como recordaram o jesuíta Robert Persons e o presbítero George Buchanan[89]. Filmer conclui, todavia, que ambas as orientações estão erradas pois acreditam que os homens são iguais por natureza. Se no entanto considerarmos a história da humanidade, vemos que Adão, o progenitor de todos os homens, exerceu um poder absoluto sobre os seus filhos; a sua potestade foi, depois, transmitida aos patriarcas e conservou-se durante todo o tempo que a família humana se foi alargando, até se dividir nos povos actuais, cada qual governado pelo seu monarca[90]. A argumentação de Lutero e de Melanchton pode, assim, ser percorrida também em sentido contrário e pode-se provar que a autoridade do rei deve fazer parte do Decálogo pois provém de um comportamento natural dos homens, do obséquio devido aos pais e, bem vistas coisas, a definição das duas potestades difere apenas no que respeita à quantidade: uma abraça uma única família e a outra abraça uma multidão[91].

---

[89] R. Doleman, [R. Persons?], *A Conference about the Next Succession to the Crowne of Ingland*, [Antuérpia], [Conincx], 1594; G. Buchanan, *A Dialogue on the Law of Kingship among the Scots* (1579), edição de R.A. Mason & M.S. Smith, ALdershot, Ashgate, 2004.

[90] R. Filmer, *Patriarcha*, Londres, CHiswell, 1680, I, 4-6, págs. 12-17.

[91] *Ibidem*, I, 10, págs. 22-24.

Capítulo IV

A Idade Moderna e a nova forma da mediação política

1. O problema da secularização

Antes de Thomas Hobbes a reflexão teológico-política acompanhou essencialmente o caminho traçado pelas três grandes opções tardo-antigas e permaneceu estável durante um período bastante longo. Hobbes foi certamente devedor do primeiro dos modelos tradicionais, aquele que imputava unicamente ao rei a tarefa de representar a totalidade do ordenamento político. Todavia, ele introduziu um elemento central que veio alterar a construção tradicional. Toda a teologia política antiga pressupunha, de facto, dois níveis distintos – o da transcendência e o do humano – e questionava-se sobre o modo como o primeiro estaria reflectido no segundo: como igreja, como império ou como mistura de ambos? O facto *de que* exista um ordenamento transcendental nunca foi posto em dúvida, mas a divergência surgia quando se procurava definir *como* é que este ordenamento actuava, *quanto* é que ele era evidente, a *quem* cabia representá-lo. Hobbes pôs em questão o próprio ponto de partida, ou seja, a ideia de que o ordenamento político devia ser constituído em referência à transcendência e a um conjunto de princípios sobre-humanos e trans-humanos; o âmbito da vida terrena, agora, devia ser, ao invés, totalmente secular e a sociedade uma construção de facto imanente. Fundou-se, deste modo, também a teologia política moderna, que é uma teologia política da ausência, já que num horizonte niilista o ordenamento divino apenas está presente como ausência absoluta, tanto que a única manifestação possível de Deus é o seu desaparecimento.

O passo dado por Hobbes é, na realidade, composto por duas vertentes: por um problema de filosofia política e por uma tecnologia de ciência política. A questão filosófica contém o núcleo da teologia política moderna, o dilema do sentido que apenas se pode manifestar na ausência e se torna evidente em primeiro lugar na aporia lógica própria da construção moderna, na qual causa e efeito estão reciprocamente implicados. Nesta base, sempre em suspensão, insere-se a ciência política que constrói com as tecnologias do conceito, do princípio, do sistema e do método o cárcere de um ordenamento imanente e artificial.

Os dois elementos da teologia política moderna, o problema e a tecnologia, tiveram dois destinos diferentes e realizaram-se na história em dois momentos diferentes. Os anos entre 1648 e 1918 testemunharam o triunfo da solução técnica, a qual se funda sobre o problema teológico, mas em simultâneo remove-o como se ele não existisse. Tal solução vive sobre o problema e vive dele, esquecendo-o. As duas grandes tradições científicas do direito natural, que cobriu os séculos XVII e XVIII, e do historicismo, que dominou o século XIX, foram duas realizações sucessivas desta tecnologia que construiu um ordenamento da política e da história reconhecendo como seus únicos sujeitos os Estados modernos num horizonte perfeitamente secularizado.

Ao esgotamento da tecnologia política após a Primeira Guerra Mundial correspondeu o ressurgimento do problema filosófico, o qual permitiu quer a retoma da questão teológico--política original, quer o esclarecimento *a posteriori*, na perspectiva do seu cumprimento, das vicissitudes do moderno.

2. O Deus mortal de Thomas Hobbes

Thomas Hobbes (1588-1679) é o ponto de viragem decisivo na «secularização» ou «mundanização» da teologia política pois o seu modelo não pode ser pensado como a formulação de uma nova doutrina política num horizonte histórico unitário, mas pressupõe uma clara interrupção do saber humano. A epistemologia política de Hobbes produz, de facto, uma reestruturação do mundo ao qual se dirige. É composta por dois elementos estreitamente unidos num vínculo necessário: a redução da experiência humana unicamente ao campo mundano – aquilo que se pode chamar também «secularização» – e a construção de uma ciência própria deste âmbito. Os dois processos estão recíproca e essencialmente implicados como as duas faces do mesmo fenómeno, uma vez que não se pode reduzir o mundo ao século se não concebendo-o na categoria da ciência, e a ciência, por sua vez, só é possível num mundo rigorosamente secularizado.

Que a vida na terra seja «mundanizada» equivale a dizer que tudo o que acontece no homem e entre os homens é imanente, ou seja, que a experiência humana conhece apenas uma única dimensão. Em termos teológicos isto significa que na história não é possível estabelecer nenhuma relação directa entre Deus e os homens. O Criador manifestou-se nas vicissitudes do antigo povo de Israel e, por fim, da última vez, com a Encarnação do Filho, mas desde então deixou de agir no tempo ([1]). Em geral ele comunica com o homem de três modos diferentes: revelando-se a um indivíduo, ditando as normas da recta razão e inspirando as palavras dos profetas corroboradas por milagres ([2]). A primeira forma de manifestação deve ser excluída devido à

([1]) Th Hobbes, *Leviatano* (1651), edição de A. Pacchi, Roma-Bari, Laterza, 1989, III, 32, pág. 307. Cf. H. Warrender, *Il pensiero politico di Hobbes* (1957), trad. it. Roma-Bari, Laterza, 1995; N. Bobbio, *Th. Hobbes*, Turim, Einaudi, 1989: T. Magri. *Saggio su Th. Hobbes*, Milão, Il Saggiatore, 1982.

([2]) Th. Hobbes, *De cive* (1647), edição de T. Magri, Roma, Editori Riuniti, 1979, 15, 3-4, págs. 220-221.

incerteza que lhe é própria (*De cive*, 15, 3, pág. 221; *Leviatano* [*Leviatã*] III, 32, págs. 304-305) e consequentemente uma sociedade política pode apelar-se apenas às outras duas espécies de conhecimento divino (*De cive*, 15, 4, pág. 221). O único reino profético na história da humanidade foi o de Israel, com o qual Deus governou sobre os descendentes de Abraão directamente ou por meio de intermediários (*Leviatano*, III, 35, págs. 332--337), enquanto o último dos profetas, se assim se pode dizer, foi Jesus Cristo, igual aos outros na capacidade de fazer milagres, mas infinitamente superior a eles por ser o Filho de Deus. Com Jesus Cristo encerrou-se definitivamente a história do reino antigo e depois dele já não são possíveis nem a profecia nem o milagre. Ele, de facto, é o Messias que instituiu o verdadeiro reino de Deus, um império espiritual por agora apenas anunciado, mas destinado a realizar-se no fim dos tempos (*De cive*, 17, 5-6, págs. 254-257). Após a Encarnação de Cristo só é, por isso, admissível o reino natural; qualquer intervenção directa de Deus no tempo, qualquer acto profético ou milagroso representaria o início do último reino e apagaria o tempo. Como já vivemos à espera do fim, o próximo prodígio, o último possível, será o regresso de Cristo para julgar os vivos e os mortos. Assim deve ser, pois este acontecimento transformará a espera em realização, de modo que, se após a sua ocorrência o tempo não cessasse, o reino pregado por Jesus não seria o último, e Cristo não seria o Messias, nem Deus seria Deus.

Nenhum milagre, portanto, é concebível após a ressurreição de Cristo nem nenhum outro profeta poderá voltar alguma vez a pisar a terra. Deus deixou de intervir directamente no tempo e actua apenas através das leis que ele deu à natureza com a criação. Mas se o prodígio está excluído e se as irrupções da transcendência já não podem quebrar a história humana, então o tempo é um fluxo unitário e uniforme no seio da dimensão do século. E torna-se sobretudo impossível o milagre cristão por excelência, a eucaristia, no qual se imita não tanto, pela enésima vez, a última ceia, um acontecimento histórico específico, mas se referem todos os momentos no qual se oferece o rito ao instante original em que foi instituído e no qual estão contidas desde sempre todas as suas, aparentemente, sucessivas repetições. Na ausência do milagre, o tempo eucarístico e sagrado é substituído por um tempo histórico e profano, composto por uma sequência infrangível de momentos consecutivos. O único sacramento residual é, portanto, o baptismo, que deve ser entendido como um pacto de adesão à comunidade de Deus, enquanto a Ceia, segundo os princípios da cristologia reformada e da teologia federal, não representa nenhuma mediação entre humano e divino, mas é apenas recordação do pacto e memória do baptismo (*Leviatano*, III, 35, pág. 339).

Se após a pregação de Cristo já não é possível no mundo nenhuma verdadeira mediação sacramental, nenhuma relação directa entre o céu e a terra, a mais grave distorção a que se pode submeter as Sagradas Escrituras é a de querer encontrar argumentos para provar que o Reino de Deus já começou neste mundo. Este primeiro erro capital deu origem depois à conclusão de que haveria uma pessoa ou uma assembleia capazes de representar Cristo na terra e de proclamar as suas leis (III, 44, págs. 493-496). A verdadeira religião contém, certamente, a promessa de um reino que há-de vir, mas não dá nenhuma regra especial para a vida sobre a Terra, e com efeito apenas requer aos homens que obedeçam a Deus e acreditem em Jesus Cristo (*De cive*, 17, 7, págs. 257-258). O obséquio a prestar ao Todo--poderoso está resumido no duplo preceito evangélico de amar a Deus e ao próximo (Mt 22, 37-40) e não implica mais do que o respeito da lei natural e o apelo a seguir a razão humana (17, 8, págs. 259-260). Por outro lado, a doutrina de Cristo também não ensina algo de diferente da lei natural e da lei do Estado (17, 11, pág. 262), de modo que obedecer a Deus significa, no fim de contas, escutar o soberano (17, 13, pág. 263), a quem cabe a tarefa de estabelecer a forma e a matéria do culto.

O conteúdo próprio da religião concentra-se, por isso, na profissão de fé – acreditar que «Jesus é o Cristo» –, a qual, todavia, é igualmente vazia no que concerne ao governo desta terra, já que ela apenas nos diz que o reino de Deus virá no fim dos tempos e que não pertence a este mundo. A religião cristã não acrescenta, portanto, nenhum conteúdo à esfera secular, mas manda que se sigam exactamente as regras próprias do mundo terreno, cultivando a esperança de que um dia possa ser substituída pelo reino celeste. O cristão vive no século, mantendo aberta uma diferença através da fé. De igual modo, o soberano terá plenos poderes sobre a religião, regulando--lhe os mais ínfimos pormenores (17, 14-15, págs. 264-265) e governando a comunidade dos cristãos como um verdadeiro chefe, já que «um Estado de cristãos e uma igreja dos próprios cristãos são uma e mesma coisa» (17, 21, pág. 269; 28, págs. 280-281). O único limite que lhe se apresenta é a proposição segundo a qual «Jesus é o Cristo», o princípio que permite conceber a transcendência do reino dos céus. Se uma ordem sua violar este pressuposto, um cristão terá que desobedecer a preferir a morte, uma vez que é necessário antepor sempre um bem eterno a um bem temporal (18, 13, págs. 292-293).

A redução da existência humana à dimensão do século, pela qual tudo aquilo que acontece nesta Terra ocorre devido às leis da natureza, implica uma igual simplificação da vida da alma. Onde estiver activa uma verdadeira mediação sacramental, o homem vive simultaneamente em vários níveis da existência: com o seu corpo vive no século, mas com o espírito vive na igreja e vive no eterno pela fusão dos tempos gerada pelo mistério eucarístico. A sua alma está, assim, disposta em múltiplos planos, como, por exemplo, são descritos por Tomás de Aquino e pelos seus comentadores, quando recapitulam os princípios que formam a lei natural ([3]). Mas se, como

---

([3]) Tomás de Aquino, *La somma teologica*, cit., Ia IIae, q. 91, a. 2, págs. 707--708; Soto, *De iustitia et iure libri decem*, cit., I, 4, 2, págs. 30^b-32^b. Cf. R. Pizzorni, *Il diritto naturale dalle origini a San Tommaso d'Aquino*, Bolonha, Esd, 2000, págs. 435-532; Scattola, *Naturrecht als Rechtstheorie*, cit., págs. 44-46; *id.*, *«Principium» oder «principia»? Die Diskussion über den Rechtsgrundsatz im 16. und 17. Jahrhundert*, in «Jahrbuch für Recht und Ethik», 12, 2004, págs. 3-26.

acontece com Hobbes, a comunicação com o eterno é adiada na esperança de um momento além e fora do tempo, então, a vida da alma reduz-se à existência no mundo secular e a hierarquia dos muitos planos verticais fica esmagada no único nível ainda possível, o da sobrevivência do corpo no universo natural. Tudo aquilo que o homem pode saber e fazer no tempo é, de facto, circunscrito pelo horizonte da natureza e, por isso, tudo deve ser corpo, conservação e expansão da existência terrena. «Assim, o fundamento último do direito natural é que cada qual defenda a sua vida e os seus membros por aquilo que está em seu poder» (1, 7, pág. 84), enquanto a morte «é o supremo mal natural» (2, 18, pág. 96) e «não é possível que um homem abandone o direito de resistir a quem o assalta com força para lhe tirar a vida, pois não é concebível que aspire por este meio a um qualquer bem para si próprio» (*Leviatano*, I, 14, pág. 108). Estando às leis que regulam o «reino natural de Deus», a vida é, de facto, o bem indispensável para usufruir de todos os outros bens e, por isso, seria contraditório que um homem renunciasse a ela em nome de outra coisa qualquer, de que efectivamente não poderia usufruir. Conclusão só válida quando se pensa que todos os bens da existência terrena são temporais e materiais, dependentes de se continuar a viver, e que não existem bens espirituais e eternos, que podem ser antecipados já no aquém e, até, trocados pela sobrevivência. Conclusão só correcta quando o mundo natural é perfeitamente imanente e fechado à transcendência.

A dupla condição, segundo a qual, por um lado, é impossível a intervenção directa de Deus na natureza e, por outro, a alma do homem está reduzida unicamente ao plano da sobrevivência física, é o processo que definimos como «secularização». Este processo tem mais um requisito que completa a possibilidade de uma experiência completamente «mundanizada», já que a redução da complexidade humana à mera imanência permite formular, pela primeira vez, uma ciência do comportamento. O ser humano, como corpo, move-se, de facto, num único plano e, por isso, o saber em torno do seu agir pode desenvolver-se tendo em conta uma única direcção e um único vector. Um processo de racionalização que envolveu também outros sectores da cultura seiscentista, como o aristotelismo político de Hermann Conring (1606-1681) ([4]), e que pôs as condições para o surgimento das ciências sociais e humanas do século XIX.

Podemos definir o conhecimento antigo, como o encontramos nas sumas medievais, como um saber fechado e finito nos argumentos admissíveis, mas infinito e aberto nas possibilidades de combinação, plural, não sistemático, mas topológico, não redutível a um único princípio e intrinsecamente conflitual ([5]). Tal conhecimento pressupõe que uma pluralidade de materiais, todos tendencialmente verdadeiros, se tenha conservado na tradição, demonstrando com a duração a própria validade, e tendo sido entregue ao presente para dar razão de cada fragmento de conhecimento. Como todos os argumentos são igualmente verdadeiros, a tarefa do saber não é a de seleccionar e recusar, mas a de encontrar um ponto de vista que saiba conciliar todas as afirmações disponíveis, incluindo as que aparentemente são contraditórias. Por consequência, o seu objectivo será o de harmonizar as posições contraditórias numa disposição eficaz, que será tão verdadeira quanto mais argumentos concordarem entre si por meio dela. Um saber deste tipo mantém um elevado grau de conflito porque, almejando a finalidade de aplanar as divergências, trabalha numa tarefa destinada a permanecer em aberto. Para quem aspira

---

([4]) H. Conring, *De civili prudentia liber unus*, Helmestadii, Mullerus, 1662, pág. 216; *id.*, *Propolitica*, Helmestadii, Mullerus, 1663, pág. 52. Cf. M. Scattola, *Arnisaeus, Zabarella e Piccolomini*, in *La presenza dell'aristotelismo padovano nella filosofia della prima modernità*, edição de G. Piaia, Pádua, Antenore, 2002, págs. 305-309; *id.*, *Dalla virtù alla scienza*, cit., págs. 189-202.

([5]) *Id.*, *Krieg des Wissens – Wissen des Krieges*, Pádua, Unipress, 2006, págs. 55-112.

construir uma ciência incontroversa da acção humana, semelhante cenário surge, todavia, como um caos imperscrutável; para o iluminar com a luz da razão, a perspectiva deve ser absolutamente virada ao contrário, e aquilo que inicialmente parecia bom, o conflito entre argumentos, a diferença entre as várias manifestações de Deus, é considerado um mal absoluto a ser exorcizado pelo conhecimento humano e pela vida política para dar lugar a um espaço neutralizado (*Leviatano*, II, 30, pág. 282; *De cive*, 13, 15, pág. 201).

Para se situar rigorosamente dentro dos limites do humano, a ciência do agir deve prescindir de todo e qualquer contributo proveniente do exterior, isto é, de toda e qualquer revelação. Todo o seu conhecimento deve ser mediado pela razão humana tal qual ela se manifesta no indivíduo, que portanto é o ponto de partida epistemológico da ciência política na sua globalidade. As conclusões do intelecto serão, todavia, vinculativas para todos os homens na medida em que eles forem capazes de alcançar do mesmo modo as mesmas conclusões. Eles devem, por isso, ser iguais e estar todos submetidos apenas à própria razão e, portanto, igualmente livres. De resto, cada um deles obedece do mesmo modo às leis da natureza humana, que comandam a conservação do corpo e a expansão da vida.

A razão actua como uma capacidade instrumental, vazia de conteúdos, mas capaz de articular todas as consequências de uma determinada premissa. Ela deve, em primeiro lugar, identificar o princípio de origem do seu saber, em segundo lugar, aplicar a este ponto de partida um método científico e, em terceiro lugar, desenvolver o sistema completo do agir humano elaborando o princípio verdadeiro com o método correcto. Princípio, método e sistema são os vértices epistemológicos em torno dos quais gira o projecto moderno da ciência do agir humano, ciência essa que não contém apenas uma descrição do comportamento, mas indica também os seus critérios fundamentais ([6]). Uma acção é, de facto, racional e humana apenas quando evidencia as características de coerência formal identificadas pela ciência, e é de facto imperativa apenas quando consegue provar que uma cadeia ininterrupta de deduções a relaciona ao primeiro princípio. Imperatividade e coerência são, deste modo, sinónimos.

O mecanismo de instituição do soberano obedece a esta necessidade epistemológica: o seu ponto de partida é o princípio da conservação, já que «a lei natural é, para a definir, um imperativo da recta razão a respeito daquilo que se deve fazer ou não fazer para conservar, o mais duradouramente possível, a vida e os membros» (*De cive*, 2, 1, pág. 89). Dela provêm, por consequência lógica, mais dezanove leis que descrevem o comportamento de um ente racional no estado de natureza e colocam em evidência a necessidade de sair da condição inicial de igualdade (3, 1-33, págs. 99-114), de estipular um pacto para fundar uma sociedade com outros indivíduos, de constituir o soberano e de transferir para ele a vontade dos indivíduos de maneira a que ele possa exigir obediência aos súbditos na qualidade de detentor da verdadeira vontade deles. E como esta alienação deve abranger todos os comportamentos socialmente relevantes, caberá ao soberano também o controlo da esfera religiosa na sua globalidade, pelo menos enquanto ela tiver alguma expressão exterior em actos ou em palavras. Paradoxalmente, salva que está a fórmula mínima da fé em Cristo, o espiritual, agora, só se pode conhecer no secular, no seu contrário, ao qual confia a sua sobrevivência.

([6]) *Ibidem*, págs. 87-100; *id.*, *Before and after natural law*, in T.J. Hochstrasser & P. Schröder (orgs.), *Early Modern Natural Law Theories*, Dordrecht, Kluwer, 2003, págs. 1-30; *id.*, *Il principio del diritto nella riflessione de U e G. Grozio*, in V. Fiorillo & F. Volhardt (orgs.), *Il diritto naturale della socialità*, Turim, Giappichelli, 2004, págs. 79-101.

3. A substância imortal de Bento de Espinosa

Perante esta implicação recíproca de presença e ausência, própria do projecto de Hobbes, a filosofia de Bento de Espinosa (1632-1677) levou às extremas consequências o projecto da secularização esbatendo a diferença de tempos e planos do ser que Hobbes ainda mantinha separados. Para pensar numa dimensão totalmente imanente é necessário renunciar a uma eternidade distinta, trazer Deus totalmente para o século e fazê-lo coincidir com o mundo. A posição de Hobbes é, assim, virada ao contrário, mas também se radicaliza: se antes não havia vestígios de Deus no mundo, agora tudo é Deus, mas fora do mundo nada existe. No plano da política o motivo secular ainda surge com maior evidência uma vez que, num universo onde tudo é Deus, qualquer referência a um ordenamento separado é impossível e, portanto, é impensável uma abolição capaz de limitar a intervenção do soberano, mas por outro lado, qualquer acção política pode exprimir uma reserva.

Se, de facto, Deus é substância e *causa sui*, então, deve ser infinito e excluir a possibilidade de qualquer outra substância: tudo aquilo que existe, acontece em Deus, é uma sua modificação e recebe dele a sua razão de ser[7]. A substância é, também, eterna e perfeita e reside de um modo necessário nas próprias modificações, de maneira que os corpos e os pensamentos, que nela ocorrem, não podem ser concebidos como manifestações de um princípio superior e auto-suficiente, como acontece com o exemplar relativamente à cópia ou com a ideia relativamente ao ente. Por isso, não só a substância em si, mas também todas as modificações são essenciais e indispensáveis, já que «as coisas não podem ter sido produzidas por Deus de outra

---

[7] B. de Espinosa, *Ethica* (1677), edição de G. gentile & G. Radetti, Florença, Sansoni, 1963, I, defin. 1-8, págs. 5-7; I, 15, pág. 35. Cf. A. Negri, *L'anomalia selvaggia*, Milão, Feltrinelli, 1981; E. Giancotti, *B. Spinoza*, Roma, Editori Riuniti, 1985; S. Visentin, *La liberta necessária*, Pisa, Ets, 2001.

maneira nem em nenhum outro ordenamento senão no modo e no ordenamento com que foram produzidas» (I, 33, pág. 74). Os modos da substância não podem por isso ser concebidos como simples emanações que poderiam, inclusivamente, desaparecer sem consequências, mas devem ter um princípio de existência que lhes seja próprio, que esteja para além de serem meramente possíveis.

Este princípio é o que Espinosa chama *conatus* e corresponde à primeira lei de natureza de Hobbes, projectada numa dimensão ontológica. Todos os entes existem, de facto, porque tendem a conservar-se a si próprios por um tempo indefinido e semelhante impulso de auto-afirmação é aquilo que distingue um ente realmente existente de um ente apenas possível. Como as coisas tendem a conservar-se a si próprias por aquilo que são, o seu *conatus* mais não é do que a sua existência actual, que também pode ser definida como a sua potência, isto é, o grau de realização da sua natu-reza (III, 7, pág. 255). Deste modo, o universo real, rigorosamente imanente, e dominado pela necessidade racional de uma substância perfeita, compreende uma pluralidade de manifestações em expansão, cujo sentido é definido pela sua existência e acção conjuntas (III, 6, págs. 253-255).

Os mesmos princípios metafísicos valem também para o âmbito prático, que se apresenta por isso como uma dimensão imanente, sujeita a uma necessidade perfeita e povoada por uma multidão de indivíduos em busca da conservação. A razão do universo humano é o princípio da presença simultânea de todas estas forças, que atingem níveis diversificados de potência, de acordo com o grau de compreensão de si e do mundo que cada uma delas consegue alcançar. Com efeito, podem definir-se três tipos diferentes de conhecimento: a imaginação que aceita as opiniões dos outros sem as verificar, a razão que a partir dos efeitos sobe até às causas adequadas, a «ciência intuitiva» que capta na dedução das coisas a essência da substância (II; 40, 2, págs. 194-196). A religião pertence ao primeiro tipo de conhecimento e propõe uma forma de saber válido para a vida e para a prática e das virtudes, mas inutilizável para explicar as causas naturais[8]. No seu núcleo fundamental, ela, de facto, não é mais do que o conteúdo da lei natural, adaptado às limitadas capacidades de compreensão de um povo simples e reduzido a poucos preceitos gerais: Deus existe, é único, está presente em todo o lado, tem o domínio supremo sobre todas as coisas, é honrado com a prática da justiça e da caridade, salva quem cultiva a razão e condena quem se deixa dominar pelas paixões, perdoa quem se arrepende (14, pág. 349). A forma melhor e mais elevada de culto é, todavia, aquela que reconhece e honra em Deus a única substância e que na imaginação de uma divindade pessoal e transcendente vê um tipo de saber verdadeiro, mas imperfeito.

A crítica da religião postula um mundo humano dessacralizado por ser totalmente sagrado. O mesmo esquema vale também para a teologia política, cujo ordenamento se torna totalmente teológico quando reconhece a necessidade de limitar a religião ao campo da imaginação e atribui a verdade unicamente à filosofia (14, págs. 351-352). Sobre a rigorosa distinção entre estas duas formas de saber se fundam, por um lado, a necessidade de tolerar todas as profissões religiosas não subversivas, por outro, a possibilidade de construir uma ciência do comportamento humano. É, de facto, evidente que a teologia não se exprime de modo algum sobre a ordem da natureza, mas fornece representações criativas a um conteúdo moral, de modo que as suas figurações são totalmente indiferentes à verdade, desde que não perturbem a paz social (14, pág. 352). Vice-versa, a filosofia é obrigada à ordem inelutável das causas e à implicação necessária das manifestações na substância. Do seu ponto de vista, nenhuma intervenção externa pode mudar a concatenação dos

---

[8] B. de Espinosa, *Trattato teologico-politico*, edição de A. Droetto & E. Giancotti, Turim, Einaudi, 1980, *Prefazione*, pág. 7.

comportamentos humanos, que portanto podem ser descritos como uma ciência rigorosa.

Também neste saber moral o ponto de partida é a necessidade da substância, cuja acção imperativa permite descrever o comportamento dos homens com o direito natural, isto é com o conjunto das regras que governam a essência de cada indivíduo determinando-o a existir e a agir de um certo modo peculiar (16, pág. 377). Como a conservação e a expansão da própria potência é o princípio que guia todos os homens, independentemente da condição em que se encontram, seja ela natural ou civil, não existem normas morais capazes de definir o bem e o mal independentemente da utilidade do indivíduo, todavia, a busca da máxima utilidade pode tornar-se num prejuízo máximo se não se respeitar a constituição intrínseca de cada ente. De facto, pode-se alcançar um usufruto mais elevado dos direitos naturais e, por isso, um nível superior de potência, renunciando a uma parte deles. Persuadidos pela sua razão, que os convida a escolher sempre o bem maior e o mal menor, os homens transferem, assim, toda a sua potência para a sociedade comum, que os protege em troca, e ficam obrigados a respeitar todas as suas ordens, mesmo quando se impuserem ordens absurdas (16, págs. 382-383). Esta alienação, porém, não pode nunca despojar os homens dos seus direitos até ao ponto de os fazer sentir-se simples instrumentos do soberano, já que quem renuncia a um bem tem esperança, com razão ou sem ela, num bem maior. Por consequência, as leis da sociedade são sempre mediadas pela razão, verdadeira ou presumida, dos indivíduos e o pacto social não fica concluído de uma vez por todas, mas é implicitamente reproposto em cada acto de obediência, pois os indivíduos avaliam continuamente as vantagens e desvantagens e só decidem submeter-se quando vislumbram algo de útil, de modo que o soberano deve sempre fornecer motivos suficientes, reais ou imaginários, para justificar a prestação dos súbditos (17, pág. 413). Este era, no entanto, o mesmo percurso da secularização traçado por Hobbes, que aqui regressa reforçado por incluir também a componente afectiva e imaginária, e radicalizado porque a sequência global das acções, físicas e mentais, que levam à obediência ocorre numa imanência absoluta.

4. O direito natural moderno

Hobbes e Espinosa construíram um ordenamento político rigidamente secular, no qual, todavia, quer como referência a um eterno fora do tempo, quer como identificação entre mundo e Deus, se conservou o problema da transcendência. Os sucessivos desenvolvimentos na disciplina do direito natural aperfeiçoaram a tecnologia promotora da secularização, mas perderam a referência à transcendência. A linha de pensamento que recolheu e elaborou no direito natural o projecto da secularização produziu, assim, uma intransponível separação no mundo prático entre um âmbito externo político e um âmbito interno teológico, concebidos como dois domínios incomunicáveis: de um lado, a razão, a imanência, o século, as acções exteriores, a coerção jurídica, o finito; do outro, a revelação, a transcendência, o eterno, a disposição interior, o sentimento, o infinito. Esta é a famosa separação entre interioridade e exterioridade da qual se faz nascer a subjectividade moderna, tanto jurídica como estética, e que se faz remontar a Lutero. Todavia, como vimos, aquela distinção, mais do que da Reforma, que continuou a raciocinar em termos de «política cristã», é filha do direito natural moderno, e a sua origem deve ser situada na linha de pensamento que une a especulação jurídica de Samuel Pufendorf a Christian Thomasius e através do direito natural do século XVIII chega a Kant. Tal separação liquidou definitivamente o problema da transcendência, entregou o agir do homem ao mero mecanismo de forças seculares, dividiu o sujeito moderno numa praxis externa regulada cientificamente e numa fé interna inacessível à razão, e ao concentrar-se nas relações jurídicas da exterioridade criou espaço para a estética, que teve as suas primeiras manifestações na literatura da sensibilidade de meados do século XVIII e foi codificada por Johann Gottfried Herder (1744-1803) e nas obras juvenis de Johann Wolfgang Goethe (1749-1832)([9]).

O projecto de uma secularização sem resíduos foi proposto nas obras de Samuel Pufendorf (1632-1694), que entre 1661 e 1668 teve a primeira cátedra de *ius naturae et gentium* na universidade de Heidelberg e que pode ser considerado o primeiro representante do direito natural moderno e um discípulo directo de Thomas Hobbes ([10]). No prefácio ao seu compêndio *O Dever do Homem e do Cidadão* (1673) Pufendorf quis esclarecer a relação existente entre direito natural e teologia, entre razão e revelação, entre imanência e transcendência.

> É de facto manifesto que três são as fontes das quais os homens recebem o conhecimento dos seus deveres, ou seja, daquilo que nesta vida eles devem fazer porque é honesto, e daquilo que devem evitar porque é torpe: da luz da razão, das leis civis e de uma especial revelação da divindade ([11]).

Da primeira fonte provêm os deveres universalmente comuns a todos os homens, da segunda as incumbências respeitantes aos

---

([9]) Sobre a relação entre direito natural e literatura cf. F. Vollhardt, *Selbstliebe und Geselligkeit*, Tubinga, Niemeyer, 2001.

([10]) O. Mancini, *Diritto naturale e potere civile in S. Pufendorf*, in G. Duso (Ed.), *Il contratto sociale nella filosofia politica moderna*, Bolonha, Il Mulino, 1987, págs. 109-148; F. Palladini, *S. Purendorf discepolo di Hobbes*, Bolonha, Il Mulino, 1990; V. Fiorillo, *Tra egoismo e socialità*, Nápoles, Jovine, 1992; M. Scattola, *Ordine e «imperium». Dalle politiche aristoteliche del primo Settecento al diritto naturale di Pufendorf*, in G. Duso (org.), *Il potere*, Roma, Carocci, 1999, págs. 95-111; *id.*, *Th Hobbes, S. Pufendorf e l'insegnamento del diritto pubblico universale*, in M. Ferronato (org.), *Dal «De iure naturae et gentium» di S. Pufendorf alla codificazione prussiana del 1794*, Pádua, Cedam, 2005, págs. 61-92.

([11]) S. Pufendorf, *De officio*, edição de G. Hartung, Berlim, Akademie, 1997, Lectori, pág. 5.

cidadãos de determinada cidade, da terceira as obrigações dos cristãos. Aos três âmbitos correspondem três diferentes disciplinas do saber humano, o direito natural, o direito civil e a teologia moral, que podem ser concebidas como três esferas concêntricas. O direito natural é uma forma de conhecimento próprio do homem enquanto ser racional; o direito civil intervém em todos os conteúdos indiferentes ao direito natural, disciplinando-os conforme o seu arbítrio; a teologia moral regula, por fim, com proibições ou ordens as matérias deixadas indeterminadas pelo direito civil (págs. 5-6).

Neste quadro epistemológico, «a doutrina do direito civil pressupõe o direito natural como disciplina mais geral e, assim, se o direito civil contém algo sobre o qual o direito civil nada diz, nem por isso é necessário acreditar que haja contradição» (pág. 5). O mesmo se deve pensar da teologia, na qual podem ocorrer duas situações. Pode, com efeito, acontecer que a teologia ensine algo que a nossa razão não compreende e que o direito natural não toca, como o dogma da Trindade, e então não será necessário pensar que aqui a revelação acrescenta um conteúdo indiferente ao direito natural. Mas também pode acontecer que o direito natural, para chegar às suas próprias conclusões, formule suposições que contradigam os ensinamentos da teologia. Por exemplo, o direito natural pressupõe que o homem não possua uma ideia inata do bem, ou então, imagina a condição original dos homens muito diferente de como aparece descrita na página bíblica. Neste caso, o direito natural procede – defende Pufendorf – «abstraindo» das Sagradas Escrituras, pois estas recebem o seu conhecimento «da revelação peculiar de Deus, que a razão, por si só, não pode alcançar» (pág. 6). Quando se manifesta um potencial conflito a razão prescinde, portanto, do ensinamento da teologia e faz valer apenas a sua própria hipótese. Esta, de facto, contém um princípio universal, eficaz a um nível «mais abstracto» e para um número de casos mais vasto, enquanto que a teologia enuncia verdades que valem apenas para os cristãos e que, por isso, acrescentam algo mais às regras vigentes para todos os homens. Que este seja o ponto crucial da argumentação é-nos confirmado também pelo facto que sobre ele se concentrou a crítica de Gottfried Wilhelm Leibniz (1646--1716), seguido por Jean Barbeyrac (1647?-1744), que acusaram o direito natural de Pufendorf de estar em falta pois aceita o ponto de vista de um ateu e exclui na sua dedução a imortalidade da alma e a possibilidade de os malvados serem punidos no Além ([12]). Deste modo, reduzia-se, de facto, a vida humana à mera sobrevivência do corpo e renunciava-se a todo e qualquer vínculo com uma dimensão transcendente. Contra observações deste género Pufendorf objectava, por sua vez, que não é necessário recorrer a Deus para fundar os deveres do homem e que existe uma obrigação propriamente dita, independente não apenas da imortalidade da alma, mas também da existência de Deus ([13]).

O direito natural e a sua razão incluem tudo aquilo que nós sabemos da vida humana sobre esta Terra e, por isso, quando se trata de explicar o agir do homem, ou a teologia é coerente com o direito natural ou tem de fazer valer as suas afirmações apenas como especificações particulares, válidas para os cristãos, mas não para todos os homens. Por outras palavras, a teologia não pode intervir no mundo humano enquanto tal, e regula um âmbito separado, externo, ulterior, enquanto que o direito natural raciocina como se nem a religião nem Deus existissem. Esta exclusão do princípio religioso foi o momento essencial do nascimento do direito natural moderno e sobre este ponto desencadeou-se a polémica que opôs durante muitos anos Pufendorf aos teólogos de Leipzig e que ficou resumida na sua *Eris Scandica* ([14]).

([12]) [G.W. Leibniz], *Epistola viri excellentissimi ad amicum*, in J.Ch. Böhmer, *Programma disputationibus XII Pufendorfianis praemissum*, Helmstadii, Hammius, 1709, fo. B1ʳ; J. Barbeyrac, *Notes du traducteur* (1707), in S. Pufendorf, *Les devoirs de l'homne et du citoien*, trad. francesa de J. Barbeyrac, Amesterdão, De Coup, 1722, págs. XLVIII-XLIX.

([13]) J. Barbeyrac, *Reflexions du traducteur*, op. cit., 6, págs. 439-447.

([14]) S. Pufendorf, *Eris Scandica* (1686), edição de F. Palladini, Berlim, Akademie, 2002.

A separação entre teologia e direito, interno e externo, teorizada por Pufendorf como verdadeiro fundamento epistémico do direito natural foi aperfeiçoada por Christian Thomasius (1755--1628), que a levou às extremas consequências. Nas *Instruções da Jurisprudência Divina* (1688) Thomasius demonstrou que é impróprio definir o direito natural como lei eterna e presente desde sempre em Deus, pois de tal modo atribui-se um conteúdo material, e limitado, à infinita razão divina ([15]). A recta razão não pode, por isso, ser algo de material, mas apenas uma faculdade de raciocínio formal e vazia, uma capacidade de calcular, «ligar um termo a outro» (I, 2, 66, pág. 73).O princípio do direito natural deverá, por isso, ser procurado no «homem em si próprio», considerado na condição específica em que se encontra após o pecado original, ou seja, sem qualquer referência a Deus. Este estado, todavia, deve ser imaginado como uma ficção, que pode também ser contrária aos ensinamentos das Sagradas Escrituras, mas que, avançando uma proposição hipotética, gera uma série de conclusões verdadeiras segundo um «nexo necessário». Do mesmo modo procede, também, o adepto do direito natural, que para dar fundamento universal à sua doutrina não pode limitar-se às certezas dos cristãos, mas deve hipoteticamente aceitar o ponto de partida mais vasto dos pagãos ou dos ateus (Prooemium, 52, págs. 66-70; I, 4, 35-38, págs. 131-133), e imagina como seria o mundo sem Deus ([16]).

Na sua qualidade de ciência racional o direito natural diz respeito a todas as acções humanas submetidas ao regime da razão, e fornece uma teoria ética geral, que descreve os deveres do

---

([15]) Ch. Thomasius, *Institutionum iurisprudentiae divinae libri tres* (1688), Halae, Salfeldius, 1702, I, 4, 21, pág. 127. Cf. W. Schneiders, *Naturrecht und Liebesethik*, Hildesheim, Olms, 1971; F. Vollhadrt (org.), *Ch. Thomasius*, Tubinga, Niemeyer, 1997; P. Schröeder, *Naturrecht und absolutistisches Staatsrecht*, Berlim, Duncker und Humblot, 2001; K.-G. Lutterbeck, *Staat und Gesellschaft bei Ch. Thomasius und Ch. Wolff*, Estugarda, Fromman-Holzboog, 2002.

([16]) Ch. Thomasius, *Fundamenta iuris naturae et gentium*, Halae, Salfeldius, 1705, Prooemium, 29, pág. 10.

homem e do cidadão. A sua estratégia de secularização implica, consequentemente, o âmbito geral do agir e todos os saberes que dele fazem parte, em primeiro lugar a ética, que partilha o mesmo destino da teologia e é remetida para um espaço efectivamente interior.

Pufendorf, neste sentido, havia feito a distinção entre deveres perfeitos, que estavam vinculados a uma obrigação coactiva, e deveres imperfeitos, que se podem exigir apenas como mera demonstração de humanidade e que, quando negados, apenas podem ser sancionados na esfera do juízo moral ([17]). A sua distinção, enriquecida de ulteriores especificações ([18]), foi desenvolvida por Thomasius ([19]) e pelos pensadores da sua escola ([20]) na diferença entre obrigação interna e obrigação externa, em que a esta correspondem a exterioridade, o direito, a imposição e a soberania, e a outra remete para a interioridade, a ética, o conselho e a virtude ([21]). Desta mesma separação entre interno e externo, virtude e direito, imposição e conselho, amor e coação Thomasius elaborou, depois, também a divisão da filosofia prática em três âmbitos de experiência referentes a três diferentes princípios morais: a honestidade, o decoro e

---

([17]) Pufendorf, *De officio*, cit., I, 9, 4, pág. 39.

([18]) Cf. S. Rachel, *De iure naturali et gentium dissertationes*, Kiloni, Reumannus, 1676, 10-12, págs. 6-9; L. Velthuysen, *Epistolica dissertatio de principiis iusti et decori*, Amstelodami, Elzevirius, 1651, págs. 21 e 41. Cf. H. Rüping, *Die Naturrechtslehre des Ch. Thomasius und ihre Forbildung in der Thomasius-Schule*, Bona, Röhrscheid, 1968, págs. 45-47.

([19]) Thomasius, *Institutiones*, cit., II, 3, 26, pág. 187; *id.*, *Fundamenta*, cit., II, 9, 17, pág. 165. Cf. G. hartung, *Die Naturrechtsdebatte*, Friburgo, Alber, 1998, págs. 83-125.

([20]) J.F. Buddeus, *Elementa philosophiae practicae* (1697), Halae, Zeitlerus, 1720, I, 1, 1-10, págs. 4-6; II, 1, 1, pág. 202; III, 1, 2, pág. 436; J.H. Böhmer, *Introductio in ius publicum universale*, Halae, Orphanotropheum, 1710, Pars generalis, I, 1-34, págs. 1-36; N.H. Gundling, *Ius naturae ac gentium* (1714), Halae, Rengerus, 1736, I, 17-28, págs. 7-14.

([21]) Thomasius, *Fundamenta*, cit., I, 5, 17-21, págs. 10-107.

a justiça (I, 4, 73-76, págs. 96-97 e I, 6, 40-42, pág. 128) [22]. A ética é o exercício da virtude, nasce da obrigação interna, almeja a paz de espírito e só pode ser cultivada na consciência. A política é a prática da prudência e busca a benevolência dos outros mediante um comportamento decoroso. O direito, por fim, é a realização da justiça, goza de imperatividade e diz apenas respeito às acções externas (I, 5, 58, pág. 114). Estes três princípios definem três âmbitos de diferente extensão e englobados uns nos outros, pois a virtude compreende em si mesma quer o decoro quer a justiça, o decoro engloba a justiça, que possui a extensão menor (I, 6, 75, pág. 134).

A mesma relação de inclusão é defendida também por Nikolaus Hieronymus Gundling (1671-1729), discípulo e colega de Thomasius. Pois a honestidade corresponde à prática da virtude e deve englobar quer a justiça quer o decoro, que são casos seus particulares [23]. As acções que obedecem à justiça são as mais imperfeitas, pois, quando agimos de modo justo, pretendemos meramente adequar o nosso comportamento às leis, deixando intactos os afectos da alma [24]. O verdadeiro agir moral requer, ao invés, a presença da virtude, que transforma e controla as paixões na escolha racional (pág. 119). «Mas a *virtus* é uma *abundantia amoris* racional, já que a *virtus* se exerce apenas *in amore*» (pág. 13).

A tripartição de Thomasius e Gundling foi, de seguida, exemplificada e reduzida a apenas dois conceitos por Dietrich Hermann Kemmerich, o qual considera suficientes as noções de honestidade e de justiça para explicar o comportamento

---

[22] Cf. W. Schneiders, *Naturrecht und Liebesethik*, cit., págs. 270-289; N. Hammerstein, *Jus und Histoire*, Gotingen, Vandenhoeck und Ruprecht, 1972, págs. 57-84; M. Scattola, *«Prudentia se ipsum et statum suum conservandi»*, in *Ch. Thomasius*, cit., págs. 333-363; *id.*, *Persone, status, saperi*, in *Le forme della libertà*, edição de G. Valera, Londres, Lothian, 2000, págs. 73-92.

[23] Gundling, *Ius naturae*, cit., I, 12-17, págs. 7-8.

[24] *Id.*, *Discours über die Politic*, Frankfurt a.M., [s.e.], 1733, pág. 13.

moral ([25]). Ao mesmo resultado chegou também Joachim Georg Darjes (1714-1791), que distinguiu o vínculo criado pela moral do vínculo específico da política ([26]) e excluiu a existência de qualquer «obrigação moral» em sentido estrito, porque este efeito pode ser alcançado somente pelo exercício do poder soberano (16, 17, págs. 140-141).

Todas estas diferenciações introduzidas no século XVIII mostram que o percurso da secularização da política moderna, iniciado com Hobbes e desenvolvido pela doutrina do direito natural, é composto por dois movimentos complementares. Enquanto, de facto, a transcendência é afastada da experiência terrena, o mundo prático separa-se em dois âmbitos distintos: o externo, dominado pela lei, provido de imperatividade, mas carente de virtude, e o interno, habitado pela consciência, dotado de virtude, mas desprovido de exigência. Quanto mais Deus, o infinito externo ao homem, é afastado do mundo, tanto mais se recria um novo infinito na interioridade, como se a perda de um fosse compensada pelo crescimento do outro. Este percurso concretizou-se na filosofia de Immanuel Kant (1724-1804), na qual o mundo é completamente secularizado como natureza mecânica, e para a moral está reservado um infinito interior apenas acessível no modo da consciência.

Na teoria do conhecimento e na metafísica kantiana a possibilidade de descrever o mundo em termos cientificamente rigorosos e a capacidade de governar o comportamento humano de modo taxativo são realizados dividindo a experiência humana num espaço absolutamente necessário e externo e num espaço absolutamente livre e interno. O mundo natural é, de facto, indiscutivelmente cognoscível porque à coisa em si, inacessível, se aplicam as formas da intuição e as categorias da intelecção

---

([25]) D.H. Kemmerich, *Praecognita iuris divini vulgo naturae et gentium dicti*, Ienae, A.R.S., 1737, págs. 282-285.

([26]) J.G. Darjes, *Observationes iuris naturalis socialis et gentium*, Ienae, Güth, 1751, 16, 9, pág. 137.

humana. O conhecimento racional tem no mundo apenas o seu princípio de existência, o facto de ele efectivamente se dar, enquanto que a sua essência reside na natureza humana. Precisamente por não ter influências substanciais oriundas da coisa em si e ser, ao invés, um desenvolvimento da comum razão humana, o saber adquire a característica da necessidade. O mundo natural pode, assim, apresentar-se como âmbito rigorosamente causal, guiado pela mecânica imperiosa da aritmética, da geometria e da física, e igualmente exteriorizado, e nesse sentido «secularizado» é o agir do homem que, no momento em que se manifesta, deve submeter-se à lei da concatenação fenomenológica.

Onde tudo se dá a conhecer apenas como fenómeno mediado pela sensibilidade e pelo intelecto, nada terá valor moral, pois tudo, aí, é necessário. O valor moral só é possível onde actua um ente livre, capaz de se determinar como causa de si próprio quebrando a necessidade racional [27]. Excluindo por definição que tal interrupção seja possível na exterioridade dos efeitos, a liberdade só poderá residir na interioridade do homem e será num princípio intimamente unido à sua essência, à sua coisa em si, à sua faculdade racional. Para o homem, por isso, exercer a razão significa ser livre e determinar-se como causa do próprio agir. Só a ele é dada tal capacidade de se exprimir num comportamento não «heterodirecto», autónomo e capaz de instituir uma série causal nova [28].

O agir humano, todavia, encontra-se prisioneiro de uma particular estrutura teórica. Considerado a partir do interior, o agir humano é livre e autónomo, mas observado do exterior,

---

[27] I. Kant, *Fondazione della metafisica dei costumi* (1785), Roma-Bari, Laterza, 1980, 1, págs. 10-20. [*Fundamentação da Metafísica dos Costumes*, Lisboa, Edições 70] Cf. P. Guyer (org.), *The Cambridge Companion to Kant*, Cambridge, Cambridge University Press, 1999; J. Rhols, *Geschichte der Ethik*, Tubinga, Mohr, 1991, págs. 290-304; A. Pirni, *Il «regno dei fini» in Kant*, Génova, Il melangolo, 2000.

[28] Kant, *Fondazione della metafisica dei costumi*, cit., 3, pág. 93; *id.*, *La metafisica dei costumi* (1798), Roma-Bari, Laterza, 1983, Dottrina della virtù, Introduzione, 1, pág. 229 [*Metafísica dos Costumes*, Lisboa, Edições 70].

do ponto de vista de quem vê as acções como um acontecimento no mundo dos fenómenos, não pode ser diferente de outro qualquer comportamento «heterodirecto», como o da busca da felicidade própria ou de outrem ([29]). Só entendendo as verdadeiras motivações do agente, que o próprio interessado, por vezes, desconhece, se poderia decidir sobre o valor moral do seu agir, mas tal conhecimento jamais pode penetrar para o externo, já que a enunciação de uma intenção é, por sua vez, uma acção que requer um escrutínio ulterior. O valor moral permanece, assim, uma grandeza certa e pressuposta, mas não pode ser definido de um ponto de vista externo, sendo, sim, dado por uma dimensão interior e inalcançável. À perfeita secularização do mundo externo, à sua redução a uma cadeia casual de acontecimentos – de modo que nenhum milagre alguma vez a poderia quebrar –, corresponde, portanto, o recuo da virtude para uma dimensão indizível, impenetrável ao discurso humano e, por sua vez, incapaz de se manifestar na dimensão dos fenómenos.

O percurso complementar à interiorização da moral e da religião é a exteriorização do direito, que regula as relações entre infinitos individuais furtando a obrigação jurídica ao controlo da consciência e concebendo-a como uma constrição geral e recíproca, puramente externa e concordante com a liberdade de cada qual ([30]). Referindo-se apenas à dimensão dos fenómenos, o direito desempenha, assim, no âmbito humano a mesma função que a mecânica física desempenha no mundo natural. Por outro lado, precisamente a separação entre o homem exterior do direito e a interioridade da consciência permite construir uma doutrina jurídica eficaz segundo os princípios epistemológicos do direito natural ([31]), isto é, pressupondo a

---

([29]) *Id., Critica della ragion pratica* (1788), Roma-Bari, Laterza, 1986, 1, I, 1, 8, págs. 42-53 [*Crítica da Razão Prática*, Lisboa, Edições 70].

([30]) *Id., La metafisica dei costumi*, cit., Dottrina del diritto, Introduzione, E, págs. 36-37

([31]) *Ibidem*, A, pág. 33; Introduzione, 3, págs. 20-21.

contraditoriedade do agir humano, projectando a vontade individual na vontade do soberano e garantindo a imperatividade jurídica com a sanção do Estado.

5. Contra-revolução, Restauração, Romantismo

O processo de secularização iniciado na Idade Moderna pelo direito natural levou no campo da ética à interiorização moral de Kant, no campo da política às doutrinas da soberania e no institucional às vicissitudes da Revolução Francesa. A todos estes âmbitos modernos era comum o mesmo pressuposto, a exclusão da transcendência da vida humana, e um mundo completamente fechado em si próprio era também o problema fundamental com o qual se encontraram confrontadas as forças que durante ou depois da revolução se aplicaram para formular uma teologia política à altura dos tempos e que globalmente são reunidas sob a designação de «Restauração», «pensamento contra-revolucionário» ou «conservador». O ponto da questão foi bem captado por Edmund Burke (1729-1797), que nas suas *Reflexões sobre a Revolução Francesa* (1790) revelou a especial estrutura do tempo introduzida pelo direito natural e concretizada pela revolução francesa. Se, como defendiam os filósofos iluministas, todos os homens têm direitos naturais iguais e se, trocando-os, eles estipulam um contrato político e dão vida a um Estado, então, será necessário pensar que os súbditos podem modificar a seu bel-prazer as leias da convivência e da propriedade e que não há limite para a acção da sua vontade. Por outras palavras, eles dispõem do tempo a seu bel-prazer e não estão obrigados nem para com o futuro nem para com o passado. Esta conclusão naturalmente é verdadeira só para os homens que possuem exclusivamente o seu corpo e que estão delimitados pelo horizonte da sua existência material. Mas, objecta Burke, o tempo em que vivem os homens é bem mais complexo, já que num mesmo momento encontram-se os planos temporais do futuro e do passado, enquanto que a alma habita em múltiplos níveis do ser. Por isso, o contrato social

> Não é mais que uma cláusula daquele contrato maior que agrega a sociedade desde as origens até à eternidade, que une as naturezas mais baixas às mais altas, que liga o mundo visível ao invisível, segundo um pacto imutável sancionado pelo empenhamento inviolável que vincula todas as naturezas físicas e morais, cada uma delas no seu lugar estabelecido ([32]).

> Consequentemente, o verdadeiro contrato que une o Estado não vincula apenas os vivos, mas os vivos, os mortos e aqueles que ainda não nasceram» (pág. 269).

No continente, as teses de Burke gozaram de uma recepção particularmente favorável entre os «*Whigs* de Hannover» ([33]), aqueles escritores «conservadores» activos da Universidade de Gotinga, ou que a ela faziam referência, que nutriam um elevado interesse pelo Reino Unido e pela sua constituição, também em consideração da união pessoal entre a coroa inglesa e o principado eleitoral de Hannover. Estes autores, que continuavam a tradição europeia de Montesquieu, De Lolme, Blackstone, Young e Mounier e entre os quais devem ser recordados, sobretudo, Ludwig Thimotheus Spittler (1752-1810) ([34]), Ernst Brandes

---

([32]) E. Burke, *Riflessioni sulla rivoluzione* (1970), in *id.*, *Scritti politici*, trad. it. de A. Martelloni, Turim, Utet, 1963, págs. 268-269. Cf. F. Diaz, *Rivoluzione e controrivoluzione*, in *Storia delle idee politiche, economiche e sociali*, cit., vol. 4, to. 2, págs. 597-743; G. Verrucci, *La restaurazione*, *op. cit.*, págs. 873-957; R. Pedrizzi, E. Burke, Roma, Pantheon, 2000.

([33]) G.P. Gooch, *Germany and the French Revolution*, Londres, Longmans, 1920; K. Epstein, *The Genesis of German Conservatism*, Princeton, N.J., Princeton University Press, 1966; P. Kondylis, *Konservativismus*, Estugarda, Klett-Cotta, 1986.

([34]) P.H. Reill, *L.Th. Spittler*, in H.U. Wehler (org.), *Deutsche Historiker*, Gotinga, Vandenhoeck und Ruprecht, 1982, vol. 9, págs. 42-60.

(1758-1810) ([35]) e August Wilhelm Rehberg (1757-1836) ([36]), na história constitucional inglesa procuravam sobretudo um antídoto para o exagerado intelectualismo setecentista e nela encontravam um tempo quase imóvel no perdurar da tradição. Já em 1786 Spittler pôde, assim, propor a monarquia inglesa como modelo ideal de constituição, perfeito por ter sido gerado pelo lento crescimento da história e não pela obra imediata e violenta da razão ([37]). Nesse mesmo ano, Ernst Brandes publicou o seu ensaio sobre o espírito da constituição inglesa ([38]) e com as *Considerações Políticas sobre a Revolução Francesa* ([39]), publicadas em 1790, antes das Reflexões de Burke, radicalizou a superioridade da constituição inglesa e aprontou um dispositivo teórico para virar ao contrário as categorias do jusnaturalismo setecentista ([40]). Nas suas dicotomias ocupam lugar, de um lado, o absolutismo, o intelectualismo, a revolução, a França, o tempo abstracto; do outro, o estado dividido em ordens, os costumes, a Inglaterra, a duração da tradição. Rehberg, por fim, exerceu a sua influência de mediador das ideias elaboradas

---

([35]) F. Braune, *E. Burke in Deutschland* (1917), Nendeln, Kraus, 1977, págs. 74-113.

([36]) K. Lessing, *Rehberg und die französische Revolution*, Friburgo, Wagner, 1910; H. Christern, *Deutscher Ständestaat und englischer Parlamentarismus am Ende des 18. Jahrhunderts*, Munique, Beck, 1939, págs. 178-202; G. Valera (org.), *Scienza dello Stato e metodo storiografico nella Scuola storica di Gottinga*, Napoli, Esi, 1980, págs. IX-XCVII; A.W. Rehberg, *Sul rapporto tra teoria e prassi* (1794), edição de V. Fiorillo, Milão, Angeli, 2004.

([37]) L.T. Spittler, *Summarische Entwicklung der Entstehungsgeschitcht des englischen Parlaments* (1786), in *id.*, *Sämtliche Werke*, Estugarda, Cotta, 1837, vol. 14, págs. 146-150

([38]) E. Brandes, *Über den politischen Geist Englands*, in «Berlinische Monatsschrift», 7, 1786, págs. 101-126; 217-241, 293-323.

([39]) *Id.*, *Politische Betrachtungen über die französische Revolution*, Jena, Mauke, 1790.

([40]) *Id.*, *Über den verminderten Sinn des Vergnügens*, in «Berlinische Monatsschrift», 15, 1790, págs. 421-475; *id.*, *Über einige bisherige Folgen der französischen Revolution in Rücksicht auf Deutschland*, Hannover, Ritscher, 1792, págs. 31-37.

pelos conservadores ingleses e pelos anglófilos franceses ([41])
predominantemente com as suas recensões no «Jornal literário geral de Iena», recolhidas depois em 1793 em *Estudos sobre a Revolução Francesa*. Seguindo o magistério de Burke, ele reconhecia na história, não dominada por predeterminações intelectualizadas, a força criativa não apenas da constituição inglesa, mas de todas as constituições em geral que, portanto, nasciam do desenvolvimento gradual de factores e de instituições, em parte naturais e em parte humanos, mas sempre amalgamados na série infinita do tempo ([42]).

A recepção de Burke foi levada a termo na Alemanha por Friedrich Gentz (1764-1832), que em 1793-1794 publicou a tradução alemã das *Reflexões sobre a Revolução Francesa* e com os seus escritos *Sobre a Origem da Guerra Contra a Revolução Francesa* e *A Condição Política da Europa Antes e Depois da Revolução Francesa* (ambos de 1801) regressou à oposição entre, de um lado, razão abstracta, liberdade, soberania e revolução e, do outro, tradição, experiência da duração, equilíbrio político, jurídico e histórico, do outro ([43]).

A temporalidade de Burke não é religiosa, mas apesar disso imagina a vida política num contexto que transcende a existência individual e coloca a vida de cada homem numa rede de responsabilidade para com o passado e o futuro. Corresponde à experiência, não necessariamente mística, do nobre, que não vive para si próprio, mas para representar o seu estado e para preservar a

---

([41]) A.W. Rehberg, *Untersuchungen über die französische Revolution*, Hannover, Ritscher, 1793, vol. 2, págs. 20-38, 134-137, 170-174, 289-306, 370-386.

([42]) *Ibidem*, vol. 1, págs. 53-54; vol. 2, pág. 378; *id.*, *Sul rapporto tra teoria e prassi*, cit., pág. 89.

([43]) F. Gentz, *Über den Ursprung und Charackter des Krieges gegen die Französische Revolution* (1801), in *id.*, *Gesammelte Schriften*, Hildesheim, Olms, 1997, vol. 1; *id.*, *Von dem politischen Zustande von Europa vor und nach der Französische Revolution* (1801), *op. cit.*, vol. 2; M.P. Paterno, *F. Gentz e la Rivoluzione Francese*, Roma, La Sapienza, 1993; G. Kronebitter, *Wort und Macht*, Berlim, Duncker und Humblot, 1994.

integridade da linhagem, e por isso Rehberg, em polémica explícita com Kant, fundou a obrigação moral do sentido da honra ([44]).

A mesma preocupação de contrapor a continuidade do eterno ao tempo fragmentado pela revolução predominou igualmente em todos os escritores contra-revolucionários franceses, mas foi articulada na linguagem da teodiceia e da providência.

Utilizando um antigo argumento reservado à tirania, o jesuíta Augustin Barruel (1741-1820) interpretou a revolução como castigo que o Todo-poderoso havia infligido ao povo francês por ter abandonado a recta via da religião cedendo à conspiração dos filósofos ([45]). Também para Joseph de Maistre (1753-1821) o ponto de partida fundamental era a providência divina, que explicava não apenas a eclosão da revolução, mas sobretudo aquele seu avançar de tal modo avassalador que não podia ser atribuído a nenhuma força humana. Não só a mão de Deus havia infligido a revolução para punir o povo francês da incredulidade, da filosofia e do libertinismo, como cada uma das suas fases, incluindo a dos jacobinos e do Terror, haviam sido elementos essenciais e necessários de um desígnio pensado para salvar a França e para expiar as culpas do século XVIII. A revolução, exaltada pela filosofia como a suma decisão da humanidade em vista da sua própria emancipação, era assim desmascarada como efeito da vontade divina e figurava como meio necessário para eliminar aqueles mesmos vícios que a haviam originado ([46]). Sofria, assim, uma reviravolta a

---

([44]) V. Fiorillo, *Introduzione*, in Rehberg, *Sul rapporto tra teoria e prassi*, cit. págs. 62-67.

([45]) A. Barruel, *Le patriote véridique*, Paris, Crapart, 1789. Cf. A. Carrino, *La rivoluzione francese secondo Barruel*, Nápoles, Esi, 1989; M. Ravera, *Introduzione al tradizionalismo francese*, Roma-Bari, Laterza, 1991; C. Galli (Ed.), *I controrivoluzionari*, Bolonha, Il Mulino, 1981.

([46]) J. de Maistre, *Considérations sur la France* (1796) in *id.*, *Oeuvres complètes* (1884), Genebra, Slatkine, 1979, vol. 1, 1-2, págs. 1-27. Cf. D. Fisichella, *Il pensiero politico di de Maistre*, Roma-Bari, Laterza, 1993; J.-Y. Pranchère, *L'autorité contre les lumières*, Genebra, Droz, 2004; D. Fisichella, *J. de Maistre pensatore europeo*, Roma-Bari, Laterza, 2005.

própria revolução que pretendia substituir o princípio divino pela razão individual, o lento crescimento das nações na história pela soberania dos indivíduos, a ordem antiga por uma constituição gerada pela imaginação. De facto – argumentava Maistre –, as nações humanas e as suas instituições não estão à disposição dos indivíduos, que podem fundá-las com um pacto associativo, mas são sociedades amadurecidas durante um longo processo histórico, originalmente surgidas da actividade formadora de um soberano, que portanto, existindo antes delas, não faz derivar o seu poder do povo, mas de Deus [47]. É este o axioma fundamental de toda e qualquer sociedade política, que apenas pode subsistir enquanto o povo acreditar na origem transcendente do poder soberano e das instituições do reino e que está destinada a desagregar-se assim que esta confiança for posta em dúvida [48].

Nos anos do império napoleónico e da Restauração, Maistre aprofundou os elementos fundamentais do ordenamento humano e identificou no pressuposto divino a origem de todo o poder político. No *Ensaio sobre o Princípio Gerador das Constituições Políticas* (1809) recordou, por isso, que a pretensão de fundar novas constituições políticas é de todo absurda, pois estas, na realidade, são sempre obra do vínculo religioso que está na base de toda e qualquer instituição humana [49]. No tratado *Do Papa* (1819) partiu do pressuposto que a soberania era um elemento irrenunciável das sociedades políticas, como se não pudesse existir comunicação humana se não através do poder [50]. Em simultâneo, defrontou-se com a necessidade de limitar a acção do soberano, uma vez que ela tende espontaneamente a degenerar

---

[47] J. de Maistre, *Étude sur la souveraineté* (1815), in *id.*, *Oeuvres completes*, cit., vol. 1, I, 3, págs. 323-324.

[48] *Id.*, *Lettres d'un royaliste savoisien à ses compatriotes* (1793), *op. cit.*, vol. 7, 1, págs. 323-324.

[49] *Id.*, *Essai sur le principe générateur des constitutions politiques et des autres institutions humaines* (1809), *op. cit.*, vol. 1, 1, pág. 235 e 13, pág. 217.

[50] *Id.*, *Du pape* (1820), *op. cit.*, vol. 2, II, 1, pág. 168.

(II, 2, 1, pág. 168). Uma força capaz de moderar os Estados modernos deve, todavia, ser externa e superior a eles e, portanto, deve provir de Deus. O chefe da igreja, o pontífice, tem portanto o dever de julgar os soberanos da Europa, de modo que no ordenamento político devem estar activas duas autoridades: a dos monarcas, que governam as nações, e a do papa, que intervém para regular com a sua supremacia espiritual a vida dos Estados (II, 2, 1-5, págs. 167-190).

Enquanto Maistre nas suas últimas obras tendia para uma interpretação gelasiana da sociedade política, que juntamente com a soberania dos reis legítimos previa também o poder de controlo do papa, Louis de Bonald (1754-1840) esforçou-se por resolver os problemas abertos pela revolução com uma construção metafísica que remete para a doutrina eusebiana do verbo divino. Na *Teoria do Poder Político e Religioso na Sociedade Civil* (1796) e na *Legislação Primitiva* (1802) Bonald partiu da constatação que a argumentação racional não é possível sem uma intervenção directa da transcendência([51]). Para poder articular o próprio pensamento o homem, de facto, precisa da linguagem que nomeia os conceitos, mas por sua vez não é possível formular a língua se não se possui já uma ideia adequada das coisas (I, 19, pág. 281). Deste círculo vicioso não se sai recorrendo unicamente às forças humanas e, por isso, a linguagem pode começar apenas por revelação divina, quando Deus comunica directamente ao homem as palavras sob a forma de ideias inatas (I, 3, 5, pág. 299; I, 4, 1, pág. 304). Se a língua não é uma invenção humana e se não se pode nomear arbitrariamente as coisas, então também não é lícito modificar a sociedade, as suas leis e as suas constituições, que, tal como a natureza, fazem parte do ordenamento divino.

([51]) L.G.A. Bonald, *Législation primitive, considerée dans les derniers temps par les seules lumière de la raison* (1802), in *id.*, *Oeuvres*, Bruxelas, Société nationale pour la propagation des bons livres, 1845, vol. 1, I, 1, págs. 275-288. Cf. P. Pastori, *Rivoluzione e potere in L. de Bonald*, Florença, Olschki, 1990; S. Chignola, *Società e costituzione*, Milão, Angeli, 1993.

Na sociedade religiosa o homem está original e directamente ligado a Deus, mas na sociedade política a comunicação divina realiza-se de forma indirecta e de duas maneiras diferentes: na família, baseada na religião natural, e no Estado, que se refere à religião revelada (I, 5, 1-4, págs. 390-391). Cada homem faz portanto sempre parte de uma tripla sociedade religiosa – com os familiares, com os concidadãos e com Deus –, a qual resulta directamente do esquema trinitário, que reverbera sobre toda a criação. Deus, com efeito, é Pai – ou seja, causa –, Filho – isto é, mediador – e Espírito Santo, ou seja, criação divina (I, 6, 5, pág. 318). Em cada sociedade existirão portanto três momentos: o poder, o ministro e o súbdito (I, 9, 4, pág. 343). No homem, o esquema trinitário é concretizado pela alma, pelos órgãos e pela matéria; na família, pelo pai, pela mãe e pelos filhos; na sociedade política, pelo rei, pela nobreza e pelo povo; na sociedade religiosa por Deus, por Cristo e pelos fiéis. Em todas as suas manifestações vale, todavia, o pressuposto segundo o qual o poder é o princípio da sociedade, a qual, sem ele, jamais poderia constituir-se [52].

O poder de Deus que, por mediação, se expande sobre toda a terra, demonstra assim um estreito parentesco com a soberania que havia gerado a revolução e que Bonald tanto detestava. Com efeito, tem a característica fundamental de ser um princípio transferível de um sujeito para outro, pois é abstracto e substancialmente único. Tanto para Maistre como para Bonald numa sociedade política só pode operar um poder, do mesmo modo que só um poder vale em todo o universo, o de Deus, nem é concebível que intervenham sujeitos dotados de direitos independentes e existencialmente concorrentes, pois isso fragmentaria a sociedade em inúmeros aglomerados autónomos. Mas esta unificação sob uma única instância abstracta era exactamente aquilo que o direito natural moderno perseguia

---

[52] L.G.A. Bonald, *De la souveraineté, du pouvoir, des lois, et des leurs ministres* (1800), in *id.*, Oeuvres, cit., vol. 1, 2, págs. 23-24.

como seu objectivo primário. As diferenças originais entre os homens criavam, com efeito, infinitas ocasiões de conflito, que ameaçavam a sobrevivência dos indivíduos e punham em risco o incremento dos seus bens terrenos. Para assegurar a prosperidade no mundo secular e «secularizado» era, por isso, necessário eliminar todas as variações de qualidade, por definição incomparáveis, de modo a unificá-las numa única forma de poder a ser distribuído eventualmente como quantidades diferentes do mesmo princípio.

Esta independência do pensamento contra-revolucionário e restaurador relativamente às categorias da revolução e da filosofia moderna, que ele deveria combater, é particularmente evidente na *Teoria do Poder Político e Religioso* de Bonald em que tanto a sociedade religiosa entre Deus e os homens como a sociedade política dos concidadãos permanecem ineficazes enquanto não intervier uma constituição exterior, na forma de um culto público e de uma vontade soberana ([53]). O modelo argumentativo que vale tanto num caso como no outro é, evidentemente, o esquema lógico da representação própria da ciência política moderna, que, desde Hobbes, Rousseau, Kant até à execrada revolução, havia elaborado a relação de comando e de obediência na forma estatal. Também para Bonald não existe, portanto, política, isto é, Estado, sem constituição, e não há constituição sem poder, ou seja, sem soberania; e para ser ainda mais eficaz, para se furtar ao arbítrio dos homens e à abstracção (I, *Préface*, pág. 20), o poder deve proceder directamente de Deus como princípio original da política (I, *Préface*, págs. 13-14; I, 1, 3, págs. 43-57). Mas como estas características tanto valem para o poder político como, ainda mais, para o poder religioso, a teologia política de Bonald apresenta uma paradoxal inversão, porque no fim de contas o religioso surge concebido mediante os conceitos do político, como se a teologia

---

([53]) *Id., Théorie du pouvoir politique et religieux dans la société civile* (1796), *op. cit.*, vol. 3, I, 1, 4, págs. 57-61; I, 1, 3, págs. 43-57; II, 4, 1, págs. 484-493.

nascesse da consagração das categorias políticas modernas (II, 4, 1, págs. 485-493).

Se o direito natural, rejeitado pelos contra-revolucionários, neutralizava as diferenças mediante os artifícios lógicos do estado de natureza, do contrato social, da autorização política e da representação, Maistre e Bonald perseguem o mesmo objectivo, mas por meio da argumentação teológico-política e, como demonstração, restituem um ordenamento político muito mais semelhante nos seus fundamentos aos princípios da ciência jusnaturalista do que às doutrinas do ordenamento medieval, em que dizem inspirar-se. A soberania divina destrói, com efeito, com o seu carácter absoluto, qualquer outro poder resíduo na sociedade, tanto que todas as instâncias politicamente activas são oriundas daquela única fonte. E produz igualmente um espaço público totalmente neutralizado, no qual qualquer forma de conflito não só não é possível, como nem sequer é conjecturável, pois resolve-se à partida na dedução hierárquica dos poderes. Qualquer resistência é anulada e o conflito é expulso do Estado, mas no seu seio é imaginado um ordenamento metafísico pleno e substancial, imperativo pois provém de um princípio único e absoluto. Mas isto era exactamente o projecto de direito natural moderno, que, de uma forma sub-reptícia, continua a viver também nas construções teológico-políticas de Maistre e Bonald. Essencialmente estranha à pluralidade do mundo medieval, a soberania divina moderna reproduz a soberania jusnaturalista acrescentando-lhe uma dimensão metafísica e, enquanto combate a secularização moderna, institui com os meios teológicos um ordenamento ainda mais férreo do que o moderno e, paradoxalmente, ainda mais secular.

Na Alemanha, depois das objecções formuladas contra a revolução pelo pensamento conservador, a construção de um ordenamento político inspirado pela teologia foi reivindicada pelos pensadores do romantismo político, que imaginaram uma estrutura social orgânica e tipicamente projectada na Idade Média cristã. Neste sentido, Friederich von Hardenberg Novalis

(1772-1801), descreveu em *Fé e Amor, ou Seja, o Rei e a Rainha* (1789) o casal régio como fonte mística do Estado, já que, conformando-se ao soberano, todos os súbditos se tornam soberanos, e todas as mulheres, olhando para a rainha, tornam-se participantes da vida pública ([54]). No fragmento *A Cristandade ou Seja a Europa*, que circulou como manuscrito a partir de 1799, e só publicado em 1826, Novalis idealizou a Idade Média, na qual a presença visível e universal da igreja era a garantia de uma vida espiritual e política indivisa, inicialmente estilhaçada pela reforma e, depois, pela formação dos Estados nacionais, até à dissolução extrema da Revolução Francesa. O antídoto contra a alienação política moderna devia, portanto, ser procurado na reconstrução da unidade cristã europeia, guiada por uma igreja universal, capaz de inspirar a vida dos Estados e de mediar, assim, entre o velho mundo e o novo, entre unidade e divisão ([55]). Enquanto August Wilhelm Schlegel (1767-1845) reconstruiu um quadro muito semelhante, acentuando a responsabilidade da Reforma na dissolução da unidade espiritual e política europeia ([56]), Friederich Schlegel (1772-1829) formulou em *Lições,* de 1804--1805, uma característica doutrina de integração, que indicava o antigo esquema das três ordens, típico da Idade Média e da política cristã luterana, como princípio de ordenamento das sociedades políticas ([57]).

A síntese de ciência política e filosofia romântica foi, por fim, elaborada por Adam Müller (1779-1829) nas lições proferidas em Dresden entre 1808 e 1809 e publicadas sob o título *Os Elementos da Arte Política*. Müller motiva a sua rejeição da doutrina jusnaturalista, mecânica, intelectualizada, abstracta, materialista

---

([54]) Novalis, *Fede e amore ossia il rei e la Regina* (1789), in *id.*, *La cristianità ossia l'Europa*, trad. it. Milão, Se, 1985, págs. 9-29.

([55]) *Id.*, *La cristianità ossia l'Europa* (1979), *op. cit.*, págs. 47-70.

([56]) A.W. Schlegel, *Kritische Schriften und Briefe*, Estugarda, Kohlhammer, 1964, vol. 3, pág. 72; vol. 4, pág. 83.

([57]) F. Schlegel, *Kritische Ausgabe*, Munique, Schöningh, 1964, vol. 13, pág. 142.

e secularizada partindo da premissa segundo a qual o Estado seria, por definição, um indefinível [58]. Quando, de facto, uma coisa se apresenta como um ente que se desenvolve, se movimenta e cresce, não é nunca apreensível num conceito, mas só se pode conceber com a ideia, «a ideia da coisa, do Estado, da vida» (1, pág. 38). Concebido como ideia e vida, o Estado é o conjunto de todas as necessidades físicas e espirituais, da existência interior e exterior de uma nação, considerada como totalidade única, continuamente em movimento e infinitamente vital (2, págs. 50 e 55). Chega-se, necessariamente, a esta representação quando se tem em mente três condições, que são como que os axiomas de toda a doutrina política: o indivíduo está totalmente envolvido na vida do Estado e não pode recusar arbitrariamente a sua condição; cada cidadão tem atrás e à frente de si uma série infinita de gerações que não pode renegar sem cair em contradição; o Estado não é uma construção artificial, mas «a totalidade da nossa vida civil», cuja presença é necessária assim que existe o homem (2, págs. 44-45). A palavra «Estado», aplicada à comunidade humana, leva, de facto, ao engano, pois parece indicar uma condição imóvel e abstracta, quando na realidade cada indivíduo se encontra sempre numa condição social especial, é mãe, filho, rei, fidalgo, soldado, de modo que, na verdade, cada ser humano é um Estado em si mesmo. Por isso, no Estado existem sempre tantos Estados quantas são as ordens, as profissões, as condições, aliás, tantos quantos são os súbditos que o compõem; e, por outro lado, cada homem é, enquanto Estado, simultaneamente, súbdito e soberano (2, pág. 48) [59] pois dispõe sobre as acções de outrem, mas por sua vez também está submetido a outros.

---

[58] A. Müller, *Elementi dell'arte politica* (1809), trad. it. parcial de M. Mori, Milão, Guerini, 1989, 1, pág. 38. Cf. R. Aris, *Die Staatslehre A. Müllers*, Tubinga, Mohr, 1929, págs. 55-64; B. Kohler, *Ästhetik der Politik*, Estugarda, Klett-Cotta, 1980; M. Emmriche, *H. von Kleist und A. Müller*, Frankfurt A.M., Lang, 1990.

[59] A. Müller, *Von der Notwendigkeit einer theologischen Grundlage der gesamten Staatswissenschaften* (1819), in *id.*, *Schriften zur Staatsphilosophie*, Munique, Theatiner, 1923, págs. 177-179.

A IDADE MODERNA E A NOVA FORMA DA MEDIAÇÃO POLÍTICA

Nesta pluralidade de relações cabe à igreja uma altíssima autoridade pois desempenha a função fundamental da «mediação», ou seja, da «conciliação». A natureza e a história devem, de facto, ser reunificadas, como também a espontaneidade e o artifício, o universal e o particular, pois são todos momentos da vida, a qual só pode ser compreendida quando a ideia se apropria de novo de si mesma reflectindo sobre as próprias condições históricas e naturais. Com o seu aparato doutrinal e ritual, a Igreja Católica Romana é, precisamente, a máxima instituição de representação da vivência histórica numa forma simbólica comum à nação toda e é por isso também o verdadeiro fundamento do Estado, da política e da economia.

A temática da mediação, debatida por Adam Müller, é o ponto crucial sobre o qual a teologia política romântica revelou a sua intrínseca fragilidade. Sobretudo, na versão primitiva de Novalis, de Wackenroder e de Tieck, o romantismo político tomou consciência de que o homem moderno vive numa condição de clivagem interior, pois perdeu a imediata espontaneidade ética dos antigos e só pode reconstruir um ordenamento do saber, da moral e da política recorrendo aos mecanismos abstractos do intelecto e à coacção exterior. Mas a esta constatação os primeiros românticos reagiram com um acto voluntarista e tentaram resolver a clivagem apagando-a com a imaginação. A sua ilusão consciente deixava, por isso, intacta a fonte da contradição, ou seja, o direito, o Estado, a ciência moderna, em todo o seu alcance e propunha uma alternativa de tipo estético. Deste modo, as duas opções, isto é, o mundo clivado da modernidade e o mundo reconciliado da igreja medieval, conservavam-se uma ao lado da outra como alternativas concorrentes, mas no puro embate de forças a escolha estética estava inexoravelmente destinada a sucumbir. Esta crítica ao romantismo político não teve que esperar pelo livro homónimo de Carl Schmitt[60] pois já havia sido formulada no ensaio *Sobre o Teatro de*

---

[60] C. Schmitt, *Romanticismo politico* (1919), trad. it. de C. Galli, Milão, Giuffrè, 1981, págs. 121-157.

Marionetas (1810) de Heinrich von Kleist (1777-1811), amigo de Adam Müller, que idealmente respondia à *Maravilhosa Fábula Oriental de um Santo Despido* de Wilhelm Heinrich Wackenroder (1773-1798), incluída em *Fantasias Sobre a Arte* (1799), uma publicação germinal do romantismo de Iena editada por Ludwick Tieck (1773-1853). Nessa publicação Wackenroder havia representado a condição do homem moderno, prisioneiro dos mecanismos abstractos da ciência e do Estado, na veste de um santo indiano. Este, ao penetrar na essência do mundo, descobre a natureza mecânica e artificial do tempo, e seria levado à loucura pelo ruído ensurdecedor, incessante, perpétuo da enorme roda das horas se a magia da música não viesse libertar a sua alma do corpo. A solução proposta pelos'dois autores pré-românticos era a fuga na contemplação do mundo artístico, que não detém certamente o passar das horas, mas remove por um instante a coacção metafísica suspendendo o tempo no êxtase [61]. No ensaio *Sobre o Teatro de Marionetas*, narrando o extraordinário caso do urso amestrado que com as suas desajeitadas patadas defendia infalivelmente os ataques dos mais exímios espadachins, Kleist recordou, ao invés, que um ser natural responde sempre de maneira adequada, pois o seu comportamento não é mediado, logo comprometido, por nenhuma forma de reflexão. O animal, com efeito, não está no tempo e não conhece as diferenças entre o antes e o depois, entre a vida e a morte. Mas o homem provou o fruto da árvore do bem e do mal, facto que o mergulhou na história, e, por isso, em todas as suas acções intervém um momento intermédio de pensamento, que as retarda, tornando-as desadequadas. O homem está estruturalmente dividido e condenado para sempre a mediar, a agir reflectindo. Não existe, todavia,

---

[61] W.H. Wackenroder, *Scritti di poesia e di estetica* (1797-1799), trad. it. de B. Tecchi, Florença, Sansoni, 1967, págs. 137-149 e 3-15. Cf. A. Schopenhauer, *Il mondo come volontà e rappresentazione*, trad. it. de A. Vigliani, Milão, Mondadori, 1989, III, 52, págs. 370-386; R. Saviane, *Goethezeit*, Nápoles, Bibliopolis, 1987, págs. 11-16.

possibilidade alguma de voltar a percorrer ao contrário a via do passado, da divisão e de retornar à inocência original; há, sim, a esperança num futuro curvo que, percorrendo-o em toda a sua extensão, ou seja, realizando todas as infinitas mediações, por fim, se regresse ao ponto de partida e que o Arcanjo Miguel nos permita reabrir a porta do paraíso terrestre, encerrada para sempre depois do pecado de Adão [62].

6. Clivagem, mediação, secularização. Hegel

O problema da mediação formulado por Wackenroder e por Kleist dizia respeito quer à filosofia política, quer à história das sociedades políticas, quer, por fim, à estrutura do pensamento e recuperava directamente as questões levantadas pelo direito natural setecentista, pela revolução e pela filosofia kantiana. Este conjunto de problemas foi também o ponto de partida da reflexão sobre o Estado e a religião de Georg Wilhelm Hegel (1770-1831), que reinterpretou a questão da temporalidade moderna como uma deliberada secularização da consciência religiosa na dimensão mundana [63].

Já em 1802, na obra *Fé e Saber*, Hegel havia defendido que o sentimento fundamental no qual se baseia a religião moderna é que «o próprio Deus morreu» [64]. E tal conclusão deve ser entendida não em sentido metafórico e simbólico, mas «em toda a verdade e dureza da sua ausência de Deus» (pág. 253). Todas as tentativas para recompor a clivagem entre filosofia e

---

[62] H. von Kleist, *Sul teatro di marionette* (1810), in *id.*, *Opere*, edição de L. Traverso, Florença, Sansoni, 1959, págs. 845-856.

[63] Cf. J. Ritter, *Hegel e la rivoluzione francese* (1957), Nápoles, Guida, 1970; C. Cesa (org.), *Il pensiero politico di Hegel*, Roma-Bari, Laterza, 1979; N. Bobbio, *Studi hegeliani*, Turim, Einaudi, 1981; P. Rossi (org.), *Hegel*, Roma-Bari, Laterza, 1992.

[64] G.W.F. Hegel, *Fede e sapere* (1802), in *id.*, *Primi scritti critici*, trad. it. de R. Bodei, Milão, Mursia, 1971, pág. 252.

religião, entre saber e fé, ainda que pretendam mediar entre sujeito e objecto, de facto, radicalizam de maneira idêntica e complementar um dos dois elementos da oposição e, assim, não desempenham a sua função. Do lado do saber, Kant havia tentado harmonizar o particular e o universal, o pensamento e a realidade, com os instrumentos do intelecto, como síntese *a priori*, resolvida por completo no âmbito do sujeito. Mas o intelecto é uma faculdade analítica, que separa, não junta, os dois lados de uma contradição e, para os reunificar, reitera até ao infinito as suas diferenças. Por isso, a solução de Kant é meramente aparente e, de facto, condena a razão, a verdadeira potência da mediação, a reconhecer e fixar as antíteses – finito e infinito, necessidade e liberdade, mortal e eterno –, como se elas fossem conceitos do intelecto entre os quais não é possível qualquer movimento do pensamento. Contrária e complementar à posição subjectivista de Kant é a tentativa formulada por Friedrich Jacobi (1743-1819) em *Doutrina de Espinosa* (1785) [65], segundo a qual o saber imediato da fé permitiria captar directamente «o eterno como objecto absoluto» (pág. 205), mas na realidade corrompe o conceito de fé e santifica o sentimento interior (pág. 207) [66]. Igualmente aparente é também a solução de Fichte, que produz uma mediação puramente subjectiva e «um saber de um saber inteiramente vazio» (pág. 396). A verdadeira mediação só pode, com efeito, ocorrer quando o puro saber do conceito e o sentimento da fé são entendidos como momentos da ideia da liberdade absoluta, mas isso requer que a Sexta-Feira Santa, a morte de Deus, não seja entendida como um acontecimento histórico, mas como necessidade especulativa, pois o eterno deve perder-se no mundo e no homem para se recompor nas subjectividades finitas (págs. 251-253).

---

[65] F.H. Jacobi, *La dottrina di Spinoza* (1785), trad. it. de F. Capra, Roma-Bari, Laterza, 1969².

[66] Cf. G.W.F. Hegel, *Enciclopedia delle scienze filosofiche* (1817- -1830), trad. it. de B. Croce, Roma-Bari, Laterza, 1973, 63-64, págs. 69-73.

A ideia da morte de Deus foi, por consequência, desenvolvida com a máxima «verdade e dureza» (pág. 414) em *Fenomenologia do Espírito* (1807), como vicissitude trinitária da eternidade, encarnação e transformação do saber divino. Só é de facto possível verdadeira unificação ou mediação quando a substância se alheia em autoconsciência e simultaneamente o conhecimento, que se dá no homem, «se torna coisalidade ou universal» ([67]), de modo que Deus tem de descer ao tempo e a humanidade terá de se elevar ao eterno. Neste sentido, a religião absoluta só pode ser «manifestada» e requer não apenas a encarnação, mas também a morte de Deus (pág. 261), que efectivamente implica uma profunda mudança no conhecimento divino. O conhecimento de Deus realiza-se, com efeito, de três modos diferentes: no Pai ocorre de maneira imediata e substancial; no Filho manifesta-se representando-se como Verbo numa existência individual, a de Jesus Cristo; no reino do Espírito Santo concretiza-se como comunidade e igreja, como autoconsciência do universal no «Si mesmo» organizado em instituição histórica (pág. 268-281). Nas vicissitudes da salvação, o conhecimento da autoconsciência, o Si mesmo, passa da densidade substancial para a forma individual da encarnação e chega, por fim, à igreja, que representa a autoconsciência do espírito numa forma universal. Nesta passagem, Deus tem de morrer, em sentido verdadeiro, não simplesmente como morte do homem ou do profeta Jesus, mas como mudança do saber divino que, representado pelo Filho, passa para a forma da comunidade e se dilui no mundo como um Si mesmo autoconsciente e substancial ao mesmo tempo.

A morte do mediador é a morte não apenas do *lado natural* dele ou do seu ser-para-si-mesmo particular; não morre apenas o invólucro já morto, subtraído à

([67]) *Id., Fenomenologia dello spirito* (1807), trad. it. de E. De Negri, Florença, La Nuova Italia, 1960, vol. II, 7, c, pág. 258.

existência, mas também a *abstracção* da essência divina. Com efeito, como a sua morte ainda não cumpriu a conciliação, o mediador é a unilateralidade que conhece a simplicidade do pensar como *essência* em oposição à efectividade [...]. A morte de tal representação contém, portanto, em simultâneo, a morte da *abstracção da essência divina* que não é posta como *Si mesmo*. A morte é o sentimento doloroso da consciência infeliz: *o próprio Deus morreu* (págs. 282-283).

Na autoconsciência realizada pela igreja, o divino deixa de ser uma essência abstracta e separada, pois ele agora sabe que está e subsiste no agir dos fiéis. Mas isso então significa que Deus, ou aquela forma de autoconsciência que até agora se chamou com tal nome, a partir deste momento apenas existe como comunidade. O saber divino, agora, reside unicamente na igreja, Deus passou para o espírito e está presente exclusivamente na representação dos homens: tornou-se mundo e século, secularizou-se.

Na igreja, a autoconsciência, isto é, o saber que Deus tem de si mesmo na mediação humana, dá-se como representação (pág. 282), a qual é dupla pois realiza-se primeiro como encarnação do divino na pessoa histórica de Jesus e, depois, como acção da comunidade, que actualiza de novo a morte de Cristo (págs. 281-282). Na representação religiosa, todavia, a autoconsciência capta a essência do mundo, o seu ser espírito, apenas do lado do conteúdo, como ideia universal, mas não do lado da forma, que continua a ser a da vicissitude divina, da narração, da figura religiosa, sem chegar a manifestar-se como pensamento. Isso é tarefa da filosofia e do seu saber absoluto (8, págs. 287-288), mas este é um mandato que compete também ao Estado, na medida em que também ele é uma forma de saber no mundo.

A passagem da autoconsciência de Deus para Cristo e para a igreja transfere, de facto, a ideia divina para a Terra de modo tal que o divino se realiza no humano quer como conhecimento quer como acção. Mas o sujeito da praxis humana, na qual opera também o divino, é o Estado, «a realidade da ideia ética» ([68]), e, por isso, entre os dois princípios, entre religião e Estado, terá que existir um vínculo substancial, que Hegel especificou no parágrafo 270 de *Princípios de Filosofia do Direito* (1821) e no parágrafo 552 da *Enciclopédia das Ciências Filosóficas* (1817-1830). Quer a religião quer o Estado são, de facto, realizações da autoconsciência e têm por objecto a verdade absoluta, mas num dos casos ela realiza-se «como intuição, sentimento, conhecimento representativo, que se ocupa de Deus, como razão e causa ilimitada, da qual tudo depende» (270, pág. 254), e, no outro, «como espírito que está no mundo» (pág. 253), como conjunto concreto de relações éticas, de leis, de instituições e de política ([69]). Ambas manifestam Deus que se faz mundo e humanidade e são realizações da mesma vontade divina, mas operam de maneiras efectivamente diferentes e estão postas num vínculo de subordinação. A religião fornece, de facto, a base ao Estado pois representa sob forma de sentimento sagrado a racionalidade que permeia o mundo e que santifica também a vida política; o Estado articula, ao invés, esta tomada de consciência num saber racional e prático, «O Estado é vontade divina, enquanto espírito actual que se *desenvolve* em forma real e em *organização do mundo*» (pág. 255). Do ponto de vista da filosofia, a diferença entre elas não está no conteúdo, mas tão-somente na forma. Religião e política realizam a mesma autoconsciência – que a realidade é governada por um princípio de razão e que este princípio é Deus transformando-se no mundo –, todavia, exprimem-na em dois modos diferentes e com dois graus diferentes de consistência.

([68]) *Id.*, *Lineamenti di filosofia del diritto*, cit., 257, pág. 238. Cf. também *id.*, *Enciclopedia delle scienze filosofiche*, cit., 535, pág. 473 [*Enciclopédia das Ciências Filosóficas em Epítome*, Lisboa, Edições 70].

([69]) *Ibidem*, 552, pág. 495.

Perante a *fé* e a *autoridade* [da igreja] sobre o *ethos*, sobre o direito, sobre as leis, sobre as instituições, perante a sua *convicção subjectiva*, o Estado é *aquele que sabe*; no seu princípio, o conteúdo não se detém essencialmente na forma do sentimento e da fé, mas pertence ao pensamento determinado (pág. 262).

Para a vida política concreta isto significa que a religião não se pode opor ao Estado em nome do seu conhecimento imediato do divino, porque assim ela oporia um sentimento inferior e subjectivo a um saber objectivo e superior, que se exprime nas instituições e que manifesta o mesmo conteúdo divino. Do mesmo modo, ela também não pode transformar a sua intuição religiosa em ensinamentos vinculativos para a vida ética, pois isso é função do Estado, que tem a tarefa de organizar de forma racional a vida prática dos homens. Por outro lado, como a teologia repete a um nível mais abstracto a mesma verdade da política, esta última pode permitir todas as formas possíveis de fé, desde que permaneçam vinculadas à esfera interior da convicção, deixando, eventualmente, a sua regulação às sanções da sociedade civil. Quando, no entanto, uma comunidade religiosa se constitui em igreja e, com as suas doutrinas, acções e propriedades, entra no domínio da ética, fica então submetida à vigilância e à regulação política (págs. 255--259). Mas nem neste caso a igreja cede a um princípio oposto e inimigo, pois no Estado realiza-se de maneira ainda mais alta e racional o mesmo absoluto que na religião só se mostra na forma confusa da representação.

7. O pensamento político católico

Vistas à luz da mediação hegeliana, as doutrinas da Restauração surgem implicadas num paradoxal círculo lógico, em que a essência daquilo que deve ser abolido, a abstracção intelectualizada, o Estado, o poder é, de facto, conservado para assegurar um espaço político articulado, mas isento de conflitos. Por isso, são em larga medida tentativas para refundar a crise aberta pela revolução com meios conceptuais só aparentemente antigos, mas na realidade intrinsecamente modernos e totalmente homogéneos à própria crise.

Esta identidade essencial é particularmente evidente no pensamento conservador de orientação católica. Também Juan Donoso Cortés (1809-1853) baseou as suas observações políticas numa antropologia radicalmente pessimista, de cariz agostiniano, segundo a qual o homem é dominado por uma natureza desarmónica e incoerente que o conduz à destruição [70]. Em consequência da culpa original, a razão humana, incapaz de se libertar do pecado e das suas contradições, não pode, de facto, aproximar-se de modo algum da verdade divina e fica prisioneira das paixões. Perante o perigo incessante e iminente de que os instintos conduzam o indivíduo e a sociedade à autodestruição, é necessário subjugar sistematicamente todos os impulsos negativos e as classes sociais que a eles apelam. A história humana, por isso, é a vicissitude de um contínuo autocontrolo violento, para realizar o qual existem duas vias diferentes: a via religiosa e interior e a via política e exterior. Concebidas como instrumentos de repressão e de controlo, a religião e a política estão sempre numa relação proporcionalmente invertida. «São de natureza tal que quando o termómetro religioso sobe o político desce; quando o termómetro religioso está baixo, a temperatura política, a força política, a tirania sobem» [71]. Mas com a revolução a liberdade humana atingiu o seu ponto mais alto e a religião o seu ponto mais baixo, e, consequentemente,

---

[70] J. Donoso Cortés, *Discorso sull'Europa* (1850), in *id.*, *Il potere Cristiano*, edição de L. Cipriani, Brescia, Morcelliana, 1964, págs. 80-81. Cf. B. Perrini, *Donoso Cortés*, Milão, Giuffré, 1980; R. Cammilleri, *J. Donoso Cortés*, Génova, Marietti, 1998.

[71] J. Donoso Cortés, *Discorso sulla dittatura* (1849), in *id.*, *Il potere Cristiano*, cit., pág. 49.

é necessário o máximo grau de repressão política, um regime que Donoso chama «ditadura», entendendo com este termo não uma magistratura temporária, introduzida para superar uma dificuldade momentânea do Estado, mas uma perspectiva de longo prazo, a solução política própria do mundo moderno (pág. 52). E quanto mais o progresso técnico, anulando as distâncias e fomentando o individualismo, ameaçar instaurar uma tirania universal (págs. 53-54), tanto mais a ditadura é necessária e deve ser incondicional. Deste modo, resta à tradição uma única possibilidade para se salvar, a de instaurar uma política de repressão radical, que desenvolva toda a força de que o Estado é capaz, e isto, no entanto, significa que ela só pode sobreviver se apelar ao seu verdadeiro antagonista, o Estado da modernidade.

O mesmo paradoxo, de um pensamento antimoderno que resiste à modernidade adoptando o seu princípio fundamental, está presente na doutrina do direito natural católico de inícios do século XIX, que todos estão de acordo em fazer remontar à obra do jesuíta Luigi Taparelli d'Azeglio (1793-1862). O seu *Ensaio Teorético de Direito Natural Baseado no Facto* (1843), a exposição mais respeitável do neotomismo oitocentista e ponto de partida da doutrina social católica, foi, na realidade, produto de uma longa discussão da igreja romana com a disciplina do direito natural. Já em 1764 o dominicano Bonifácio Finetti (1705-1782) se viu, de facto, obrigado a confessar que o estudo científico e moderno do direito natural havia sido uma invenção do mundo protestante sobre a cultura católica [72]. Para ter um direito natural a par dos tempos era necessário apropriar-se da nova forma científica protestante e modelar com ela o conteúdo

---

[72] G.F. [ma B.] Finetti, *De principiis iuris naturae et gentium*, Venetiis, Bettinellus, 1764, I, 4, págs. 24-30. Cf. M. Bazzoli, *Aspetti della ricezione di Pufendorf nel Settecento italiano*, in *Dal «De iure naturae et gentium» di S. Pufendorf alla codificazione prussiana*, cit., págs. 43-60; M.R. Di Simone, *L'influenza di Ch. Wolff sul giusnaturalismo dell'area asburgica, op. cit.*, págs. 221-267.

dogmático da tradição católica, repensando a doutrina da escolástica católica com os instrumentos epistemológicos do princípio, do sistema e do método ([73]).

Neste projecto de «modernização» do direito natural católico participou quer a cultura italiana, por exemplo, com Pietro Antonio Ghio, quer a cultura austríaca, que com Karl Anton Martini produziu obras sistemáticas não inferiores às coevas realizações protestantes ([74]). Uma solução definitiva foi, no entanto, alcançada com Taparelli d'Azeglio, que utilizou uma base filosófica tomista mais ampla e aplicou com ainda maior rigor a metodologia do direito natural. Mas como esta ciência nascia de uma premissa científica secularizada, também na proposta de Taparelli d'Azeglio e na neoescolástica em geral se perfilou um paradoxo particular: quanto mais o direito natural católico pretendia ser imperativo, por ser rigoroso, tanto mais se tornava um saber da imanência. Por mais singular que possa parecer, foi precisamente a versão do direito natural de Taparelli d'Azeglio – cujo intuito era recuperar o ordenamento divino no mundo –, que removeu a transcendência e o mistério do âmbito humano e fundou a evidência da religião sobre a auto-suficiência teórica do secular.

Como Deus, que é razão absoluta, não tolera nenhuma contradição em si mesmo e apenas se manifesta de maneira necessária ([75]), do mesmo modo também no mundo da natureza e no mundo dos homens deve valer a mesma coerência lógica. Não

---

([73]) Finetti, *De principiis*, cit., VII, 6, págs. 79-80. Cf. Scattola, *Krieg des Wissens*, cit., págs. 59-66; *id.*, *«Principium oder «principia»?*, cit., págs. 3-26.

([74]) P.A. Ghio, *Institutiones de actibus humanis*, Augustae Taurinorum, Moranus, 1771; K.A. Martini, *Lehrbegriff des Natur-, Staats- und Völkerrechts*, Wien, Sonnleithner, 1783-1784.

([75]) L. Taparelli d'Azeglio, *Saggio teoretico di diritto naturale appoggiato sul fatto* (1843), Livorno, Mansi, 1845, I, 5, 116, pág. 100. Cf. L. Di Rosa, *L. Taparelli, l'altro D'Azeglio*, Milão, Cisalpino, 1991; G. Dianin, *L. Taparelli D'Azeglio*, Milão, Glossa, 2000.

há, de facto – e esta é a passagem fundamental do raciocínio de Taparelli D'Azeglio – nenhuma diferença qualitativa entre a razão divina e a razão humana. Elas são obviamente diferentes, mas apenas relativamente ao grau alcançado, que é infinito em Deus e limitado no homem; no que toca à sua essência são, ao invés, idênticas, caso contrário teríamos de pensar em duas formas de razão incomunicáveis e incompatíveis (I, 5, 112, pág. 99). Consequentemente, não é possível estabelecer diferenças entre a lei divina, isto é, a intuição do mundo presente em Deus, e a lei natural, isto é, a sua manifestação na criação, mas pode-se apagar a primeira, e deve-se pensar que a ideia divina é imediatamente cognoscível no mundo e que se exprime na razão humana. Esta, reconhecendo a disposição do universo, pressupõe também o ordenamento divino e é imediatamente obrigada pela sua natureza racional (I, 9, 208-209, págs. 118-119). Mas isso significa, então, que a relação entre homem e Deus se concretiza num reconhecimento racional e que direito e ordenamento divinos não se manifestam em mais nenhum modo e em mais nenhuma dimensão que não a da razão.

Esta proximidade ao direito natural profano conferiu ao direito natural de Taparelli D'Azeglio uma eficácia muito elevada, permitindo à doutrina social católica competir com as filosofias da sociedade moderna pois utilizava os mesmos instrumentos e ocupava o mesmo espaço lógico. Por esta via, no entanto, estava destinada a conceber-se a si própria como «ideologia» [76], isto é, como construto espiritual em competição de poder com dispositivos alternativos, como efectivamente aconteceu durante a Segunda Guerra Mundial, quando a teologia católica alemã, que teve um papel decisivo na formulação da encíclica papal *Quadragésimo ano*

---

[76] O. Brunner, *L'epoca delle ideologie* (1954), in *id.*, *Per una nuova storia costituzionale e sociale*, trad. it. Milão, Vita e Pensiero, 2000, págs. 217-240.

(1931), propôs o catolicismo como a mais eficaz de todas as ideologias ([77]).

Quais as possibilidades que esta opção abriu e quais fechou torna-se evidente se a compararmos com as propostas de Vincenzo Gioberti (1801-1852) e de Antonio Rosmini (1797-1855), duas posições antagónicas, que o direito natural de Taparelli D'Azeglio combateu duramente e derrotou no debate para a fundação da doutrina social católica. Tanto Gioberti como Rosmini conservaram, de facto, um forte momento espiritual na realização do ordenamento social pois, na opinião deles, a comunicação entre a imanência e a transcendência não se dá unicamente por um movimento natural, mas Deus intervém continuamente no mundo, manifestando-se no âmbito da alma. Rosmini concordava com Taparelli D'Azeglio e com a tradição do direito natural com o facto de achar que a ética humana devia constituir um sistema e que este se resumiria num princípio único ([78]), mas negava decididamente que a filosofia se devesse contentar com esta descrição ([79]). A construção do sistema é, de facto, apenas o campo de acção exterior da lei, mas aquilo que lhe confere verdadeiro vigor não é o conteúdo na mera exposição, mas sim uma «intuição universal do ser» que acompanha cada acto de conhecimento e que liga a imanência do mundo humano à transcendência divina ([80]). Cada acto

---

([77]) O. von Nell-Breuning, *Gesellschaftsordnung*, Nuremberga, Glock und Lutz, 1947; O. von Nell-Breuning & H. Sacher (org.), *Gesellschaftliche Ordnungssysteme*, Friburgo, Herder, 1951; M. Scattola, *Subsidiarität und gerecht ordnung in der politischen Lehre des I. Althusius*, in P. Blickle *et al.* (orgs.) *Subsidiarität als rechtliches und politisches ordnungsprinzip in Kirche, Staat und Gesellschaft*, Berlim, Duncker und Humblot, 2002, págs. 337-367.

([78]) A. Rosmini, *Filosofia del diritto* (1841), Pádua, Cedam, 1967, pág. 21. Cf. M. Ferronato, *La fondazione del diritto naturale in Rosmini*, Pádua, Cedam, 1998; P. Prini, *Introduzione a Rosmini*, Roma-Bari, Laterza, 1999; P. Landi, *La filosofia del diritto di A. Rosmini*, Turim, Giappichelli, 2002.

([79]) Rosmini, *Filosofia del diritto*, cit., págs. 35-36.

([80]) *Ibidem*, pág. 66; *id.*, *Storia comparativa e critica de' sistemi intorno al principio della morale*, Milão, Pogliani, 1837, pág. 25.

concreto de conhecimento ou de acção é, assim, uma manifestação e uma realização de uma esfera ultraterrena, que não se pode definir como ordem substancial *a priori*, mas apenas captar no conjunto de todas as manifestações humanas.

Também Gioberti pressupunha em cada episódio de conhecimento humano uma referência ao transcendente, que quebra o fio de um horizonte puramente secular. O homem, com efeito, vive em três dimensões: a natural da sensibilidade, a intelectual do espírito e a divina do sobrenatural. A presença do divino produz uma história continuamente aberta, não totalmente redutível à sensibilidade ou à razão – isto é, à natureza ou ao homem –, na qual intervenha continuamente o milagre a suspender o tempo sobre o mistério [81]. Em ambas as propostas o século não está isolado pelo eterno, nem se esgota no mero finito, pois nele, ainda que apenas no âmbito interior da alma, finito e infinito sobrepõem-se, de modo que a vida humana compreende uma pluralidade de planos e é o lugar em que o terreno se encontra com o ultraterreno.

---

[81] V. Gioberti, *Teorica del sovrannaturale* (1838), Pádua, Cedam, 1970. Cf. A. Rosmini, *V. Gioberti e il panteismo* (1847), Roma, Città Nuova, 2005; G. Rumi, *Gioberti*, Bolonha, Il Mulino, 1999; G. Beschin & L. Cristellon (orgs.), *Rosmini e Gioberti*, Brescia, Morcelliana, 2003.

Capítulo V

O século XX. Epílogo e reabertura do problema teológico-político

1. Recapitulação e descoberta da teologia política

O esquema presente na época antiga e medieval repete-se também na Idade Moderna e contemporânea, e tal como o século XVI recuperou as posições elaboradas no milénio anterior, do mesmo modo, o século XX reconstrói e interpreta a história da teologia política dos séculos transactos. O processo de dessacralização, iniciado pela ciência política moderna, de facto atingiu a fase da maturidade teórica e prática no século XX, quando as várias doutrinas da secularização consentiram que o mundo moderno se virasse para si próprio para reflectir sobre si mesmo e se compreender. Neste sentido, o século XX é a «verdade» da história moderna e contemporânea, pois é da sua perspectiva que se tornam transparentes as dinâmicas fundamentais dos séculos anteriores. Mas o século XX é, ao mesmo tempo, também algo mais: é «a verdade» da teologia política, pois só partindo do seu ponto de vista é possível compreender que coisa ela é em toda a sua história, inclusivamente no período tardo-antigo e na Idade Média. Por isso, só no século xx é que foi formulada uma doutrina da «teologia política» em sentido próprio, ou seja, reflexiva e consciente de si própria.

1.1 Os precursores da teologia política. Max Weber e Hans Kelsen

Abrindo o debate contemporâneo sobre a teologia política([1]), Carl Schmitt deu uma espécie de passo atrás e admitiu que a ideia fundamental havia já sido antecipada pelos contra-revolucionários, de modo particular por Juan Donoso Cortés, que teria tido o mérito de identificar a analogia elementar entre transcendência e imanência([2]). Se se aceita o princípio religioso que diz que o Todo-poderoso é o senhor do mundo – argumentava Donoso – então, é preciso concluir que a única forma de conhecimento verdadeiro é a teologia e que todas as outras disciplinas mais não são do que partes ou modificações dela([3]). Mas se o conhecimento divino é uma ciência total, então as suas estruturas de pensamento estarão activas também em todos os outros saberes e é possível provar que as principais ideias políticas são a aplicação dos princípios fundamentais da religião no campo secular([4]). Como a mesma analogia vale também para as degenerações, as ideologias modernas – liberalismo, republicanismo e socialismo – mais não são do que formações degeneradas

---

([1]) C. M. Nicoletti, *Alle radici della «teologia politica» di C. Schmitt*, in «Annali dell'Istituto storico italo-germanico di Trento», 10, 1984, págs. 255-316; *id.*, *Trascendenza e potere*, cit., págs. 15-81.

([2]) C. Schmitt, *Teologia politica. Quattro capitoli sulla dottrina della sovranità* (1922), in *id.*, *Le categorie del «politico»*, trad. it. Bolonha, Il Mulino, 1972, 3, pág. 73; 4, págs. 75-86; *id.*, *Donoso Cortés interpretato in una prospettiva paneuropea*, Milão, Adelphi, 1996.

([3]) J. Donoso Cortés, *Saggio sopra il cattolicesimo, il liberalismo e il socialismo* (1851), in *id.*, *Il potere Cristiano*, cit., I, 1 págs. 179-184.

([4]) *Id.*, *Discorso sull'Europa*, cit., págs. 90-91.

da ciência divina e devem ser descritas como método patogénico, produto de erros teológicos (págs. 91-93).

Apesar do reconhecimento póstumo, a importância de Donoso Cortés reside sobretudo no artifício retórico da redescoberta. Efectivamente, a discussão sobre a teologia política moderna começou no início da segunda década do século XX com as intervenções de Hans Kelsen (1881-1973) e de Carl Schmitt (1888-1985), que imprimiram uma viragem fundamental, destinada a reestruturar quer a futura discussão, uma vez que levanta o problema da consubstancialidade ontológica entre teologia e política, quer a reconstrução histórica na sua totalidade, porque forneceu um ponto de vista capaz de reordenar todos os materiais da tradição.

O quadro teórico de referência para ambos – Kelsen e Schmitt – foi dado pela «sociologia compreensiva» de Max Weber (1864-1920) [5], que foi determinante em dois sentidos: por um lado, proporcionou os princípios metodológicos para elaborar uma «sociologia dos conceitos jurídicos», por outro, estabeleceu um nexo directo entre doutrinas teológicas e formas políticas, fazendo da religião uma das forças fundamentais na construção do mundo moderno.

A opção metodológica de Weber nasce da renúncia às duas categorias centrais da historiografia oitocentista, as da individualidade e da história universal, que haviam permitido que a escola histórica alemã identificasse nos Estados os protagonistas do agir histórico e nas vicissitudes do género humano a manifestação da divindade. Se não existem verdadeiros sujeitos da história, também não vige uma lei universal do seu desenvolvimento e, portanto, não é concebível qualquer movimento uniforme da humanidade em direcção a um determinado fim espiritual. Mas assim nem o saber histórico pode ser

---

[5] M. Weber, *Alcune categorie della sociologia comprendente* (1913), in *id., Il metodo delle scienze storico-sociali* (1922), trad. it. Turim, Einaudi, 1958, págs. 239-307.

concebido como síntese de uma lei superior de desenvolvimento e interpretação do dado individual, e serão igualmente de rejeitar todas as distinções de conteúdo ou psicológicas entre ciências da natureza e ciências do espírito. A diferença entre as duas será apenas de tipo metodológico e, em particular, intrínseca aos objectivos almejados por cada um dos métodos aplicados. Também o agir histórico, como o da natureza, é, de facto, regulado por uma racionalidade intrínseca cujos portadores não são as épocas, os Estados ou os povos, mas os indivíduos, que agem sempre em vista de determinados objectivos, de modo que o cálculo que mede os meios e os fins deve valer como princípio constitutivo da racionalidade individual e histórica.

A coerência relativamente ao objectivo não é, todavia, uma forma de acção igual às outras, uma vez que ela é também o critério de compreensão e avaliação de qualquer outra espécie de racionalidade, como a que se dirige ao valor ou a de tipo tradicional, e por isso é também uma regra universal para a construção da ciência do agir humano, que com efeito não pretende compreender a verdade do real, mas fazer dele uma descrição eficaz, isto é, uma descrição que recolha e relacione em estruturas de sentido o número mais elevado possível de fenómenos individuais. A ciência social actua, por isso, com «tipos ideias», ou seja, com «quadros conceptuais» que unem «determinadas relações e determinados processos da vida histórica num cosmos de conexões conceptuais, sem contradições internas» ([6]). O conceito típico-ideal «é obtido mediante a *acentuação* unilateral de um ou alguns pontos de vista, e mediante a conexão de uma quantidade de fenómenos

---

([6]) *Id., L'«oggettività» conoscitiva della scienza sociale e della politica sociale* (1904), *op. cit.*, pág. 107. Cf. G. Poggi, *Calvinismo e spirito del capitalismo*, Bolonha, Il Mulino, 1984; P. Rossi, M. Weber, Milão, Il Saggiatore, 1988[2]; F. Tuccari, *Il pensiero politico di Weber*, Roma-Bari, Laterza, 1995; D. Kaesler, M. Weber (1995), trad. it. Bolonha, Il Mulino, 2004; F. Ferraresi, *Il fantasma della comunità*, Milão, Angeli, 2003.

particulares difusos e discretos [...] num quadro *conceptual* unitário». Não é uma hipótese, mas orienta a investigação histórica, nem é uma representação do real, mas «pretende dar à representação um meio de expressão unívoco (pág. 108). Os tipos ideais não permitem conhecer o verdadeiro «significado» ou o «valor» dos fenómenos históricos que eles organizam, e de facto no caso deles «nunca se pode decidir *a priori* se se trata de um mero jogo conceptual ou de uma elaboração conceptual cientificamente fecunda; também aqui só existe um critério, ou seja, o da eficácia para o conhecimento de fenómenos culturais concretos na sua conexão, no seu condicionamento causal e no seu *significado*» (págs. 110-111). Por outras palavras, o único princípio válido para confrontar e avaliar os tipos ideais é o da sua eficiência hermenêutica, isto é, o da quantidade e da qualidade dos fenómenos que eles conseguem pôr em relação no seio de um quadro conceptual coerente.

Como são construções da ciência para orientar a pesquisa e a interpretação, os tipos ideais não têm um significado teórico intrínseco, mas o seu valor é eminentemente prático e estão sujeitos a um processo de contínua revisão que corresponde ao esforço com o qual o conhecimento histórico se aproxima ao seu objecto modificando continuamente as próprias hipóteses (págs. 127-128). Os instrumentos metodológicos de que a investigação se serve, e que correspondem a ideias como «feudalismo», «capitalismo», «individualismo» e «mercantilismo», não permitem reconstituir uma história universal, no sentido que não podem totalizar a essência e o significado da vicissitude humana no seu conjunto, todavia, permitem identificar de maneira eficaz, isto é, conceptualmente organizada e logicamente coerente, hipóteses interpretativas também de longa duração e de ampla abrangência. Neste sentido, Weber conseguiu descrever as vicissitudes das sociedades ocidentais como um processo de progressivo «desencanto do mundo», de perda do sentido religioso, no qual, paradoxalmente, a religião desempenhou um papel central.

A pergunta que abre o seu célebre ensaio *A Ética Protestante e o Espírito do Capitalismo* (1904-1905 e 1920) ([7]) é: «Que concatenação de circunstâncias fez com que precisamente no território ocidental, e apenas aqui, se tenham manifestado fenómenos culturais que até [...] iam numa linha de desenvolvimento de significado e validade *universal*? Por outras palavras, por que é que o Ocidente é assim e por que é que a sua história e as suas categorias acabaram por valer para o mundo inteiro? A resposta de Weber desenvolve no terreno dos conteúdos o mesmo princípio formulado pelas suas premissas metodológicas: o Ocidente não tem uma civilização mais verdadeira do que a de outras regiões da Terra, mas é certamente mais eficaz, ou seja, mais materialmente mais poderosa, pois elaborou e aplicou a todos os campos da vida social o princípio da racionalidade relativamente ao objectivo. Um momento decisivo desta história foi a difusão do capitalismo, que na sua essência é «a organização capitalístico-racional do trabalho (formalmente) livre» (pág. 9) e que corresponde, portanto, à aplicação sistemática no campo económico do cálculo de adequação entre meios e objectivo. Considerada do ponto de vista psicológico, a difusão do capitalismo foi também um processo de disciplinação dos desejos inatos de todos os homens (pág. 12-23) e remete, assim, para a educação religiosa como sua verdadeira raiz, já que esta foi a principal forma de controlo individual e social praticada antes do surgimento do Estado moderno. Mas o capitalismo não se desenvolveu com a mesma intensidade nas sociedades ocidentais, e o motivo de tal disparidade «deve ser procurado principalmente numa característica específica interna permanente e *não* apenas na situação histórico-política exterior das confissões» (págs. 23-24). Foi portanto a diferença religiosa introduzida pela Reforma,

---

([7]) M. Weber, *L'etica protestante e lo spirito del capitalismo* (1904-1905), in *id.*, *Sociologia della religione* (1920-1921), trad. it. Milão, Comunità, 1982, p. 3.

sobretudo através da ética elaborada pelas seitas protestantes, a causa que determinou quer a especificidade do Ocidente em relação aos outros continentes, quer as suas diferenças internas. A ética social da civilização capitalista baseia-se, com efeito, no conceito de dever profissional, no vínculo que o indivíduo tem à sua actividade profissional, como empresário ou como assalariado, e que se mede em termos de sucesso económico (pág. 35-36). A obrigação para com a profissão (*Beruf*) nasce, todavia, do significado original deste termo, como «profissão de fé», e em modo particular da sua versão protestante, que relaciona a «confissão» do cristão e da comunidade com o chamamento divino (*Ruf*). Assim, em Lutero «a profissão é aquilo que o homem deve *aceitar* como disposição divina, aquilo a que tem de se adequar» (pág. 74); o calvinismo acentuou o conceito de vocação até o transformar na doutrina da predestinação individual, mas ao mesmo tempo deparou-se com a impossibilidade de reconhecer visível e irrefutavelmente os sinais da eleição. Esmagado entre a invencibilidade do chamamento divino e a impossibilidade de uma confirmação sacramental exterior (pág. 100), o fiel reformado viu-se, assim, obrigado a praticar uma «ascese intramundana», a qual corroborava a certeza da beatitude com o sucesso económico e social (págs. 118-119). À especificidade religiosa do mundo ocidental, sintetizada no nexo entre ética protestante, espírito do capitalismo e racionalidade orientada para o objectivo, devem corresponder outras tantas e iguais particularidades nas outras religiões universais, que, de maneiras de vez em vez diferentes[8], contribuíram para forjar a ética económica das sociedades não europeias. A esta contraprova Weber dedicou os outros ensaios da recolha *Sociologia da Religião* (1920-1921), publicados entre 1906 e 1919. No fim desta complexa avaliação ele podia, portanto, responder à pergunta inicial recordando que o espírito do mundo ociden-

---

[8] *Id.*, *Introduzione* (1915-1916), *op. cit.*, págs. 227-261.

tal nasce pela passagem de estruturas teológicas para o mundo económico e político: a ascese cristã extramundana tornou-se ascese intramundana no mundo calvinista e, quando perdeu a referência ao sagrado, gerou o espírito do capitalismo centrado no conceito de profissão, medido pela quantidade de lucro e guiado pela lógica do ajustamento entre meios e objectivos. Bem vistas as coisas, este processo também se poderia chamar «secularização» se não se desse o caso de, diversamente da célebre frase de Carl Schmitt, tal processo não dizer respeito ao espaço comunitário, da igreja, do Estado e das suas formas de representação, mas desenrolar-se por completo na dimensão interior e privada e dever, portanto, e por fim, dissolver-se em economia e sociologia.

A dimensão pública, estatal e jurídica foi, ao invés, posta em causa por Hans Kelsen, que já em 1913 havia explicado no seu ensaio *O Ilícito do Estado* a necessidade de personificar a unidade do ordenamento jurídico como se ela fosse produto de uma única vontade e havia recordado que essa mesma tendência também está presente no pensamento religioso quando os homens imaginam que o universo seja governado por um só Deus ([9]). Em *O Conceito Sociológico e o Conceito Jurídico do Estado* de 1922 ele desenvolveu a mesma analogia numa «teologia estatal» ([10]), que voltou a propôr também no ensaio *Deus e o Estado*, publicado em 1923. Entre a estrutura lógica do Estado e o conceito de Deus, Kelsen identificou um paralelismo exacto e encontrou a relação vigente entre o Criador e a criação ponto por ponto na relação entre Estado e direito. Como a teologia vê em Deus um ser perfeitamente transcendente, do mesmo modo a doutrina

---

([9]) H. Kelsen, *L'illecito dello Stato* (1913), trad. it. Nápoles, Esi, 1988, págs. 14-16. Cf. B. Celano, *La teoria del diritto di Kelsen*, Bolonha, Il Mulino, 1999; A. Carrino, *Kelsen e il problema della scienza giuridica*, Nápoles, Esi, 1987.

([10]) H. Kelsen, *Il concetto sociologico e giuridico dello Stato* (1922), trad. it. Nápoles, Esi, 1988, 12, 45, pág. 262. Cf. M. Walther, *H. Kelsen und C. Schmitt im Kampf um die Ent-(Re-)Mythologisierung des Staats*, in M. Waltrer (org.), *Religion und Politik*, Baden-Baden, Nomos, 2004, págs. 247-264.

do Estado representa a soberania como princípio absoluto; ambas se baseiam na ideia de que a unidade só pode ser alcançada através da unicidade e ambas imaginam o seu sujeito como uma pessoa dotada de vontade (11, 37, págs. 232-235). Mas acentuando de tal modo o atributo da transcendência, a teologia e a doutrina do Estado deparam-se com uma séria dificuldade pois têm de fazer coexistir uma esfera de absoluta transcendência, a de Deus e do Estado, com outra esfera, a da natureza e do direito, que é separada, mas não independente, com consequências prejudiciais para ambas. Por um lado, não se explica, de facto, por que Deus e o Estado, que são absolutos, transcendentes e, portanto, auto-suficientes, deveriam entrar em relação com algo de diferente deles, ou produzindo o mundo ou instituindo o direito. Por outro lado, não é claro o que sejam as suas criaturas, pois estas são relativas e transeuntes, mas por outro lado são também autónomas e necessárias ao princípio absoluto (11, 38, págs. 235-239)[11]. Em termos gnoseológicos e ontológicos, este esquema resulta espúrio e não produz nem um verdadeiro dualismo nem um monismo, mas algo a meio caminho: um dualismo imperfeito, ou seja, um «monismo e meio»[12].

Para resolver este problema, é necessário pensar que Deus e Estado possuem duas faces: por um lado, são absolutos e auto-suficientes, mas por outro limitam-se a entrar em relação com uma esfera inferior. A teologia, por isso, elaborou a doutrina da encarnação de Cristo mediante a qual o transcendente participa da imanência, enquanto o direito público decalca o mesmo ensinamento ao propor a autolimitação da soberania, a qual, ainda que livre, aceita conter-se para garantir duração

---

[11] H. Kelsen, *Dio e lo Stato* (1922-1923), trad. it., Nápoles, Esi, 1988, págs. 152-156.

[12] A mesma figura encontra-se em F. Meinecke, *L'idea della ragion di Stato nella storia moderna* (1924), trad. it. Florença, Sansoni, 1977. Cf. M. Scattola, *Meinecke, Machiavelli e la ragion di Stato*, in L.M. bassani e C. Vivanti (orgs.), *Machiavelli nella storiografia e nel pensiero politico de XX secolo*, Milão, Giuffrè, 2006, págs. 167-206.

ao ordenamento jurídico (11, 39, págs. 239-242). Esta relação, todavia, permanece precária pois a limitação que o absoluto permite por amor do finito não pode representar uma reserva incondicionada. Com efeito, o transcendente limita-se a si próprio, mas ao mesmo tempo continua superior aos limites que colocou a si mesmo e pode quebrá-los continuamente; uma dinâmica de liberdade e limite que na teologia se chama «milagre» e no direito público «acto do Estado» (11, 42, págs. 253-255).

A analogia estrutural actua, por outro lado, de tal maneira em profundidade que só pode ser modificada demonstrando a sua necessidade. É, de facto, evidente que a hipostatização de Deus num ser sobrenatural e do Estado num ente suprajurídico só é possível num quadro religioso rigorosamente monoteísta e, por isso, o abandono do método teológico pela ciência jurídica, do dualismo e das suas numerosas contradições, só é possível quando se invertem, em primeiro lugar, as condições teológicas deste discurso, o que significa colocar no lugar do monoteísmo uma igualmente radical panteísmo, no qual Deus é igual ao mundo (12, 43-45, págs. 257-262) e «cada direito é direito do Estado, porque cada Estado é Estado de direito» ([13]).

1.2. *Carl Schmitt e a fundação da teologia política*

Para indicar a analogia estrutural entre formas da religião e ordenamentos do direito Hans Kelsen não criou um conceito específico; esse mérito pertence a Carl Schmitt, que intitulou o seu breve escrito de 1922, *Teologia Política. Quatro Capítulos sobre o Conceito de Soberania* ([14]). Schmitt inaugurou o debate

---

([13]) Kelsen, *Dio e lo Stato*, cit., pág. 163.

([14]) Schmitt, *Teologia politica*, cit. Cf. Nicoletti, *Alle radici della «teologia politica»*, cit., págs. 255-316; *id.*, *Transcendenza e potere*, cit., págs. 147-229; P.P. Portinaro, *La crisi dello «ius publicum europaeum»*, Milão, Comunità, 1982; *Der Fürst dieser Welt*, cit.; C. Galli, *Genealogia della politica*, Bolonha, Il Mulino, 1996; L. Papini, *Ecumene e decisione*, Génova, Name, 2004.

do século xx sobre a teologia política num duplo sentido: como «secularização positiva» e como «secularização negativa». De um lado, com o texto de 1922 ele deu início à discussão sobre o processo de transformação das categorias religiosas nos conceitos políticos da Idade Moderna e formulou a doutrina segundo a qual a teologia se conserva positivamente na política, como um resto ou como um conteúdo de uma translação do sagrado para o secular. O debate novecentista e contemporâneo sobre a secularização concentra-se, sobretudo, no sentido desta passagem: trata-se de uma decadência, de uma libertação, de uma realização teleológica ou de uma promessa escatológica? Comum é, todavia, a hipótese de que algo, transferindo-se, perdure na história. Por outro lado, associado a esta secularização por conservação, Schmitt, sobretudo nas obras sobre Hobbes, forneceu também os pressupostos para pensar uma secularização por subtracção ou por ausência, segundo a qual aquilo que caracteriza a modernidade não é a transformação do sagrado no profano, mas a sua eliminação. Nesta acepção, a única possibilidade de conceber a transcendência é a de uma imanência radical: como se Deus só pudesse sobreviver se desaparecesse.

Se a perspectiva de Hans Kelsen era a da crítica da ideologia [15], a jogada de Carl Schmitt na *Teologia Política* é a de assumir por completo os resultados da sociologia crítica invertendo-os: se é verdade que por detrás das categorias da política existem sempre imaginações religiosas, então, a teologia deve ser a verdade da política [16]. Uma verdadeira «sociologia dos conceitos» (págs. 66 e 68) não deve por isso limitar-se à operação de desmascaramento, para mostrar que determinada concepção do Estado depende na realidade de certas forças espirituais ou materiais, mas deve em primeiro lugar compreender o próprio ponto

---

[15] E. Topitsch, *Einleitung*, in H. Kelsen, *Aufsätze zur Ideologiekritik*, Neuwied, Luchterhand, 1964, págs. 11-27; *id.*, *H. Kelsen als Ideologiekritiker* (1961), in *id.*, *Gottwerdung und Revolution*, Munique, Dtv, 1973, págs. 218-229.

[16] Schmitt, *Teologia politica*, cit., págs. 65-66.

de vista e desse modo pôr-se a um nível ainda mais elevado ou mais profundo, no qual a própria crítica da ideologia surge como uma possibilidade de conhecimento ao lado de outras (pág. 59). Nesta aspiração, a «sociologia dos conceitos» demonstra ser a verdadeira semente da futura «história constitucional» de Otto Brunner, da «história estrutural» de Werner Conze e da «história conceptual» de Reinhart Koselleck: todos eles, a seu modo, se referem à obra de Schmitt [17]. Obra, esta, que não pretende relacionar as superestruturas ideológicas com estruturas materiais ou sociais, no sentido do materialismo histórico, nem reduzir os fenómenos do direito e da política a manifestações de um princípio espiritual e racional, como na história idealista, mas o seu objectivo é o de identificar as estruturas fundamentais, radicais, sistémicas de uma época para as pôr em relação com a realidade social conceptualmente formalizada (págs. 67-69). Neste sentido, a política não é causa nem efeito da teologia, a filosofia não é razão nem consequência da economia, mas os elementos das diferentes oposições estão sempre no mesmo plano (págs. 69-70).

As conclusões doutrinais conquistadas pela «sociologia dos conceitos jurídicos» não são diferentes no seu conteúdo das conclusões subscritas por Kelsen, são todavia mais radicais e possuem um valor diferente de consciência, pois não mostram «erros» da história, mas relações necessárias. Também insistem na relação entre teologia e política, apresentando-as todavia como um nexo estrutural, essencial.

> Todos os conceitos mais fecundos da moderna doutrina do Estado são conceitos teológicos secularizados. Não apenas devido ao seu desenvolvimento histórico, já que passaram da teologia para a doutrina do Estado [...],

---

[17] Cf. M. Scattola, *Storia dei concetti e storia delle discipline politiche*, in «Storia della storiografia», 49, 2006, págs. 95-124; S. Chignola & G. Duso (orgs.), *Sui concetti giuridici e politici della costituzione dell'Europa*, Milão, ANgeli, 2005.

mas também na sua estrutura sistemática, cujo conhecimento é necessário para uma consideração sociológica destes conceitos (pág. 61).

Por isso, a excepção da jurisprudência é análoga ao milagre da teologia e o monarca do absolutismo corresponde ao Todo-poderoso e ocupa o lugar que cabe ao Estado no sistema cartesiano (págs. 61, 63, 68-70). O moderno Estado constitucional impôs-se, ao invés, com o iluminismo, com a teologia teísta, com a metafísica das ciências físico-matemáticas, que construíram um universo racional em que nenhuma norma pode ter excepção, sob pena da conflagração do mundo inteiro (pág. 61). E na recusa do milagre, que suspende e recria a ordem existente, as excepções são análogas ao liberalismo, o qual – argumenta Schmitt – se baseia na ideia que diz que a verdade nasce do acordo entre as opiniões e pode, por isso, substituir a decisão soberana – tornando-a inútil – pelo discurso (págs. 79-80). Só os contra-revolucionários, de modo particular Juan Donoso Cortés, teriam advertido o desvio implícito no liberalismo e no Estado de direito e teriam apontado para a verdadeira essência da teologia e da política no decisionismo e na ditadura, as duas formas políticas e jurídicas em que se exprime o absolutismo da soberania (págs. 81-83, 85-86).

A «sociologia dos conceitos jurídicos» de Schmitt propõe-se como doutrina abrangente, todavia, ela introduz, por sua vez, um forte momento avaliador e voluntarista. O processo de secularização é, de facto, apresentado como um movimento de decadência, semelhante ao «terrorismo moral», à história pessimista, de Kant([18]), que não só transferiria os conceitos da teologia para a política, como também, de seguida, os corromperia. Se a equivalência entre o rei e Deus ainda não implica uma degradação da teologia, aliás é o triunfo da transcendência

---

([18]) I. Kant, *Il conflitto delle facoltà* (1789), trad. it. de A. Poggi, Génova, Istituto Un. di Magistero, 1953, 2, 3, págs. 103-105.

cristã, já o desconhecimento das categorias originais é de imputar à ciência natural moderna, ao liberalismo e à democracia, que lideraram uma época avessa à religião. Como na modernidade domina a falsidade, o erro, o negativo, Schmitt atribui à «sociologia dos conceitos» a tarefa, epistemológica, mas também ética e política, de restaurar o ordenamento teológico fracturado, de remontar à história ou, pelo menos, de remeter, mediante a proposta do decisionismo e da ditadura, para a configuração primitiva.

Para lá de cada uma das incongruências argumentativas, uma sociologia dos conceitos abrangente, uma verdadeira história conceptual, deveria, ao invés, captar também a necessidade da secularização no seio de uma vicissitude metafísica das épocas e deveria prestar contas do facto de que um universo da teologia contém também um mundo sem teologia, no qual a única possibilidade política é a democracia soberana. Só quando a especulação atinge este nível é que se pode realizar a forma mais alta de teologia política, um panteísmo do conceito, não da natureza, mais elevado do que o apontado por Kelsen, no qual encontram lugar quer as épocas da humanidade quer o moderno que as nomeia.

Em 1923, Carl Schmitt regressou à analogia entre conceitos políticos e categorias políticas no ensaio *Catolicismo Romano e Forma Política*, no qual atribuiu ao direito uma capacidade de mediar a experiência humana análoga à exercida pela igreja católica[19], embora o catolicismo tenha uma natureza mais elevada pois não representa apenas a ideia da justiça, mas também a pessoa de Cristo e reúne, deste modo, imanência e transcendência[20].

---

[19] C. Schmitt, *Cattolicesimo romano e forma politica* (1923), trad. it. de C. Galli, Milão, Giuffré, 1986, págs. 58-59.

[20] *Ibidem*, págs. 47 e 59-63. Cf. K. Kröger, *Bemerkungen zu C. Schmitts «Römischer Katholizismus und politische Form»*, in H. Quaritsch (org.), «*Complexio Oppositorum*», Berlim, Duncker und Humblot, 1988, págs. 159--165. Cf. também Schmitt, *Romanticismo politico*, cit., págs. 21-22.

Com os estudos sobre Hobbes e sobre o conceito moderno de política e nas auto-interpretações dos anos seguintes Schmitt formulou uma acepção de secularização diferente, mais coincidente com o conceito de «neutralização» [21]. «À primeira vista, Hobbes parece colocar-se no vértice deste processo de secularização ou, melhor, de neutralização» [22]. Não se trata aqui, portanto, da passagem das categorias teológicas para o pensamento político como no texto de 1922, mas da descristianização da sociedade humana, do acontecimento que Friedrich Nietzsche (1844-1900) havia descrito como «morte de Deus», do afastamento do divino em relação ao mundo e do encerramento do imanente em si próprio [23]. Este destino histórico, que foi designado pelo próprio Nietzsche como «niilismo» [24], começou com a progressiva «desdivinização da vida pública» (pág. 177) iniciada pela Reforma e tornada necessária pelo embate entre as confissões, no qual se perdeu a evidência imediata de um campo argumentativo comum (págs. 92-93, 161, 168 e 180--181). Não sendo o problema político solucionável pela teologia, pela qual, aliás, havia sido provocado, o único caminho possível era o de renunciar à argumentação religiosa para a substituir pela matemática e pela ciência natural (págs. 177--179), de modo a construir um espaço público neutralizado em que a sobrevivência física dos indivíduos não fosse ameaçada por questões radicais. Hobbes foi um ponto crucial deste processo e, na medida em que transferiu por completo o monopólio

---

[21] *Id., Il Leviatano nella dottrina dello Stato di Th. Hobbes* (1938), in *id., Scritti su Th. Hobbes*, trad. it. de C. Galli, Milão, Giuffrè, 1986, págs. 61-143; *id., Il compimento della Riforma* (1965), *op. cit.*, págs. 159-190.

[22] *Ibidem*, pág. 177.

[23] F. Nietzsche, *La gaia scienza* (1882), in *id., Opere*, edição de G. Colli e M. Montinari, Milão, Adelphi, 1967, vol. 5, 2, 125, págs. 129-130.

[24] *Id. Frammenti postumi 1885-1887, op. cit.*, vol. 8, 1, 5[71], págs. 199--206: *id., Frammenti postumi 1887-1888, op. cit.*, vol. 8, 2, 9[35], págs. 12-14. Cf. F. Vercellone, *Introduzione ao nichilismo*, Roma-Bari, Laterza, 1992, págs. 56-85; F. Volpi, *Il nichilismo*, Roma-Bari, Laterza, 1996, págs. 35-52; M. Scattola, *Morte e trionfo dello Stato*, in «Foedus», 15, 2006, págs. 36-50.

da decisão jurídica da igreja para o Estado (págs. 180-181), deve ser considerado «a expressão acabada da Reforma» (pág. 188). A eficiência da proposta consiste principalmente na sua capacidade de evitar a pergunta sobre a verdade e a justiça e de a resolver com um procedimento técnico (págs. 93-95), que assim faz do Estado o princípio, mas também o vértice do moderno processo de neutralização (págs. 94 e 101) e que cria uma nova forma de divindade terrena, divina por ser omnipotente (pág. 84).

Ainda que a doutrina de Hobbes esteja na origem destes desenvolvimentos, não é, todavia, possível reduzi-la a um radical fechamento da imanência, que é o princípio fundamental da época moderna e que foi amplamente analisado no ensaio *A Época das Neutralizações e das Despolitizações* (1927)([25]). Com efeito, enquanto o ideal da neutralização é transformar o ordenamento jurídico num procedimento capaz de decidir cada caso por automatismo, a questão do «Quem julga?» domina por completo a doutrina de Hobbes e constrói um poderoso antídoto contra a sua redução a mera técnica. Apesar da busca da precisão matemática, o seu sistema não pode, de facto, resolver-se num cientismo, num naturalismo ou num funcionalismo, mas conserva um forte cariz de «personalismo jurídico» (pág. 182), já que o aparelho jurídico jamais poderá decidir sozinho, mas deverá existir sempre um ponto derradeiro de imputação e, por isso, denso de responsabilidade (págs. 184-185). Mas isto, então, significa que o sistema jurídico, ainda que largamente auto-suficiente, se baseia num ponto arquimédico extra-jurídico, no qual o direito extravasa de si próprio e abre-se a uma dimensão ulterior, de modo que também a solução de Hobbes demonstra ser «fruto de uma época especificamente teológico-política» (pág. 182). Por outro lado, para manter aberta no político neutralizado a questão teológica é

([25]) C- Schmitt, *L'epoca delle neutralizzazioni e delle spoliticizzazioni* (1927), in *id.*, *Le categorie del «politico»*, cit., págs. 167-183.

necessário que o princípio religioso seja enunciado «Jesus é o Cristo». Como Schmitt esclarece no «Cristal de Hobbes», elaborado em 1963 à margem de *O Conceito do Político*, este dogma exprime a fé no facto que, sim, a dimensão em que vivem os homens é radicalmente secular, pois sobre a Terra não existe verdade, mas apenas autoridade; apesar disso, este ordenamento totalmente imanente está aberto à transcendência ([26]). Pelo menos uma vez na história deu-se um verdadeiro milagre e Deus comunicou com o mundo enviando o Filho. Mas isso só aconteceu uma vez e o milagre não pode ser replicado até ao regresso de Cristo, pois o tempo voltou a fechar-se para sempre. A frase «Jesus é o Cristo» significa, portanto, que a mediação da igreja já não é possível, e que no seu lugar é agora concebível uma única forma de representação da transcendência, a realizada pelo deus mortal na total imanência do Estado.

Distinguindo as duas versões de secularização e esclarecendo a posição de Hobbes na história da neutralização, Schmitt recapitula as vicissitudes da teologia política na Idade Moderna e esclarece a sua constituição essencial e intemporal. Reconstituindo o processo de secularização, ele descreve, de facto, três elementos diferentes: em primeiro lugar, aquele fenómeno chamado «neutralização», que substancialmente constitui o mundo moderno; em segundo lugar, a resposta milenária elaborada pela igreja católica, típica da época antiga da qual se diferenciou a modernidade; em terceiro lugar, uma exigência constante de transcendência no seio da imanência, que é comum a ambas as épocas.

Concebida neste sentido como um processo que, enquanto neutraliza completamente o sagrado, revela ao mesmo tempo a sua necessidade, a secularização adquire um significado bastante

---

([26])*Id., Il concetto di «politico»* (1932), *op. cit.*, nota 53 (1963), págs. 150--152. Cf. Nicoletti, *Trascendenza e potere*, cit., págs. 568-578; E. Castrucci, *Il logos della potenza* (1996), in *id., Convenzione, forma, potenza*, cit., págs. 912-913; Papini, *Ecumene e decisione*, cit., págs. 159-175.

diferente do enunciado pela primeira vez na *Teologia Política*. Esta secularização não implica, de facto, uma continuidade ou uma transformação de um determinado conteúdo religioso invariável; o elemento teológico não é uma matéria que se conserve, eventualmente numa forma degenerada, na história do Estado, mas é, evidentemente, um modo de ser da política.

1.3. Perspectivas do século XX

A formulação de Carl Schmitt não é importante apenas relativamente àquilo que o antecedeu, pois resume a história geral do conceito, mas é essencial também no que respeita ao que se lhe seguiu, já que predispôs as coordenadas para a discussão posterior sobre o tema da teologia política e sobre a doutrina da secularização. Mesmo considerando-as do mero ponto de vista da génese contingente, todas as propostas do século XX são, de facto, ou uma reacção, ou uma resposta, ou uma especificação, ou uma retoma, ou uma reelaboração ou, ainda, uma rejeição das teses de Carl Schmitt. Mais em profundidade, no seu núcleo teórico, elas depois confrontam-se sempre com a questão da secularização e submetem-se, portanto, à inevitável consequência de dever pressupor o ponto de partida de Schmitt como a primeira questão a que deve responder a filosofia quando se interroga sobre a história, sobre o tempo e sobre si própria.

Todas as doutrinas da teologia política do século XX podem, por isso, ser classificadas usando como critério o teorema da secularização e como unidade de medida a relação entre tempo histórico e teologia. Na sua estrutura fundamental, a hipótese da secularização defende que a época moderna nasceu da passagem da teologia para a filosofia, da religião para a ciência, da eternidade do tempo sagrado para a linearidade da história profana. A cada termo que este esquema põe em jogo, ou seja, à política, à teologia e às suas relações, podem todavia ser atribuídos valores diferentes e opostos. De um lado, pode-se, de facto, aceitar ou rejeitar a ideia de que entre teologia e política tenha havido uma passagem; por outro lado, em ambos os casos pode-se atribuir a prioridade a uma ou a outra e pensar, então, que a transferência tenha ocorrido da teologia para a política, ou então, vice-versa, da política para a teologia e, que, de todos os modos, uma das duas prevalece sempre sobre a outra como o original prevalece sobre o seu derivado.

Podemos formalizar estes dois critérios como «influência *vs.* independência» e «superioridade da política *vs.* superioridade da teologia» e da combinação de ambas podem-se obter quatro soluções diferentes: influência negativa da teologia sobre a política, influência positiva da teologia sobre a política, independência e superioridade da política relativamente à teologia e independência e superioridade da teologia relativamente à política. As quatro variantes fixadas por este modelo identificam as quatro reacções do século XX ao teorema da secularização. À doutrina de Schmitt pode-se, em primeiro lugar, responder aceitando como verdadeira a passagem de um para o outro âmbito, mas invertendo o valor das categorias teológicas, que, transferindo-se para a política, não a teriam enriquecido, mas sim empobrecido.

A história ocidental desde a época antiga até à moderna deve, assim, ser lida como o processo de degeneração da política, induzido pela corrupção teológica. Sobre este pressuposto concordam Leo Strauss, Eric Voegelin e Karl Löwith, que naturalmente se diferenciam na identificação das forças que desagregaram o saber antigo. A relação efectiva entre os dois componentes da secularização também pode, todavia, ser de sinal oposto, no caso em que a teologia, depositária da verdade, pode «salvar» a política conferindo à história sentido e direcção. Mas como a teologia só pode cumprir a história suspendendo-a num momento intermédio ou final, esta opção, defendida por Walter Benjamin e Jacob Taubes, apresenta-se como messianismo político, num caso, e como escatologia política, no outro.

A relação entre teologia e política que, até agora, era pressuposta como motor da história, pode todavia também ser drasticamente negada, colocando assim teologia e política como dois princípios distintos, não integráveis, alternativos. Semelhante nexo de exclusão pode ser reconstruído a partir da política e, então, será necessário pensar não apenas que a política é independente da teologia, mas também que ela está livre de condicionalismos externos, e se ainda não está deve ser libertada. A verdadeira dimensão humana é a dimensão racional da ciência e do século, e a religião é mistificação e corresponde a um estado inferior de conhecimento. Para os defensores da «legitimidade da política», como Ernst Topitsch e Hans Blumenberg, o lado positivo da relação deve ser procurado exclusivamente na história moderna, que se emancipou da hipótese mítica, enquanto o lado negativo deve ser ocupado pelas épocas dominadas pela teologia e pelas suas reencarnações metafísicas. A relação de exclusão pode, todavia, ser pensada também no outro sentido, a partir da religião e como reacção à secularização, como se encontra na reflexão de Erik Peterson ou na «nova teologia política» de Johann Baptist Metz e de Jürgen Moltmann. O monoteísmo político tardo-antigo, a «velha teologia política» de Schmitt e a idolatria política, que se circunscrevem à mera imanência, valem aqui como negação da verdadeira experiência histórica, que só pode ser negativa, para evidenciar uma teologia da esperança ou do êxodo, estruturada pela expectativa escatológica.

2. A política corrompida pela teologia. Degeneração do sagrado e construção niilista do Estado

2.1. *A retoma do «problema teológico-político». Leo Strauss*

A uma interpretação da modernidade idêntica à que Carl Schmitt propôs chegou também Leo Strauss (1899-1973) no seu estudo *A Filosofia Política de Thomas Hobbes* (1936)[27], mas radicalizou de tal maneira a ideia da neutralização moderna que pôs em causa a possibilidade da secularização como conservação do conteúdo teológico. Também para Strauss o *Leviatão* propõe a forma política de um mundo limitado unicamente à corporeidade. A doutrina política de Hobbes reduz-se, de facto, a dois postulados fundamentais. O primeiro princípio que guia o agir do homem é o do «desejo natural», pois, não diversamente dos outros animais, também o ser humano é um conjunto contínuo de pulsões que desejam [28]. Os instintos primordiais, todavia, deixam-se facilmente satisfazer e as pulsões acalmar-se-iam rapidamente se no homem não interviesse um momento reflexivo e se a contemplação do próprio poder não fosse fonte de satisfação, tornando-se, por sua vez, uma paixão destinada pela sua estrutura a reproduzir-se continuamente. É a vaidade, portanto, a verdadeira mãe do impulso, este sim perpétuo e infinito à expansão do próprio poder sem limites para saciar um desejo inesgotável (pág. 145). O outro princípio fundamental do comportamento humano é o postulado da razão natural que diz que cada qual evita a própria morte como o máximo dos males, enquanto a vida constitui o bem primário e irrenunciável. Em consequência desta assimetria, se, por um lado, é impossível estabelecer o bem supremo para o homem, por outro, o mal máximo é ao invés imediatamente evidente e corresponde à morte, à perda do bem mínimo (pág. 150).

Neste mundo plenamente secularizado e reduzido à existência corpórea, a filosofia política de Hobbes é a tentativa de

---

[27] R. Cubeddu, *L. Strauss e la filosofia politica moderna*, Nápoles, Esi, 1983; G. Duso (org.), *Filosofia politica e pratica del pensiero*, Milão, Angeli, 1988; H. Meier, *C. Schmitt, L. Strauss und «Der Begriff des Politischen»* (1988), Estugarda, Metzler, 1998; C. Altini, *L. Strauss*, Bolonha, Il Mulino, 2000. M. Farnesi Camellone, *Giustizia e storia*, Milão, Angeli, 2007.

[28] L. Strauss, *La filosofia politica di Th. Hobbes* (1936/1965), in *id.*, *Che cos'è la filosofia politica?*, Urbino, Argalia, 1977, págs. 142-145.

construir uma tecnologia da sobrevivência perante a ameaça contínua da morte (págs. 291-292). Almejando tal projecto, que é simultaneamente político e científico, Hobbes coloca-se numa relação especial com os dois maiores filósofos gregos, aceitando-os e rejeitando-os ao mesmo tempo. À maneira de Platão, ele pretende construir uma política puramente racional e superior aos movimentos do espírito, mas à maneira de Aristóteles exige a esta construção que seja coerente com as paixões e que as controle empiricamente (págs. 326-327). Da confluência destas duas tendências nasce o «método resolutivo-compositivo», o verdadeiro cerne epistemológico da «ciência política moderna», que retoma aquilo que a filosofia medieval e protomoderna designava «método do regresso» ([29]): um fenómeno complexo, como o Estado, é decomposto na análise progressiva dos seus elementos mínimos, para depois ser recomposto numa síntese que fixa a estrutura interna do objecto e o reordena de maneira controlada e rigorosa (págs. 327-329) ([30]).

O método do regresso é, todavia, responsável por um grave equívoco e gera uma secularização radical. Hobbes, de facto, pretendia seguir Platão porque, ao invés de Aristóteles, não se deixaria seduzir pelas palavras da língua humana, mas teria almejado um ordenamento político racional. Mas, deste modo, descurou o facto fundamental de a filosofia de Platão ocorrer numa condição de diálogo e de não gerar uma ontologia, mas uma dialéctica política. No discurso de Platão que levanta a questão do bem é produzida uma abertura (teológica) à verdade escondida na linguagem, que não é, por sua vez, um enunciado e que coloca à disposição o critério para medir a bondade dos discursos (págs. 342-343). O método resolutivo-compositivo, ao invés, percorre, primeiro ao contrário e depois em frente,

---

([29]) G. Zabarella, *De methodis libris quatuor. Liber de regressu* (1578), Bolonha, Clueb, 1985; G. Papuli, *La teoria del «regressus» come metodo scientifico negli autori della scuola di Padova*, in L. Olivieri (org.), *Aristotelismo veneto e scienza moderna*, Pádua, Antenore, 1983, vol. 1, págs. 221-277.

([30]) Scattola, *Krieg des Wissens*, cit., págs. 41-48.

a totalidade do campo da vida humana, mas não indica nada fora dela que possa ser princípio e medida. A filosofia política vê-se assim reduzida a uma racionalização científica, a uma tecnologia de desconstrução e de reconstrução da máquina estatal, que pode movimentar-se unicamente dentro dos limites rigidamente fixados pelo mundo instrumental, mas não pode nunca interrogar-se acerca do fim (pág. 331), uma vez que o método é mera asseveração das premissas.

Por outro lado, era precisamente a questão do bem aquilo que o projecto filosófico de Hobbes se propunha eliminar de uma vez por todas, de maneira a garantir a sobrevivência humana removendo o infinito e funesto conflito das opiniões. À radicalidade epistemológica de um método secularizado e neutralizado, levado às extremas consequências, deve assim corresponder uma radicalidade filosófica inversamente proporcional (pág. 329). A respeito da estrutura da razão, esta redução significa que não é possível distinguir, como fazia Platão, entre causa necessária e razão real, pois só existe um único tipo de raciocínio, aquele necessário por ser instrumental, que por isso mesmo é também bom: ele, de facto, permite conservar a vida (pág. 344).

A de Hobbes é, portanto, uma teologia política negativa que não transmite ao moderno nenhum fragmento de sagrado, mas, usando as figuras conceptuais da tradição cristã, expulsa o sagrado do mundo. Secularização não significa conservação e transmissão da ideia, mas a sua neutralização. Referindo-se ao presumido cerne teológico do moderno, também Carl Schmitt, como observa Strauss nas *Notas ao «Conceito do político»* (1932), se deixa aprisionar pela linguagem e pela emergência do Estado, de modo que o seu diagnóstico se transforma numa «afirmação» do político [31]. A adesão emocional ao objecto impede, de facto, que se capte o horizonte em que se coloca

---

[31] L. Strauss, *Note sul «Concetto del politico» in C. Schmitt* (1932), trad. it. in *Filosofia politica e pratica del pensiero*, cit., 3, pág. 324.

cada forma política, pois projecta no contexto metafísico as estruturas da experiência moderna, como categorias sub-repticiamente herdadas pela teologia, transformando o par amigo/ /inimigo, típico do pensamento contemporâneo, num princípio universal, sem considerar que «nós combatemos com os outros e com nós próprios sempre e apenas sobre o justo e o bom» [32].

A crítica de Strauss ao moderno é ainda mais radical do que a de Schmitt, mas reconhece o carácter parcial da secularização e tem a vantagem de ver o moderno qual época como as outras, cuja necessidade resulta de conceber todos os momentos num mesmo ordenamento do bem. O problema permanece o mesmo, o de identificar o ordenamento teológico no político sem o anular, mas já não pode ser pensado como um acontecimento na história, exemplificado nas vicissitudes que vão de Hobbes até ao niilismo novecentista (pág. 129), como uma «teologia política», uma ontologia ou uma «sociologia dos conceitos jurídicos», mas surge agora como um «problema teológico-político» [33], que percorre todos os pontos altos da filosofia política, que requer um novo confronto com o antigo (pág. 130) e que atravessa o discurso político, em todos os seus níveis, também os materiais e conflituais, para se interrogar sobre o princípio, sobre o bem, sobre a ordem.

2.2. Religiões políticas e ciência do ordenamento. Eric Voegelin

O «problema teológico-político» de Strauss coloca de novo a questão do ordenamento como ponto de vista a partir do qual se pode compreender tanto a «ciência moderna» como a «filosofia política», mas não reconstrói, por sua vez, uma

---

[32] *Ibidem*, 3, págs. 328-329.

[33] *Id.*, *Hobbes' politische Wissenschaft und zugehörige Schriften* (1935-1965), in *id.*, *Gesammelte Schriften*, edição de H. Meier, Estugarda, Metzler, 2001, vol. 3, Vorwort, 1964, pág. 8.

«ciência da filosofia», e a sua alternativa não tem a forma da asseveração sistemática, mas do comentário; não oferece um conhecimento estruturado daquilo a que a experiência moderna se opõe, aliás, esta tentativa está à partida excluída pois na linguagem de Strauss a «ciência política» é apenas «moderna», e fora dela não existe ciência, mas «filosofia política».

A construção de uma ciência da «filosofia política», ou melhor ainda, de uma «ciência» da «teologia política» foi, ao invés, o projecto levado a cabo por Eric Voegelin (1901-1985), enunciado no livro *A Nova Ciência Política* de 1952 e concretizado nos cinco volumes de *Ordem e História* (1956-1987), mas já delineado nos seus elementos fundamentais nos escritos dos anos trinta. Apesar do interesse inicial por Carl Schmitt, documentado pela recensão favorável à *Doutrina da Constituição* (1928) ([34]), Voegelin não pode partilhar das teses enunciadas em *Teologia Política*, pois a sua «nova ciência política» é, ao mesmo tempo, menos e mais teológica que a doutrina da secularização. É menos teológica porque a ideia segundo a qual os conteúdos do monoteísmo cristão teriam sido herdados pela política moderna é levada às extremas consequências e invertida em negativo, demonstrando que os símbolos do Estado total são um sucedâneo religioso. É bem mais teológica porque o nexo entre teologia e política não diz apenas respeito à experiência específica da modernidade, mas é o princípio de todo o ordenamento político, logo, da política enquanto tal, que é sempre representação mundana de um ordenamento transcendente.

Já nos escritos publicados em Viena antes do exílio, Voegelin elaborou os instrumentos conceptuais que o levaram no pós-Segunda Guerra Mundial a formular o programa da «nova ciência política». Em *Raça e Estado* (1933) propôs-se

---

([34]) E. Voegelin, *La «dottrina della Costituzione» di C. Schmitt* (1931), trad. it. in *Filosofia politica e pratica del pensiero*, cit., págs. 291-314; *id.*, *La nuova scienza politica* (1952), trad. it., Milão, Borla, 1999; *id.*, *Order and History* (1956-1987), in *id.*, *The Collected Works*, Columbia, Mo., University of Missouri Press, 2000-2001, vols. 14-18.

verificar o fundamento da «teoria da raça» na medida em que ela reivindicava o estatuto de ciência e concluiu que o seu conjunto categorial não era sustentável nem com a antropologia filosófica nem com a biologia e representava, ao invés, um «sistema da superstição científica» ([35]), ou seja, um «mito» ([36]), uma ideia global do homem, que confunde o corpo e a alma no símbolo unitário do «sangue» e que, ao mesmo tempo, faz derivar o princípio da unidade política da unidade global do indivíduo (pág. 15).

Estas primeiras intuições receberam uma estruturação epistemológica em *Estado Autoritário* (1936), em que Voegelin fez a distinção entre «símbolos políticos» e «conceitos teoréticos», entendendo no primeiro caso todos os actos linguísticos que visam um fim prático e, no segundo caso, os instrumentos do conhecimento científico ([37]). Analisadas à luz desta diferença, as doutrinas do decisionismo de Carl Schmitt ou do Estado total de Ernst Rudolf Huber ([38]) revelam-se meros símbolos práticos e, consequentemente, não têm nenhum direito de cidadania na ciência política, mas podem, quando muito, surgir nela como objecto de investigação (I, 1, 2-17, págs. 10-54).

A análise dos símbolos políticos foi completada em *Religiões Políticas* (1938), onde tais símbolos foram inseridos numa doutrina geral da política baseada numa definição ontológica do homem. A experiência fundamental do homem é, de facto,

---

[35] *Id. Rasse und Staat*, Tubinga, Mohr, 1933, pág. 9. Cf. *id.*, *Razza. Storia di un'idea* (1933), trad. it. Milão, Medusa, 2006; R. Racinaro (org.), *Ordine e storia in E. Voegelin*, Nápoles, Esi, 1988; G. Zanetti, *La trascendenza e l'ordine*, Bolonha, Clueb, 1989.

[36] A. Rosenberg, *Der Mythus des 20. Jahrunderts*, Munique, Hoheneichen, 1930.

[37] E. Voegelin, *Der autoritäre Staat* (1936), Wien, Springer, 1997, I, Hoheneichen, 1930.

[38] C. Schmitt, *Il custode della costituzione* (1931), trad. it. Milão, Giuffrè, 1981; E. Jünger, *La mobilitazione total* (1930), trad. it. in «il Mulino», 301, 1985, págs. 753-770; E.R. Huber, *Die Totalität des völkischen Staates*, in «Der Tat», 26, 1934, págs. 30-42.

a experiência elementar e religiosa com a qual se reconhece como criatura e, por isso, ser precário, mas ao mesmo tempo vinculado ao cosmos que o rodeia[39]. Uma vez abertas as portas da percepção religiosa, a mente, procedendo por analogia, pode chegar à ideia suprema de Deus, ou então fixar-se num único fragmento do mundo, que então é carregado de valor sagrado, e de ente real que era passa a *ens realissimum,* em torno do qual um aparato linguístico de símbolos, sinais e conceitos cristaliza de novo o cosmos. Quando o fenómeno identificado como *ens realissimum* é uma parte do mundo, surgem as «religiões intramundanas» (págs. 30-31). A história dos povos mediterrânicos e europeus mostra que já os Egípcios haviam instituído a primeira religião política (págs. 33-40) e que a partir desse momento o processo de absolutismo do Estado se aprofundou cada vez mais até ao ponto de desembocar na comunidade sagrada intramundana dos regimes totalitários do século XX, que concretizam a forma mais intensa de religião política (págs. 59-71). O extravasar da teologia na política não pertence, portanto, unicamente à época moderna, mas atravessa a história da civilização ocidental, embora tenha sofrido uma formidável aceleração nos últimos séculos por efeito do desaparecimento de Deus, substituído por conteúdos seculares que se transformaram em outras tantas divindades, bem além das possibilidades imaginadas pela doutrina de Carl Schmitt (págs. 59-60).

O momento característico das novas religiões políticas é a criação de uma realidade mítica impermeável às críticas da ciência natural e capaz de subjugar as massas com a força dos símbolos (págs. 62-63). Enquanto a diferença entre âmbito secular e religioso é essencial na experiência cristã, que, por amor ao homem, mantém a autonomia do ordenamento terreno, as religiões políticas modernas propõem, ao invés, uma identificação

---

[39] E. Voegelin, *Le religioni politiche* (1938), in *id., La politica: dai simboli alle esperienze,* trad. it. Milão, Giuffrè, 1993, pág. 29. Cf. D. Herz, *Die politischen Religionem im Werk E. Voegelins,* in *Totalitarismus und politische Religionem,* cit., vol. 1, págs. 191-209.

idolátrica dos dois planos, em que uma parte social, a classe, o Estado ou a raça, se impõe como fetiche histórico e absorve, aniquilando-a, a dimensão sagrada. A consequência desta implosão dos dois planos é a supressão do direito e a sua substituição com conteúdos ideológicos para-religiosos.

Voegelin reuniu os elementos críticos e os elementos construtivos da sua doutrina em *Nova Ciência Política* (1952), que abre com uma ampla premissa metodológica para explicar que a restauração da ciência política é, agora, improrrogável, depois do domínio do positivismo ter impossibilitado toda e qualquer *episteme* em sentido clássico [40]. Na presença de saberes sociais e jurídicos modernos, que almejam a neutralidade, a suspensão do juízo e a congruência formal (págs. 36-54), a ciência política antiga e a ética cristã, que enfrentam o problema do bem e do ordenamento num quadro ontológico, surgem necessariamente desactualizadas (pág. 44). Mas a exclusão da «ciência primeira» não representa de modo algum um ganho de racionalidade, mas uma perda, pois o conhecimento moderno reduz-se ao nível superficial e inferior da mera forma e está por sua vez ancorado em superstições científicas, em formas religiosas intramundanas e em mitos políticos (pág. 55).

A «nova ciência política» deve, ao invés, partir de uma dupla constatação: a de que, por um lado, a sociedade humana é um conjunto ordenado e numa relação de sentido com o cosmos e que, por outro lado, neste processo interno e externo de iluminação ela utiliza quer símbolos imediatos quer conceitos refinados pela ciência (págs. 61-65). Confrontada com o mundo que a rodeia, a comunidade política começa efectivamente a existir quando resolve positivamente o problema da representação, que remete para dois processos materialmente coincidentes, mas logicamente separados. Ela, de facto, começa a existir como entidade política quando se dota – a referência à *Doutrina da Constituição* de Carl Schmitt e, através dele,

---

[40] Voegelin, *La nuova scienza politica*, cit., págs. 34-36.

a Thomas Hobbes é, aqui, evidente – de um agente que representa as suas acções. Mas este processo só se pode completar se, em simultâneo, o mundo circundante estiver representado no seio da sociedade. Dadas estas premissas epistemológicas, a ciência política pode ser mera *história*, isto é, busca e descrição empírica das diferentes formas de representação presentes na experiência humana, criticamente analisadas com os conceitos da ciência (pág. 34). Neste sentido, a história da política começou com os grandes impérios, que replicavam a disposição do cosmos na hierarquia social e prosseguiu com a mediação racional da harmonia universal no equilíbrio da alma e com a soteriologia cristã que conferiu à igreja a faculdade de representar o ordenamento cósmico e transformou o poder político numa instância temporal. Todavia, com a demora do regresso de Cristo, a igreja abandonou a ideia de uma escatologia no tempo histórico, a ideia de um começo iminente do reino dos mil anos (Ap 20, 1-6), e substituiu-a por uma escatologia da perfeição ultraterrena e sobrenatural, da salvação no fim dos tempos, para lá da história e fora dela (pág. 144). Para levar a cabo esta conversão, a igreja teve, todavia, de combater contra as doutrinas milenaristas e contra a heresia gnóstica que radicalizava a espera projectando-a no mundo e na alma humana ([41]). As tensões gnósticas nunca desapareceram por completo, mas ressurgiram na Idade Média na doutrina de Joaquim da Fiore e forneceram o verdadeiro núcleo teórico da época moderna, que experimenta uma progressiva «redivinização» do mundo, culminada no triunfo dos totalitarismos. Tanto a representação cósmico-ética antiga como a mitologia política moderna são, assim, produtos de uma mesma raiz metafísica, e idêntica é a força que actua em ambas as configurações. Aparentemente, a modernidade e, em sumo grau, o niilismo das ditaduras parecem realizar um

---

([41]) *Id.*, *Science, Politics, and Gnosticism* (1959), in *id.*, *The Collected Works*, cit., 2000, vol. 5, págs. 243-313.

movimento de secularização, de afastamento de Deus do mundo, destruindo a antiga simbiose entre as duas dimensões; na realidade, trata-se das mesmas forças teológicas, que, não podendo exprimir-se numa representação directa, escolhem o percurso indirecto e perverso da secularização, mas também nesta forma degenerada elas continuam a ser, essencialmente, uma manifestação do divino no mundo.

2.3. *O fundo obscuro do mito. Romano Guardini*

Nos mesmos anos de Voegelin, e na sua Viena natal, também outros autores austríacos enfrentaram o tema da relação entre degeneração do sagrado e construção niilista do Estado. Hermann Broch (1886-1951) remeteu o processo de transformação de uma comunidade em sentido totalitário para a emergência de estratificações míticas, que ele descreveu no seu romance *Sortilégio* e na sua *Psicologia de Massa* [42], enquanto Heimito von Doderer (1896-1966) estudou as distorções que as coberturas ideológicas introduzem na «apercepção» do real deixando-o à mercê dos «demónios» totalitários modernos [43].

Estes mesmos temas, caros a Voegelin e a outros escritores vienenses, foram também analisados por Romano Guardini em 1935 e de forma mais articulada em 1946 num breve escrito intitulado *O Salvador no Mito, na Revelação e na Política. Uma Reflexão Teológico-política*, que meditava, numa perspectiva cristã, sobre a redenção do mundano no ordenamento sobrenatural e sobre a distorção introduzida pelo mito tanto no campo

---

[42] H. Broch, *Sortilegio. Romanzo* (1969, mas escrito entre 1930 e 1951), trad. it. Milão, Rusconi, 1982; *id.*, *Massenpsychologie*, Zurique, Rhein, 1959. Cf. A. Mersch, *Ästhetik, Ethik und Religion bei H. Broch*, Frankfurt a.M., Lang, 1989; H. Kiesel & J.P. Grevel, *Die modernen Gewaltenregime und die Literatur*, in *Totalitarismus und politische religionen*, cit., vol. 1, págs. 211-232.

[43] H. von Doderer, *I demoni* (1956), trad. it., Turim, Einaudi, 1979.

religioso como em âmbito político([44]). Mas sobretudo Guardini acenava a uma interpretação teológico-política do nacional-socialismo que em Voegelin se vislumbrava apenas possível e que só nos romances de Broch e Doderer havia sido formulada explicitamente, ou seja, que o nacional-socialismo não havia utilizado o mito apenas como instrumento de propaganda, no seio de um nexo racional entre meios e fins, mas que, fossem quais fossem as suas verdadeiras intenções, havia despertado um substrato mítico adormecido, activando forças que se furtam à razão. Por outras palavras, com o nacional-socialismo o teológico e o demoníaco, em sentido por nada metafísico, mas literal, havia irrompido na história, dilacerando-a.

O ponto de partida de Guardini é, como o foi também para Voegelin, a «experiência religiosa», que regista numa manifestação natural uma presença de sentido ulterior ao fenómeno percepcionado. Algo de sumamente evidente e de verdadeiramente importante dá-se a conhecer num certo momento e numa determinada coisa, e está de tal maneira carregado de significado que faz surgir como irrelevante quer a coisa na qual se manifesta, quer tudo aquilo que a rodeia (págs. 295-298). Da síntese poética das experiências religiosas dos homens antigos nasceram os deuses pagãos e da experiência imediata das forças e dos ritmos do mundo surgiram os mitos (págs. 300-301).

A essência e as forças religiosas presentes no mito podem, todavia, ser vividas como desventura ou como salvação, como caso destrutivo ou como acontecimento propício (págs. 301-306). A experiência da prosperidade condensa-se em figuras específicas que dão salvação, como, por exemplo, Osíris, Apolo, Dionísio, Baldur, às quais se contrapõem os portadores de desventura: a serpente, o dragão, as divindades

---

([44]) R. Guardini, *Il salvatore [nel mito, nella rivelazione e nella politica]* (1935-1946), in *id.*, *Scritti politici*, trad. it. Brescia, Morcelliana, 2005, págs. 293-245. Cf. Esposito, *Categorie dell'impolitico*, Bolonha, Il Mulino, 1988, págs. 27-72; W. Hover, *Schrecken und Heil*, in *Totalitarismus und politische Religionem*, cit., vol. 1, págs. 171-181.

da morte. O portador de salvação é um ser extraordinário que emerge no mundo, inverte o velho ordenamento e dispensa bênçãos; ele afirma o seu poder com uma acção decisiva e salvífica, que lhe custa a vida, mas que é também penhor de uma promessa futura (págs. 307-308).

Também Jesus Cristo pode ser interpretado como um destes salvadores, mas a sua figura, bem vistas as coisas, é radicalmente diferente. O portador de salvação exprime, de facto, em última instância a ideia de que a existência humana é regulada por um ritmo natural e que a vida é um incessante movimento de nascimento e morte. Os salvadores míticos são, por isso, redentores, mas única e exclusivamente no seio do ciclo do tempo; eles garantem que após a morte regressa a vida, esta vida, e por isso agem num tempo primordial (págs. 312-314). Por outro lado, mais do que aos indivíduos, eles dirigem-se aos povos, fundando as nações e prometendo-lhes a prosperidade sob a forma de «reino». Cristo, ao invés, não é um ser sobrenatural no início dos tempos, mas uma figura realmente histórica, que perderia todo o seu significado se fosse projectado na dimensão primordial. Ele, com efeito, não redime *no* tempo, mas *a partir* do tempo. A sua encarnação foi um verdadeiro acontecimento histórico e dirige-se à pessoa metendo-a em relação directa com o absoluto, sem a mediação do povo e do reino (págs. 314-323).

A mensagem de Cristo influenciou de maneira decisiva a cultura europeia transmitindo-lhe dois ensinamentos fundamentais: a experiência religiosa envolve a responsabilidade da alma individual e é um fenómeno histórico. É na base dela que se plasmou a concepção europeia do homem, concepção que, de facto, radica no princípio da liberdade individual e na sua realização na história e no Estado. Mas o Cristianismo, dando ao homem a liberdade que o liberta da subserviência à necessidade natural do mito, também o colocou na condição de se emancipar do Cristianismo enquanto tal. Quem se liberta da liberdade cai, todavia, na escravidão e, por isso, se se destrói o Cristianismo, reafirma-se a antiga tirania das forças primordiais: anulada a figura de Cristo reemerge o mito (págs. 329-332).

Isto foi o que aconteceu com «o salvador dos doze anos» (pág. 332). Contra a Europa cristã o nacional-socialismo tentou explicar a vida humana na sua globalidade em termos económicos e políticos concentrando-a no Estado. Todo e qualquer aspecto, momento, manifestação da existência individual e colectiva deviam ter o seu sentido enquanto parte e expressão do Estado, que por isso se identificava por completo com o povo. Mas enquanto esta equação tivesse sucesso, o homem, que é um ser espiritual, devia ser reinterpretado como corpo individual ligado ao corpo colectivo da raça e do Estado total.

Até aqui pode-se pensar que o nacional-socialismo, na intenção de conquistar o mais amplo domínio sobre a sociedade alemã, tenha forjado meios de persuasão muito eficazes, os quais todavia seriam sempre de natureza instrumental e não prejudicariam a natureza do povo ou da sociedade, aliás, far-lhe-iam violência pois induziriam os homens a obedecer a um conjunto de invenções fantásticas. A falsidade, quer mediante a violência da força ou mediante o engano da mentira, prejudicaria as mentes. Na realidade, aconteceu algo de diferente, algo de mais profundo. O sangue e a raça foram a tal ponto exaltados que ganharam uma função religiosa e assumiram significados mistéricos e numinosos; em simultâneo, tudo o que se opunha a este novo «mito do século xx» foi aniquilado (pág. 336). No lugar do Cristianismo instaurou-se uma religião que substituiu a relação pessoal com Deus pela redenção terrena na raça e que na figura de Adolf Hitler reencontrou o novo portador de salvação (págs. 337-340).

O que é que aconteceu? O motivo mítico do portador de salvação, privado da figura de Cristo, que, realizando-o, o havia subjugado, regressou na sua forma originária, com todo o seu potencial pagão e não redimido. A história, instituída e organizada pelo princípio de responsabilidade do Cristianinsmo, foi dilacerada e das suas profundezas emergiram forças que a civilização já havia conseguido exorcizar, mas não aniquilar. O Cristianismo e a civilização são, portanto, um véu subtil de ordenamento estendido sobre um abismo de forças míticas, uma rede que protege e contém o humano, mas que, por sua vez, é frágil. Em qualquer momento, pode ser rasgada e então emerge o mítico na história, não como retórica, propaganda, imaginação, mas como realidade (págs. 340-341).

2.4. Significado e fim da história. Karl Löwith

A estrutura do tempo pressuposta quer pela teologia política de Carl Schmitt quer pelas reacções críticas de Voegelin e Guardini foi formalizada por Karl Löwith (1897-1973) no pós-Segunda Guerra Mundial, que também, perante as alternativas das épocas, se exprimiu com moderação. Questionando-se no seu estudo intitulado *Significado e Fim da História* (1949) qual teria sido a génese da filosofia da história, ele chegou à conclusão de que a humanidade é capaz de experimentar duas formas fundamentais de temporalidade histórica [45]. A antiguidade clássica e o mundo pagão em geral vivem a história e natureza no seio de um movimento circular e eterno. Como cada acontecimento faz parte de uma história fechada, nesse contexto faz sentido indagar o *logos* que governa as vicissitudes do cosmos, mas é absurdo questionar-se sobre o *sentido* da história, a direcção que ela segue, e é igualmente paradoxal perguntar sobre o seu *fim*, o ponto para o qual tende (págs. 26-27). Com estes pressupostos, portanto, não podia surgir na antiguidade nenhuma «filosofia da história» orientada para o

---

[45] K. Löwith, *Significato e fine della storia* (1949), trad. it. Milão, Comunità, 1963, pág. 44. Cf. H. Lübbe, *La secolarizzazione* (1965), trad. it. Bolonha, Il Mulino, 1970; G. Marramao, *Potere e secolarizzazione*, Roma, Editori Riuniti, 1983; *id.*, *Cielo e terra*, Roma-Bari, Laterza, 1994; R. Rémond, *La secolarizzazione* (1988), trad. it., Roma-Bari, Laterza, 1999.

futuro, e a investigação apenas podia ser mera *historein* virada para o passado para actualizar no presente os acontecimentos fundadores do mito (pág. 29). A filosofia da história pôde, ao invés, desenvolver-se apenas quando a cultura judaico-cristã interpretou a história como projecto de salvação, quebrando a circularidade do tempo, abrindo-o a orientando-o para o futuro. Adquirindo, assim, pela primeira vez, um objectivo, a história alcança também um sentido já que cada momento do tempo pode, agora, ser medido na sua distância relativamente ao fim, mas deste modo a história transformou-se numa vicissitude escatológica, estruturada relativamente ao futuro e a um ponto externo (págs. 28-29).

A filosofia da história cristã foi desenvolvida na sua forma canónica por Agostinho, que substituiu a circularidade mítica pela temporalidade linear da cidade de Deus (págs. 215-231) e que sugeriu ao seu discípulo Orósio que escrevesse a primeira crónica do mundo segundo o princípio escatológico cristão (págs. 233-243). Um passo decisivo foi, seguidamente, dado por Joaquim da Fiore, que transformou o desígnio da providência num fim intramundano quando interpretou o momento final, a realização do Reino de Deus, como uma época, a terceira, da humanidade (pág. 205). As modernas filosofias da história, de Bossuet a Marx, que transformam a sequência temporal num ordenamento de sentido, mais não são que a total secularização deste esquema (págs. 215-216).

Se a filosofia moderna é uma forma mundanizada de história da salvação, então, entre as diferentes épocas da humanidade existe uma continuidade estrutural de tipo teológico, já que a temporalidade, em forma originária ou derivada, pode ser concebida unicamente num modo mítico ou cristão. E, por outro lado, consideradas nesta perspectiva, não podem existir mais do que duas épocas, a cíclica e a escatológica, e por isso, o moderno não é uma idade por si só, mas faz parte de uma idade muito mais longa que começou com o Cristianismo. É preciso, todavia, observar que esta comunidade contém dois elementos paradoxais, Em primeiro lugar, o Cristianismo não sanciona de modo algum o âmbito secular porque o nascimento de Cristo institui um reino alternativo à Terra, de modo que a história perde tanto mais significado quanto mais o cristão se aproxima de Deus (pág. 259). Em segundo lugar, a história moderna é cristã na sua origem, mas anticristã nos seus efeitos, pois a fé na transcendência escava entre o Criador e a criatura um fosso tão profundo que a única posição praticável, quando se duvida de Deus, é o ateísmo radical (págs. 269-270).

3. A política salva pela teologia. Para uma teologia da história

3.1. Teologia política messiânica. Walter Benjamin

Enquanto Strauss, Voegelin, Guardini e Löwith viam num princípio mítico ou religioso, variadamente descrito, o factor principal da degeneração histórica, Walter Benjamin inverteu a perspectiva e propôs a teologia como verdadeira forma de salvação para a época moderna. Já em *Fragmento Teológico--Político*, provavelmente de 1920-1921, Benjamin chegou à conclusão paradoxal de que a relação entre a história e o reino de Deus se pode compreender apenas como clara separação, pois não pode ser estabelecido nenhum nexo de analogia entre o temporal e o eterno [46]. Se a história humana não ocupa a totalidade do ser e se o tempo jaz no não-tempo, a natureza do ser que os envolve não será, por sua vez, histórica nem pode ser concebida mediante as figuras da imaginação temporal,

---

[46] W. Benjamin, *Frammento teologico-politico*, trad. it. in Castrucci, *La forma e la decisione*, cit., nota 29, págs. 305-306. Cf. F. Desideri, *W. Benjamin*, Roma, Editori Riuniti, 1980; J. Roberts, *W. Benjamin* (1982), trad. it. Bolonha, Il Mulino, 1987; R.. Konersman, *Erstarrte Unruhe*, Frankfurt a.M., Fischer, 1991; S. Heil, *Gefährliche Beziehungen*, Estugarda, Metzler, 1996.

como evolução, fim, realização. Mas por outro lado, a história faz parte do eterno, do qual recebe o seu sentido, e portanto será este último, o não-histórico, o ser, Deus, o teológico, aquilo que simultaneamente estabelece o que é que ele é, o que a história é e que relação une um e outra. Na linguagem de Benjamin o eterno chama-se «Messias» e por isso:

> Só o Messias determina o cumprimento de cada devir histórico, no sentido de que só ele liberta, cumpre e produz a relação entre este devir e o messianismo enquanto tal. É por isso que nenhuma realidade histórica pode, em si e por si, querer referir-se ao messianismo. É por isso que o reino de Deus não constitui o *telos* da *dynamis* histórica: ele não pode ser posto como fim. Historicamente não constitui um fim, mas um resultado ([47]).

O nexo entre a dimensão do tempo e a dimensão do eterno deve ser, assim, quer de separação quer de implicação e de modo tal que não seja o tempo a encontrar o eterno, mas o eterno a manifestar-se no tempo. O incomensurável pode, todavia, revelar-se no mundo, no limitado, no mensurável, apenas como ruptura e destruição da medida e da norma, como descontinuidade absoluta. Entre tempo e eterno decorre, portanto, uma relação inversa que se poderia exprimir dizendo que quanto mais um se manifesta mais o outro fica na sombra, se não fosse pelo facto de a continuidade implicada nesta formulação proporcional pertencer às categorias do tempo, enquanto o eterno não está na duração, mas no instante.

Retomada em *Teses de Filosofia da História* esta mesma ideia do nexo entre história e eterno recorda que a temporalidade da época moderna é cega e está «emaranhada» no futuro que a arrasta em frente, como o *Angelus novus* de Paul Klee, que petrifica com o seu olhar o presente num progresso de

---

([47]) Benjamin, *Frammento teologico-politico*, cit., nota 29, pág. 305.

ruínas do passado ([48]). Este é o resultado extremo da secularização que tem à sua frente um horizonte fechado e que, de facto, não pode olhar para lá de si própria, mas está hermeticamente fechada no próprio perímetro e, portanto, apenas pode reproduzir-se a si própria infinitamente, transformando em si aquilo que é outro e em cada diversidade encontrar-se apenas e unicamente a si mesma. A salvação, a «redenção» desta temporalidade fechada não pode, portanto, vir do seu interior, que é totalizador, mas somente do exterior, como acontecimento messiânico, como descontinuidade imprevisível.

3.2. O protesto gnóstico. Jacob Taubes

A posição gnóstica, evocada por Eric Voegelin como responsável pela temporalidade moderna havia sido com efeito reactivada por Jacob Taubes em 1947, na sua *Escatologia Ocidental* ([49]), que, como Benjamin, responde ao teorema da secularização com uma teologia da história. O pró-gnosticismo de Taubes pode ser resumido pela sua afirmação segundo a qual «a possibilidade histórica de uma sociedade livre [surge] hoje em formas que mostram: 1) mais a fractura do que a continuidade; 2) mais a negação do que a afirmação e a reforma; 3) mais a diferença do que o progresso» ([50]). Na concepção gnóstica, sobretudo na de Marcião, há grande júbilo pelo dar-se a conhecer na alma de um Deus absolutamente transcendente e

---

([48]) *Id., Tesi di filosofia della storia* (1940), in *id., Angelus novus*, trad. it. Turim, Einaudi, 1982, 9, pág. 80.

([49]) J. Taubes, *Escatologia occidentale* (1947), trad. it. Milão, Garzanti, 1997; *id., In divergente accordo. Scritti su C. Schmitt* (1987), trad. it. Macerata, Quodlibet, 1996; *id., La teologia politica di san Paolo* (1993), trad. it. Milão, Adelphi, 1997; *id., Messianismo e cultura* (1996), trad. it., Milão, Garzanti, 2001. Cf. E. Stimilli, *J. Taubes*, Brescia, Morcelliana, 2004.

([50]) H. Marcuse, *J. Taubes et al., Moral und Politik in der Überflußgesellschaft*, in H. Marcuse, *Das Ende der Utopie*, Berlim, Maikowski, 1967, pág. 84.

por uma revelação que de modo algum pode ser antecipada. Como Deus e o mundo são radicalmente distintos, só a divindade pode quebrar os limites em que o homem se encontra encerrado e, manifestando-se a ele, dá-lhe a conhecer que a Terra é o lugar do mal e é indigna de qualquer atenção ([51]).

Se *Significado e Fim da História* de Löwith termina com uma ponderada mas decidida crítica da escatologia, Taubes propõe, ao invés, a sua apologia, invertendo o raciocínio genético: se a especificidade histórica moderna remonta à gnose e à escatologia judaico-cristã, então não se deve concluir, como fizeram Löwith e Voegelin, que a modernidade é má, mas sim que a escatologia é boa. O elemento essencial da história é, de facto, a espera de um ponto messiânico final, já que o humano está sempre em suspensão e vagueia, de um modo absolutamente anticlássico, entre princípio e fim, entre criação e redenção ([52]). Para que haja história é, todavia, necessário que sobre a Terra actue um princípio de liberdade pois a natureza e a humanidade natural não conhecem progressão, mas estão mergulhadas na necessidade divina e num tempo circular, sempre igual a si próprio. Da identidade do tempo sagrado só se pode sair por negação, com a queda, e por isso, a única liberdade que o homem pode exercer perante Deus, aliás, a única liberdade concebível, é a do pecado, que é então a verdadeira condição para instituir a história (págs. 25-26). Sendo, todavia, queda e afastamento, o pecado funda a história relativamente a uma perspectiva idealmente ocupada por Deus, que dá ao tempo a sua orientação característica (págs. 23-24). A primeira dimensão do tempo é, por isso, o futuro, Deus, que gera o passado, distinguindo o essencial do supérfluo. O divino, para o qual o humano se dirige, goza obviamente de liberdade absoluta,

---

([51]) B. Aland, *Was ist Gnosis?*, in J. Taubes (org.), *Gnosis und Politik*, Munique, Fink, 1984, págs. 54-65; J. Taubes, *Einleitung, op. cit.*, págs. 9-15.

([52]) *Id.*, *Escatologia occidentale*, cit., pág. 34. Cf. M. Jäger, *J. Taubes und K. Löwith, in Torah-Nomos-Ius*, editado por G. Palmer *et al.*, Berlim, Vorwerk 8, 1999, págs. 123-149.

própria da eternidade. A relação entre o ponto e a linha, entre liberdade absoluta e liberdade relativa pode ser imaginada de três maneiras diferentes que correspondem às três épocas da humanidade: como metafísica teístico-transcendente de Israel, como visão panteístico-imanente da antiguidade e do idealismo e como ideologia ateísta e materialista moderna. O panteísmo funde Deus e mundo e concebe a troca entre real e logicamente possível, enquanto o teísmo transcendente e o ateísmo materialista são formas de filosofia apocalíptica porque se concebem como caminhos da revelação, com a diferença que num caso o *eschaton* se anuncia vindo do alto, e no outro vindo de baixo (págs. 26-27) Em todas as suas formas a história está, por isso, sempre orientado para o apocalipse e a emergência na época moderna de uma orientação escatológica não corresponde a uma perversão, mas a uma intensificação da sua essência. A história é, de facto, o percurso da revelação de Deus e os dois termos são sempre intermutáveis: «A revelação é o sujeito da história, a história é o predicado da revelação» (pág. 27).

4. A alternativa política à teologia. O debate sobre a secularização

4.1. Teologia política e crítica da ideologia. Ernst Topitsch

Às posições filosóficas que ligavam estreitamente teologia e política – quer na forma negativa da degeneração quer na forma positiva do cumprimento –, a crítica da ideologia e a «sociologia da cultura» reagiram reiterando que as duas formas não são integráveis, mas são dois graus diferentes de um mesmo conhecimento racional, os quais, por isso, estão destinados a excluir-se reciprocamente. Já em 1955 num artigo para a revista católica *Wort und Wahrheit* Ernst Topitsch

(1919-2003) definiu a teologia política como uma forma de «cosmologia política» interessada em traçar relações ente os fenómenos da sociedade e as forças do universo, entre os ordenamentos humanos e as regularidades naturais [53]. Neste sentido, ele retomou as teses de Carl Schmitt, invertendo-as, todavia, com um desdobramento interpretativo, pois os conceitos não derivam, na sua opinião, da secularização de categorias teológicas, mas fazem parte de uma «cosmologia política» composta por dois movimentos: primeiro, uma sociedade projecta as suas estruturas cognoscitivas da Terra no Céu, depois, faz descer, novamente, estas categorias, agora revestidas de uma aura sagrada, no espaço político [54]. Por outro lado, este procedimento analógico e duplo não é exclusivo da política, mas é uma característica constitutiva de toda a experiência humana e manifesta-se em todos os âmbitos do conhecimento. Na sua obra maior, *Sobre a Origem e o Fim da Metafísica* (1958), Topitsch aplicou o mesmo método crítico-ideológico à história da humanidade e identificou no saber humano duas épocas antigas, a do mito e a da metafísica, caracterizadas pela generalização de vários modelos: «biomórficos», derivados do mundo natural, «tecnomórficos», resultantes das artes e dos ofícios, e «sociomórficos», ligados à esfera da cidade. Acto e potência, matéria e fim são, por exemplo, categorias derivadas das técnicas antigas, mas também o conceito de lei natural, caro ao pensamento estóico e medieval, nasce de uma projecção em âmbito natural e teológico de uma forma mítica «sócio-cósmica», que reencontra no devir natural a intencionalidade do agir humano (págs. 153-174 e 203-207).

---

[53] E. Topitsch, *Kosmos und Herrschaft. Ursprünge der «politischen Theologie»*, in «Wort und Wahrheit», 10, 1955, págs. 19-30. Cf. J. Aomi, *Ideologiekritik in the 20th Century*, in K. Salamun (org.), *Sozialphilosophie als Aufklärung*, Tubinga, Mohr, 1979, págs. 3-32; Nicoletti, *Trascendenza e potere*, cit., págs. 579-585.

[54] E. Topitsch, *Vom Ursprung und Ende der metaphysik*, Viena, Springer, 1958, págs. 207-208. Cf. *id.*, *Gottwerdung und Revolution* (1970), in *id.*, *Gottwerdung und Revolution*, cit., págs. 16-38.

Só lentamente e à custa de grande esforço a ciência se libertou na Idade Moderna da presença de elementos mitológicos e metafísicos (págs. 221-223), embora este processo de emancipação não tenha envolvido com a mesma intensidade e eficácia todo o saber humano. Enquanto, de facto, as ciências naturais abandonaram por completo os modelos analógicos, tanto a filosofia como a ciência social hesitam em renunciar aos velhos paradigmas [55]. Nelas ainda ressoam concepções neoplatónicas, escatológicas e apocalípticas, e particularmente forte é a influência da tradição gnóstica, ainda que não envolva todos os saberes da emancipação, como erroneamente pretendia Eric Voegelin, mas de um modo iminente o idealismo alemão e as ideologias dele resultantes, como o marxismo, que insistem no carácter finalista da história humana. É, com efeito, possível reconstituir o desenvolvimento das ideias gnósticas – Topitsch, neste caso, apoia-se na *Escatologia Ocidental* de Taubes – durante a idade antiga e a Idade Média até Friedrich Christian Oetinger (1708-1782), o «mago do Sul» que introduziu a cabala luriana e a escatologia de Joaquim da Fiore no *Stift* de Tubinga, onde estudavam os três colegas Hegel, Schelling e Hölderlin [56]. Considerada nesta perspectiva, a construção idealista de Hegel surge como doutrina da salvação de tipo escatológico, cuja base gnóstica actua desde a dialéctica da ideia [57]. No sistema hegeliano as tradições «extático-catárticas», que ligam a salvação da alma à realização do ciclo cósmico e histórico, receberam uma grandiosa estilização e mediante as recuperações de Max Wundt e de Julius Binder deram um contributo decisivo para o nascimento

---

[55] *Id.*, *Mythische Modelle in der Erkenntnislehre* (1965), in *id.*, *Mythos, Philosophie, Politik*, Friburgo, Rombach, 1969, pág. 80. Cf. *id.*, *Vom Mythos zur Philosophie* (1958), *op. cit.*, págs. 24-60; *id.*, *Seelenvorstellungen im Mythos und Metaphysik* (1962), *op. cit.*, págs. 61-78.

[56] *Id.*, *Marxismus und Gnosis*, in *id.*, *Sozialphilosophie zwischen Ideologie und Wissenschaft*, Neuwied, Luchterhand, 1961, págs. 235-253.

[57] Taubes, *Escatologia occidentale*, cit., págs. 59-61.

da cultura mítica do nacional-socialismo ([58]). Mas do mesmo modo também a filosofia da história de Marx, que está directamente ligada a Hegel, deve ser considerada uma «teoria cristã-gnóstica da redenção transferida para a imanência» ([59]), tal como dependentes de esquemas teológico-políticos continuam Carl Schmitt e Jürgen Habermas ([60]).

4.2. A legitimidade do mundo moderno. Hans Blumenberg

Às teses de inferioridade teológica da época contemporânea, que as doutrinas da secularização de Schmitt e de Löwith implicavam, reagiu também Hans Blumenberg (1920-1996), que sobretudo em *A Legitimidade da Idade Moderna* (1966) reivindicou a autonomia histórica do presente ([61]). Contra a reconstrução de Löwith, Blumenberg objecta que entre a figura lógica da escatologia e a do progresso existem diferenças de tal modo relevantes que bloqueiam a transformação de uma na outra. A escatologia requer, de facto, uma intervenção de tipo absoluto, que transcende a história e a dilacera como uma irrupção, enquanto a ideia do progresso extrapola uma certa estrutura do presente e projecta-o no futuro, construindo, assim, um tempo evolutivo, no qual a expectativa do fim actuaria, ao invés, como factor impeditivo. Não se vê, portanto, de que modo é que uma

---

([58]) E. Topitsch, *Die Sozialphilosophie Hegels als Heilslehre und Herrschaftsideologie*, Munique, Piper, 1981, págs. 63-78.

([59]) *Id., Marxismus und Gnosis*, cit., pág. 263.

([60]) *Id., Im Irrgarten der Zeitgeschichte*, Berlim, Duncker und Bumblot, 2003, págs. 44-92 e 93-130; *id., Die Sozialphilosophie Hegels*, cit., págs. 78-79.

([61]) H. Blumenberg, *Die Legitimität der Neuzeit*, Frankfurt a.M., Suhrkamp, 1966. Cf. R. Russo, *Concetto e narrazione*, Bari, Palomar, 1997; J. Goldstein, *Nominalismus und Moderne*, Friburgo, Alber, 1998; A. Borsari (org.), *H. Blumenberg*, Bolinha, Il Mulino, 1999; J.-C. Monod, *La querelle de la sécularisation*, Paris, Vrin, 2002, págs. 241-279.

possa passar para a outra, a não ser que se pense que a desilusão pelo atraso do acontecimento apocalíptico obrigue os homens a centrar-se no seu presente, fazendo, porém, cair a analogia estrutural entre as duas imaginações da história.

Ainda mais importante é a diferença entre a origem das duas concepções. Nas suas formas medievais, a doutrina das «últimas coisas» era, de facto, a resposta à questão do sentido da história, para a qual a razão humana não conseguia encontrar uma solução adequada. A ideia do progresso, quando foi formulada pela primeira vez por Francis Bacon e na querela sobre antigos e modernos, não visava uma solução totalmente abrangente e metafísica, mas apenas explicava o âmbito muito específico das teorias científicas e as épocas do estilo literário. A transferência da ideia do progresso científico e literário para a totalidade da história humana, levado a cabo pelos iluministas e por Kant, pressupõe que o homem se percepcione como único ser responsável pelos próprios processos do seu horizonte de experiência e que, portanto, a obra da providência tenha sido completamente excluída do mundo. Mas não é demonstrado como é que esta passagem pode ser concebida como conservação de uma substância que se alheou da sua verdadeira origem teológica. Por fim, deve-se perguntar se a «história da salvação» é realmente uma ideia religiosa, uma vez que contém uma série de conceitos heterogéneos, tais como «criação», «providência», «justificação», «juízo», «fim», os quais não são necessariamente de origem teológica. À luz destas considerações a teoria da secularização deveria, ao invés, pressupor uma dupla translação: categorias originárias da filosofia foram, de facto, assumidas pela teologia e voltaram para trás como novo paradigma para interpretar a realidade da história moderna (págs. 23-27).

A doutrina da secularização – concluiu Blumenberg – concebe as épocas de um modo substancialista, como manifestações de uma única substância, a teológica, que sofre um processo de decadência, passando do mundo divino e transcendente para o mundo humano e imanente, mas, deste modo, ela não capta a especificidade das épocas históricas e, sobretudo, da Idade Moderna, que se contrapõe à Idade Média, mas também lhe dá continuidade, pois reelabora de um modo autêntico os seus problemas não resolvidos. O «teorema da secularização», pressupondo a transferência dos conteúdos de um século para o outro, acorrenta o presente às imaginações ou estruturações anteriores, enquanto a história mostra, ao invés, que o presente herda do passado não as soluções, mas os problemas por resolver e que, por isso, é chamado a elaborar respostas novas que substituem as obsoletas. A Idade Média havia levado às extremas consequências a estrutura de base do seu pensamento, a ideia da absoluta transcendência de Deus, e com o nominalismo escolástico chegara ao ponto de máximo desenvolvimento, mas também a um limite aporético, que não podia ser ulteriormente elaborado recorrendo às categorias que tinha à sua disposição. Dizer que Deus é potência absoluta significava, de facto, simultaneamente tornar o mundo incognoscível e declarar impossível o mesmo discurso que pronunciava esta afirmação. É neste ponto que nasceu a modernidade, como tentativa de garantir, com a sua temporalidade linear, mas infinita, quer a cognoscibilidade quer a potência do tempo (págs. 145-200).

4.3. A ciência da cultura. Jan Assman

Uma tese semelhante na estrutura de fundo à de Topitsch, embora mais refinada quanto a materiais utilizados e referências filológicas, foi também defendida pelo egiptólogo Jan Assmann, que num único arco argumentativo reuniu os conceitos de «teologia política» e de «secularização», em referência directa à doutrina de Schmitt e às objecções de Blumenberg.

Em *Teologia Política entre Egipto e Israel* (1991), reeditado como capítulo introdutivo de *Poder e Salvação* (2000), um livro dedicado a Jacob Taubes, Assmann formulou a sua tese invertendo explicitamente a posição de Schmitt. «Todos os conceitos fecundos [...] da teologia são conceitos políticos teologizados» ([62]). No pressuposto da secularização, tal como ele havia sido formulado por Carl Schmitt, estava sempre implícita a acusação de uma apropriação indevida, e a transformação sofrida pelas categorias teológicas era considerada um desvio. Se, no entanto, se considera o processo à luz do duplo movimento de teologização-secularização cessa a reserva de fundo contra o mundo moderno, que após um longo périplo retorna ao ponto de partida, como também a espinhosa polémica sobre o sentido da história perde grande parte do seu significado, já que, nesta perspectiva de ciência da cultura, nem o «teológico» nem o «político» podem pretender ser o princípio originário, mas figuram como as duas direcções contrárias de um mesmo movimento (págs. 20-21).

Concebendo-a como «arqueologia da teologia política», a pesquisa pode descrever a relação entre poder e salvação também noutras experiências culturais extra-europeias e, confrontando-se com a história das religiões e a antropologia política, pode ambicionar a identificar «as questões gerais da política das religiões» (págs. 18-20). Nesta base metodológica ela pode classificar todas as formas teológico-políticas em três grandes variantes: a representação política que absorve o ordenamento teológico; a teocracia que pode ser identitária ou representativa; o dualismo entre ordenamento religioso e ordenamento político, como era praticado na Idade Média cristã (págs. 19-20).

Apesar dos resultados arqueológicos, a proposta de Assmann contém um preconceito teórico tornado explícito pelo seu próprio programa. Quando, de facto, defende que os conceitos da teologia derivam de uma «teologização» da política, Assmann pressupõe que esta última é um terreno originário, não ulteriormente dependente de outras categorias. Assim, quer a política

---

([62]) Assmann, *Potere e salvezza*, cit., pág. 20.

quer a teologia teriam nascido de alguma coisa real. Se depois nos questionamos sobre o que é este real originário, obtemos uma resposta clara e inequívoca: o poder. A argumentação de Assmann pressupõe, portanto, que existe um princípio originário, uma essência, uma substância, uma estrutura primeira, nas relações humanas, as quais são sempre e originariamente relações de superordenação e submissão. Mas a ideia de um espaço político originário, dominado por um próprio princípio que é o poder, é a condição da política moderna e tem como seu pressuposto o tempo dessacralizado da secularização moderna. Paradoxalmente, isto significa projectar as estruturas profundas da nossa temporalidade no antigo, no pré-histórico e em tantas culturas extra-europeias, homogeneizando-as aos padrões epistémicos ocidentais. Toda a dinâmica entre teologia e política, qualquer que seja a direcção para a qual se mova a sua relação, resulta num jogo do discurso humano, conduzido no interior da imanência. A teologia é, assim, apenas um dos modos nos quais se exprime a cultura humana e nunca é capaz de activar uma presença real transcendente. Paradoxalmente, o que resta é uma teologia sem Deus, uma «teologia do poder» ou uma «teologia do poder da comunidade».

5. A alternativa teológica à política. Êxodo e reserva escatológica

5.1. *A resposta da teologia luterana. Friedrich Gogarten*

A quarta resposta à doutrina da secularização foi formulada pela teologia, que ao desafio teórico de Carl Schmit reagiu já nos anos trinta de duas maneiras diferentes para preservar a sua alteridade defronte à política. De um lado, a reflexão protestante de Friedrich Gogarten (1887-1967), retornando ao ensinamento dos dois reinos, integrou a política na teologia transformando-a num seu campo de experiência; do outro, a doutrina católica de Erik Peterson (1890-1960) tentou demonstrar que a dogmática cristã torna incompatível a união entre imanência e transcendência.

Com a «teologia liberal» de Adolf von Harnack (1851-1930) e a «teologia dialéctica» de Karl Barth (1886-1968), Friedrich Gogarten pertence, juntamente com Paul Althaus (1888-1966) e Emanuel Hirsch (1888-1972), a uma terceira linha de pensamento evangélico, que se concebeu a si mesma como «teologia política» e que deslocou a atenção do indivíduo para a comunidade, para o povo e para o Estado e, por isso, pôde facilmente aderir à «Igreja Evangélica Alemã», organização unitária promovida pelos «Cristãos Alemães» sob a égide do regime nacional-socialista ([63]). Mas enquanto Hirsch desenvolveu de maneira sistemática a analogia entre reino de Deus e comunidade estatal, chegando ao ponto de atribuir um significado divino às vicissitudes do III *Reich* de Hitler e dissolvendo, assim, a dimensão teológica na dimensão política ([64]), Gogarten tomou consciência de tal perigo e atribuiu ao Estado apenas um significado negativo de contenção do mal humano. Na sua *Ética Política* (1932) ele colocou a virtude na esfera política, porque quando se deve definir o bem do homem nunca é possível identificá-lo com uma propriedade ou uma qualidade do indivíduo, mas sempre como um facto inter-humano e, por isso, intrinsecamente político ([65]). Mas se a condição política

---

([63]) K. Scholder, *Die Kirchen und das Dritte Reich*, Frankfurt a.M., Propylaen, 1977, vol. 1.

([64]) E. Hirsch, *Christliche Freiheit und politische Bindung*, Hamburg, Hanseatische Verlagsanstalt, 1935. Cf. M. Bendiscioli, *Germania religiosa nel Terzo Reich*, Brescia, Morcelliana, 1977²;H.-J. Sonne, *Die politische Theologie der Deutschen Christen*, Gotinga, Vandenhoeck und Ruprecht, 1982.

([65]) F. Gogarten, *Politische Ethik*, Jena, Diederich, 1932, pág. 173. Cf. *id.*, *Wider die Ächtung der Autorität*, Jena, Diederich, 1930; G. Penzo, *F. Gogarten*, Roma, Città Nuova, 1981.

é originária e essencial no homem, então, ela precede qualquer modificação histórica e terá que ser atribuída a todos os círculos vitais que vivem no Estado (págs. 175-176). No seu sentido próprio, a essência política do homem contradiz, todavia, o desenvolvimento das sociedades ocidentais nos últimos séculos, que exaltaram a liberdade do indivíduo como se ela fosse um espaço neutral e subtraído a qualquer influência externa. A liberdade do indivíduo consiste, de facto, em não ser livre, mas de estar numa condição de sujeição, resultante do facto de o homem estar sempre ligado a um conjunto de relações com os outros. Neste sentido, a sujeição é também a condição do verdadeiro agir ético pois o homem «sabe que é uma presa do nada, da culpa e do poder do mal» (pág. 187), de que só Deus o pode libertar instituindo uma nova relação de subordinação, como seu senhor e criador (págs. 191-193).

O Estado não é alheio às vicissitudes teológicas da liberdade e da escravidão porque a inclinação para o mal é uma ameaça radical, que, se não for refreada, conduz a humanidade à destruição. «E assim o Estado é aquele ordenamento com o qual o homem assegura a sua própria existência contra o caos, contra as forças destrutivas, que o ameaçam no mundo e que nascem da sua malvadez» (pág. 195). O Estado, por isso, garante a liberdade aos seus cidadãos, onde naturalmente não se pode entender a liberdade dos filhos de Deus, mas sim o vínculo entre homens submetidos à mesma ameaça do mal.

5.2. A resposta da teologia católica. Erik Peterson

Se a argumentação de Gogarten conduzia ao reconhecimento da necessidade teológica do Estado, ainda que meramente na forma de custódia exterior, Erik Peterson insistiu, ao invés, na radical incompatibilidade entre Cristianismo e política e fez valer a reserva escatológica que viria depois a ser central no debate de finais do século XX. O seu tratado *O Monoteísmo como*

Problema Político foi publicado em 1935 ([66]) como resposta polémica contra os círculos católicos da «teologia do reino» que, secularizando a expectativa do Reino de Deus, esperavam a refundação de um império sagrado ([67]). Também este texto, que termina com uma nota polémica contra a doutrina de Carl Schmitt (págs. 103-104, nota 168)([68]), foi outro momento importante de autoconsciência da teologia política e esclareceu a possibilidade e a necessidade dos três paradigmas tardo-antigos. A versão específica do monoteísmo cristão, que no dogma da trindade contém quer a vontade do Pai, quer a intervenção pessoal do Filho, quer a mediação histórica do Espírito, torna, de facto, impossível a derivação do ordenamento terreno de uma única fonte e pressupõe para a sua eficácia o concurso de mais princípios, que por necessidade se limitam uns aos outros.

O ensaio de Peterson, apesar da enunciação final, não é um estudo sobre a teologia política no seu conjunto, mas concentra-se numa sua aplicação específica, na teocracia divina, ou seja, na monarquia humana derivada da omnipotência divina. O texto examina o nexo entre o monoteísmo religioso e a monarquia universal romana, concluindo que a identificação dos dois fenómenos é incompatível com o dogma trinitário. A tese de Schmitt, segundo a qual as estruturas teológicas ter-se-iam secularizado em conceitos políticos, não é, assim, realmente

---

([66]) E. Peterson, *Il monoteísmo come problema politico* (1935), Brescia, Queriniana, 1983; *id.*, *Offenbarung des Johannes und politischtheologische Texte*, Würzburg, Echter, 2004, págs. 223-267. Cf. A. Schindler (org.), *Monotheismus als politisches Problem?*, Gütersloh, Mohn, 1978; H. Maier, *E. Peterson und das Problem der politischen Theologie* (1991), in *Nachdenken über das Christentum*, Munique, Wewel, 1992, págs. 189-204.

([67]) B. Nichtweiß, *Zur Einführunf*, in E. Peterson, *Theologische Traktate*, Würzburg, Echt, 1994, págs. XIX-XX; G. Ruggieri, *Resistenza e dogma*, in Peterson, *Il monoteísmo come problema politico*, cit., págs. 5-26; Nicoletti, *Il problema della «teologia politica»*, cit., págs. 33-41.

([68]) A. Schindler e F. Scholz, *Die Theologie C. Schmitts*, in *Der Fürst dieser Welt*, cit., págs. 153-173; F. Scholz, *Die Theologie C. Schmitts*, in *Monotheismus als politisches Problem?*, cit., págs. 149-169.

refutada. Quando muito a argumentação de Peterson demonstra precisamente que a estrutura teológica do monoteísmo puro sanciona a monarquia imperial, enquanto a estrutura teológica do monoteísmo trinitário requer outras formas políticas.

O primeiro testemunho em torno da monarquia de Deus sobre o mundo pode ser encontrado na *Metafísica* de Aristóteles (384-322) onde se argumenta para demonstrar que o bem do mundo requer o governo de um único princípio (XII, 10, 1076ª 4). O tratado pseudo-aristotélico *De Mundo* representa, depois, a acção de Deus como governo de um ser invisível, mas pessoal, segundo o modelo do imperador persa [69]. Fílon de Alexandria utilizou, de seguida, o termo «monarquia» para indicar o governo do povo de Israel e para o diferenciar no contexto egípcio da monarquia de Ísis [70]. «*Um só* povo e *um só* Deus, é este o mote Judeu» (pág. 35). A temática da «monarquia divina» foi, de seguida, retomada pelos apologistas cristãos do século II, Justino Mártir (?-165), Taciano (120?--173) e Teófilo de Antioquia (120?-185?), em directa conexão com a tradição hebraica, com a qual partilhavam o mesmo terreno doutrinário e um mesmo fim [71], o de justificar a superioridade do povo de Deus, reunido na igreja de Cristo, em relação às superstições politeístas dos gentios (págs. 41-42). Enquanto Tertuliano (160-220?) relaciona o problema da monarquia divina do Pai e do Filho com a estrutura do duplo

---

[69] Pseudo-Aristóteles, *De mundo*, edição de D.J. Furley, Cambridge, Mass., Harvard University Press, 1955, 6, 397^b 9-401^b 30, págs. 397-405.

[70] Fílon de Alexandria, *De specialibus legibus*, in *id.*, *Philo in Ten Volumes*, edição de F.H. Colson, Cambridge, Mass., Harvard University Press, 1984, I, 2, 12, pág. 106.

[71] Justino Mártir, *Dialogus cum Tryphone*, Berlim, De Gruyter, 1997, 1, 3, pág. 70; Taciano, *Oratio ad Grecos*, Berlim, De Gruyter, 14, pág. 31 e 29, pág. 55; Teófilo de Antioquia, *Ad Autolycum*, Berlim, De Gruyter, 1995, II, 4, 5, pág. 42; II, 8, 6, pág. 51; II, 28, 3, pág. 78. Cf. também Pseudo-Justino Mártir, *De monarchia*, in *id.*, *Cohortatio ad Graecos. De Monarchia. Oratio ad Graecos*, Berlim, De Gruyter, 1990, págs. 77-100; Eusébio de Cesareia, *Storia ecclesiastica*, cit., IV, 18, 4, pág. 247.

principado vigente no império romano ([72]), a aproximação do monoteísmo cristão à realidade política imperial prosseguiu com Orígenes, o qual, para responder à acusação de Celso, recordou que a fé num só Deus não implica a revolta contra o poder do imperador porque o Cristianismo está destinado a eliminar as diferenças entre as nações. O próprio Deus fez coincidir o nascimento de Cristo com a submissão de todos os povos ao domínio de Roma, iniciando, assim, o processo de reunião do género humano destinado a cumprir-se com o juízo universal ([73]). Por fim, Eusébio de Cesareia levou a cabo a identificação entre monarquia celeste e monarquia terrena, contrapondo o velho mundo das cidades, do politeísmo e da guerra ao novo mundo do império de Constantino, do monoteísmo cristão e da paz romana espalhada por toda a Terra. O percurso teológico iniciado com Aristóteles e o percurso político começado por Agostinho uniram-se, deste modo, numa teologia política do monoteísmo cristão e imperial que o único monarca na terra fazia corresponder a um só Deus no céu (pág. 61).

«Monoteísmo», neste sentido, mais do que uma fé religiosa é um conceito político, ou seja, o princípio teológico-político por excelência, que, por isso, nada tem de teológico (pág. 69). Era inevitável, assim, que entrasse em conflito com a teologia, em particular com o dogma da trindade, como também era inelutável o facto de a doutrina ortodoxa constituir uma ameaça para a teologia politica do império romano e estivesse destinada a minar-lhe as bases. Assim, Gregório Nazianzeno explica que existem três opiniões acerca de Deus: a anarquia, a poliarquia e a monarquia. As primeiras duas conduzem à desordem e violência típicas do mundo pagão. Os cristãos professam,

---

([72]) Q.S.F. Tertuliano, *Liber adversus Praxeam*, in *Patrologia Latina*, cit., vol. 2, III, colunas 157-159.

([73]) Orígenes, *Contro Celso*, edição de A. Colonna, Turim, Utet, 1971, II, 30, págs. 164-165 e II, 79, págs. 215-216.

ao invés, a senhoria de Deus. Mas não o império de uma única pessoa divina – pois tal credo, por sua vez, produz a divisão entre os homens –, mas a monarquia do Deus uno e trino, um conceito que não tem nenhuma correspondência no homem-criatura e que nasce de «uma igual dignidade de natureza, do acordo de opinião, da identidade do movimento, da convergência num único ponto daquilo que dela provém» ([74]). «Com estas elucidações, o monoteísmo como problema político está teologicamente terminado» (pág. 58).

5.3. Teologia política II *e a réplica de Hans Blumenberg*

Às críticas que lhe foram dirigidas por Erik Peterson em 1934 e às objecções implicadas em a «Legitimidade da Idade Moderna» de Hans Blumenberg, Carl Schmitt respondeu em 1970, com a *Teologia política II*, onde fez uma série de observações filológicas e precisou a sua definição com uma nova argumentação. Sobre as questões de método histórico, Schmitt avançou três objecções contra Peterson ([75]). Em primeiro lugar, a análise do teólogo teria considerado apenas um exemplo de teologia política, o de Eusébio de Cesareia, aplicando ao Cristianismo na sua totalidade as conclusões válidas apenas para aquele caso único ([76]). Em segundo lugar, os argumentos de Peterson que descrevem Eusébio como um escritor de corte pertencem mais à avaliação moral do que à refutação científica (págs. 67-68). Em terceiro lugar, Peterson analisa somente a relação entre o único Deus e o único rei e, deste modo, só demonstra, eventualmente, que o monoteísmo

---

[74] Gregório Nazianzeno, *Tutte le orazioni*, edição de C. Moreschini, Milão, Bompiani, 2000, 29, 2, pág. 695.

[75] Schindler e Scholz, *Die Theologie C. Schmitts*, cit., págs. 155-157.

[76] C. Schmitt, *Teologia politica II* (1970), trad. it. Milão, Giuffrè, 1992, págs. 55-56.

cristão não se traduz na monarquia imperial, enquanto que a transferência é sempre possível para outras categorias (pág. 47). A crítica de Peterson pressupõe também uma rígida separação entre o campo da religião e o campo da política, coisa que torna impossível a intervenção, mesmo crítica, de um campo sobre o outro. «Se o Teológico e o Político são dois âmbitos separados – *toto coelo* diferentes –, então, uma questão *política* só pode ser liquidada *politicamente*» (pág. 86). O contínuo ressurgimento do conflito de competências mostra, ao invés, que a teologia política não deve ser entendida como separação originária e sucessiva reunificação dos dois campos, com transferência de materiais de um campo para o outro, mas como um único campo bipolar, que se realiza em simultâneo dos dois lados, um teológico e outro político. É, de facto, próprio do Cristianismo, que é a religião da Encarnação, unir o homem e Deus, o tempo e o eterno, de forma distinta, mas não separada, de modo que cada questão levantada ao século interroga sempre o espírito. As duas dimensões estão, pois, interligadas de um modo opaco para a percepção humana, que permanece ofuscada na condição criatural das «coisas mistas» e que a cada momento deve estabelecer o que é que pertence ao divino e o que pertence ao humano, o que é de Deus e o que é de César, com uma decisão que é simultaneamente teológica e política e que institui os limites entre os dois âmbitos (pág. 88).

No posfácio Schmitt enfrentou também o problema da legitimidade da Idade Moderna levantado por Blumenberg e também aqui apresentou uma argumentação filológica e outra filosófica. No plano do método, referindo-se ao seu tratado *Legalidade e Legitimidade* de 1932, recordou que quando se tenta expulsar a teologia do mundo, instituindo a razão humana como procedimento puro e vazio, não se pode falar de legitimidade, mas apenas de legalidade, isto é, de um valor de verdade resultante da conformidade à norma ou ao método. «Legitimidade» indica, ao invés, um elemento que precede ou transcende a coerência formal e que, em última instância, remete para a consistência global ou seja, para o princípio teológico do mundo (págs. 91-92). Um sistema concebido em termos de pura racionalidade processual fecha-se sobre si mesmo resolvendo a sua legitimidade em termos de legalidade, mas fica em suspenso, sem início nem fim, e torna a legitimação ainda mais urgente (págs. 93-94). Para obter esta justificação e levar a cabo a verdadeira liquidação da teologia política – e nesta observação reside o núcleo da réplica de Schmitt a Blumenberg – seria necessário pensar numa história perfeitamente livre, na qual o processo é fundamento de si próprio e a vontade se refere apenas a si mesma, mas tal seria a perfeita «criação do nada como condição de possibilidade da autocriação de uma mundanidade sempre nova» (pág. 102): seria o niilismo perfeito.

O último ponto da controvérsia sobre a secularização foi a resposta de Hans Blumenberg a Carl Schmitt, inserida na segunda edição, revista e aumentada, de *Legitimidade da Idade Moderna* (1974)[77]. Polemizando directamente quer com a primeira quer com a segunda *Teologia Política* e contra a pretensão de ter desmascarado a ilusão do monoteísmo de Peterson, Blumenberg formula dois argumentos. Por um lado, é difícil estabelecer que os conceitos políticos descendem directamente das categorias teológicas, que, quando são transferidas para esferas estranhas, alcançam efeitos opostos aos desejados. Assim, o absolutismo teológico, uma vez aplicado ao absolutismo político, gera uma pluralidade de entidades políticas incompatíveis e destinadas a destruírem-se reciprocamente. Na realidade, a radicalização do sectarismo religioso foi resolvida projectando o potencial conflito no exterior e criando um sujeito estatal absoluto no interior. Mas esta passagem não foi linear, pois a religião não renunciou

---

[77] H. Blumenberg, *La legittimità dell'età moderna* (1966 e 1974), trad. it. da 2ª ed., Génova, Marietti, 1992, págs. 95-107. Cf. W. Hübener, *C. Schmitt und H. Blumenberg oder über die Kette und den Schuß in der historischen Textur der Moderne*, in *Der Fürst dieser Welt*, cit., págs. 57--76; R. Faber, *Von der «Erledigung jeder politischen Theologie» zur Konstitution politischer polytheologie, op. cit.*, págs. 85-99.

espontaneamente à sua pretensão absoluta, mas foi obrigada a ceder as suas áreas privilegiadas para prevenir o conflito de posições igualmente intransigentes no seio de um mesmo Estado. Neste processo pode-se ver certamente uma formação analógica em que o Estado imita o Deus cristão, mas disso não se pode deduzir, porém, uma conclusão genética. «As analogias não são, no entanto, transformações» e não implicam que um dos dois termos emigre para o outro (pág. 98). Aquilo que Schmitt caracteriza como processo único e relativo a determinada época deve ter sido, por isso, um fenómeno complexo, uma metáfora composta por meios linguísticos diferentes para lidar com situações polimórficas (pág. 99); e insistir na doutrina da «teologia política» significa apenas repropor uma «teologia como política», uma ideia da política que a furta à razão para a entregar às profundezas da dimensão histórica e, em última instância, ao mito da origem (pág. 103).

6. O debate actual

6.1. A «nova teologia política»

Na segunda metade do século XX, entre os fenómenos mais relevantes no debate entre religião e Estado deve referir-se a difusão da «nova teologia política», uma orientação católica e evangélica, que formulou conclusões radicais não apenas no debate filosófico-político sobre a secularização, mas também na reflexão teológico-dogmática sobre a natureza escatológica da mensagem evangélica. Que a pregação de Cristo fosse anúncio de um reino futuro, incompatível com este mundo, havia sido reconhecido já em finais do século XIX por Johannes Weiß (1863-1914) e por Albert Schweizer (1875--1965) e fora assumido como princípio fundamental da teologia dialéctica; mas tanto Karl Barth (1886-1968) como Rudolf Bultmann (1884-1976) haviam transformado a escatologia num transcendental da experiência religiosa cristã – o crente decide-se pela fé como se cada momento fosse o último –, aligeirando, assim, o carácter histórico, a real emergência, do fim dos tempos [78]. Só nos anos sessenta é que a teologia, referindo-se também a Erik Peterson e à sua reserva escatológica, pôs no centro da sua reflexão o tempo do fim como princípio da temporalidade cristã e daí tirou as conclusões sistematicamente necessárias, ou seja, que a fé cristã se centra na categoria da espera ou da esperança e que a comunidade dos fiéis vive na dimensão do êxodo.

Neste sentido, pela sua referência constitutiva ao fim dos tempos, a «nova teologia política» é a resposta cristã quer à escatologia materialista quer ao teorema da secularização. De um ponto de vista genealógico, Jürgen Moltmann (1926-) nunca escondeu que a sua «teologia da esperança» mantém um diálogo intenso com a «filosofia (ou teologia) da utopia» de Ernst Bloch (1885-1977), um pensador ligado à cultura da escatologia do último Hermann Cohen [79] (1842-1918), de Franz Rosenzweig (1886-1929), Walter Benjamim e Jacob Taubes [80]. Mas a conexão entre a «nova» e a «velha» teologia política é, sobretudo, sistemática pois a referência ao fim continua a ser a única possibilidade praticável para salvar a teologia da implicação recíproca entre religião e política postulada pelo teorema da secularização. A atenção para com o mundo social e a emancipação dos oprimidos não é, portanto, um princípio ou uma necessidade, mas a conclusão necessária de um desenvolvimento dogmático.

---

[78] J. Moltmann, *Theologie der Hoffnung* (1964), Munique, Kaiser, 1985, págs. 31-35.

[79] H. Cohen, *Religione della ragione dalle fonti dell'ebraismo* (1919), trad. it. Milão, San Paolo, 1994. Cf. F.G. Friedmann, *Da Cohen a Benjamin* (1981), Florença, Giuntina, 1995; G.P. Cammarota, *L'idealismo messiânico di H. Cohen*, Nápoles, Esi, 2002.

[80] J. Moltmann, *In dialogo con E. Bloch* (1976), trad. it. Brescia, Queriniana, 1979. Cf. M. Matic, *J. Moltmann Theologie in Auseinandersetzung mit E. Bloch*, Frankfurt a.M., Lang, 1983.

Para preservar a própria identidade, a teologia deve renunciar à política, ou seja, ao mundo. Se, de facto, a temporalidade moderna destrói o anúncio cristão transformando a fé em idolatria, o absolutismo de Deus na omnipotência do Estado, a única via para conservar a mensagem de Cristo é expor nos termos de uma alternativa radical a ruptura da política e da história. Paradoxalmente, a «política» na «nova teologia política» é de segundo grau pois não é uma categoria fundamental da acção, mas uma consequência do imperativo escatológico. Não se faz política porque a sociedade do homem tenha um valor enquanto tal, mas sim para recordar que o mundo no seu conjunto é irrelevante.

No contexto católico o termo «teologia política» é utilizado pela primeira vez por Johann Baptist Metz (1928-) em 1965, no ensaio *Responsabilidade da Esperança*. Metz desenvolveu, depois, as suas teses no tratado *Sobre a Teologia do Mundo* (1968) e numa série de ensaios, num arco de trinta anos, recolhidos no volume *Sobre o Conceito da Nova Teologia Política* ([81]). No artigo «Teologia Política», elaborado para a *Enciclopédia Teológica «Sacramentum mundi»* (1969), dirigida por Karl Rahner e patrocinada por Joseph Ratzinger([82]), Metz distingue dois significados gerais do termo, um histórico e outro sistemático. O primeiro, fortemente conotado em sentido tradicionalista, restaurador e integralista, abrange todos os usos desta expressão desde a antiguidade até aos nossos dias, desde a *Stoa* de Varrão até Carl Schmitt. Diferenciando-se profundamente do significo histórico, o significado sistemático indica, ao invés,

---

([81]) J.B. Metz, *Sulla teologia del mondo* (1968), trad. it. Brescia, Queriniana, 1971², págs. 77-95 e 105-135; *id.*, *Sul concetto della nuova teologia politica*, 1967-1997 (1997), trad. it. Brescia, Queriniana, 1998. Cf. M. Xhaufflaire, *Introduzione alla «Teologia politica» di J.B. Metz*, Brescia, Queriniana, 1974; Nicoletti, *Trascendenza e potere*, cit., págs. 588-596; *id.*, *Il problema della «teologia politica»*, cit., págs. 51-56.

([82]) J.B. Metz, *Voce enciclopedica «Teologia politica»* (1969), in *id.*, *Sul concetto della nuova teologia politica*, cit., págs. 28-34.

uma descontinuidade radical. A «nova teologia política» pretende, de facto, ser um correctivo perante todas estas tendências, de tipo transcendental, existencialista ou personalista, que, para reagir à crítica da razão iluminista, transformaram a religião numa prática privada. A este desafio o cristão não pode responder referindo-se ingenuamente a uma identidade imediata e originária entre religião e comunidade, mas deve dar um passo em frente, fazer «uma nova e segunda reflexão» e enfrentar directamente o nexo entre fé e mundo. A sua tentativa será, assim, a de libertar a mensagem da revelação daquela redundante linguagem do privado em que se encontra, agora, encerrada e de formular a promessa escatológica sem perder de vista as condições da nossa sociedade, que é o espaço essencial para a busca da verdade e para a pregação cristã, um espaço fundamentalmente comunicativo (págs. 28-29). Neste sentido, a «teologia política» não pode ser considerada uma disciplina especial da teologia geral, ou seja, uma aplicação em campo social de princípios superiores, mas, sim, pretende ser «um aspecto fundamental na construção da consciência teológica crítica em geral» (pág. 29), pela qual cada manifestação da teoria é imediatamente uma forma de prática.

Neste confronto o carácter fundamental da fé é a promessa escatológica, que olha para o Reino de Deus como para a plenitude que virá interromper o tempo da terra. O futuro, e não o presente ou o passado, é por isso, o critério da verdade, quer da fé quer da política, e é sobre a promessa do reino que há-de vir que se devem avaliar todas as sociedades humanas. Perante a radicalidade da espera a mensagem cristã não pode obviamente identificar-se com nenhuma instituição humana nem pode ser envolvida num programa ideológico ou na actividade de um partido. A promessa é, de facto, sempre ulterior e a sua tarefa é a tarefa negativa de uma «consciência crítica» que mete a totalidade da história perante a «reserva escatológica». Nessa obra, negativa e vazia relativamente ao presente, mas positiva e totalmente plena de expectativa pelo futuro de Cristo, a teologia política introduz nos processos racionais das sociedades modernas um elemento utópico, que permanece sempre indefinido, mas que no entanto orienta o agir social na direcção de um fim. O conteúdo desta praxis teológico-utópico-crítica é composto pelas verdades teológicas: a fé, como recordação que reactualiza a promessa de Cristo; a esperança, que nega todo e qualquer totalitarismo histórico-social e afirma a inteireza da história como dimensão submetida à suspensão escatológica; a caridade, como firmeza no amor incondicionado à liberdade e à justiça. Lugar e instituição autênticos desta praxis social é a igreja (pág. 34).

Ainda que Metz não concebesse a sua proposta como programa de emancipação social ao serviço de um alinhamento político ([83]), esta foi, todavia, a principal crítica que lhe foi feita no campo católico, entre outros por Hans Maier e por Ernst--Wolfgang Böckenförde. A teologia política – objectou-se –, ao propor-se como consciência da sociedade, aceita, de facto, como relevantes apenas aquelas posições que condenam as estruturas sociais existentes e, portanto, pede à igreja que se mobilize pelas ideias de emancipação, do mesmo modo que o pensamento contra--revolucionário havia pedido a restauração e a condenação do exame racional. Deste modo, paradoxalmente, enquanto se defende a diferença absoluta entre o Reino de Deus e o mundo, perde-se por completo a diferença entre a igreja e a sociedade, a qual faz com que a mensagem evangélica se possa realizar em circunstâncias e modos assaz diferentes ([84]).

Depois de ter reiterado a óbvia incompatibilidade entre igreja, ideologias e partidos, Metz respondeu a estes aspectos

---

([83]) *Id., Che cosa si propone la «Teologia politica»?* (1970), *op. cit.*, págs. 69--70. Cf. também *id., Voce enciclopedica «teologia politica»*, cit., págs. 31-33.

([84]) H. Maier, *«Teologia politica»?*, in H. Peukert (org.), *Dibattito sulla «teologia politica»* (1969), trad. it Brescia, Queriniana (1971), págs. 28-60; E.-W. Böckenförde, *Politisches Mandat der Kirche?* (1969), in *id., Kirche und Christlicher Glaube in den Herausforderungen der Zeit*, Münster, Lit, 2004, págs. 251-265; R. Spaemann, *Theologie, Prophetie, Politik, in «Wort und Wahrheit»*, 24, 1969, págs. 483-495.

recordando que a teologia política é uma categoria teológica e não política e que o seu conceito fundamental é o da memória do sacrifício de Cristo. A paixão do Filho, de facto, libertou o homem do pecado, suspendeu a história terrena e, na expectativa do advento do reino de Deus, confiou o mundo ao homem. Semelhante tarefa não pode, todavia, ser entendida como direito absoluto de disposição, mas como responsabilidade do homem para com a criação, certamente provisória, mas não menos essencial. Como a recordação de Cristo se dá como comunicação no espaço público, a responsabilidade cabe em primeiro lugar à Igreja, que exerce a sua função como memória constante da liberdade, impossível nesta Terra, mas certa no reino de Deus [85].

No campo evangélico, o representante mais significativo da teologia política é Jürgen Moltmann, que formulou as suas teses em *Uma Nova Teologia Política* (1970), livro que, quase um programa interconfessional, contém também ensaios de Johann Baptist Metz e de Willi Oelmüller [86].

Também Moltmann parte da constatação que a separação entre religiosidade pessoal e política pública é obsoleta. Recordando a argumentação de Carl Schmitt de 1934, segundo a qual até quem «apresenta Deus como realidade completamente diferente» da política faz uma escolha política [87], Moltmann observa que cada afirmação teológica acontece num espaço público e, quer se queira ou não, tem consequências políticas. Uma teologia que nos dias de hoje queira ser responsável deve, por isso,

---

[85] Metz, *Che cosa si propone la «teologia politica»?*, cit., págs. 72-74; J.B. Metz, *Befreiendes Gedächtnis Jesu Christi*, Mainz, Grünewald, 1970.

[86] J. Moltmann, *Critica teologica della religione politica*, in B. Metz, J. Moltmann e W. Oelmüller, *Una nuova teologia politica*, trad. it., Assisi, Cittadella, 1971, págs. 9-61; *id.*, *Politische Theologie – Politische Ethik*, Munique, Kaiser, 1984, págs. 152-165. Cf. R. Gibellini, *La teologia politica di J. Moltmann*, Brescia, Queriniana, 1975; I. Karlic, *Il Gesù della storia nella teologia di J. Moltmann*, Roma, Herder, 1996.

[87] Schmitt, *Teologia politica*, cit., págs. 29-30.

considerar criticamente as implicações individuais e colectivas dos termos, das imagens e dos símbolos que utiliza (págs. 15--16). Considerando a situação deste ponto de vista, pode-se facilmente compreender que as sociedades humanas do passado e do presente foram e são, na realidade, dominadas pelas «religiões políticas», que agem principalmente como instrumento de integração social para homogeneizar a população e glorificar a identidade da nação, projectando a sua origem no mito. Não só o culto natural de Agostinho obedecia a esta tarefa, como também todas as religiões civis modernas, a começar pela dos Estados Unidos da América, são exemplos de uma mesma religião política «pós-eclesial» (págs. 30-38)[88]. A cruz, todavia, implica uma separação radical, que liberta o cristão da subjugação ao mundo, da necessidade de encontrar confirmações e de construir ídolos humanos para superar a angústia na soberba. Para o cristão, as religiões políticas são apenas crendice, superstição, idolatria, fetichismo, culto da personalidade e, por isso, a igreja de Cristo, o verdadeiro povo de Deus, não pode confundir-se nunca com as nações do mundo. Ao mesmo tempo, a libertação da idolatria – termo com que, de um modo geral, se deve entender o culto do mundo, antigo e moderno – abre os homens do povo de Deus a uma comunidade universal com todos os «outros». Mas no contexto do exemplo de sofrimento da cruz, os «outros» em sentido eminente são, em primeiro lugar, as vítimas da soberba e do medo de que se alimenta o fetichismo das religiões políticas. Os «outros» são, sobretudo, os frágeis e os pobres nos Estados ricos e fortes. A liberdade da fé cristã, conquistada e oferecida pela cruz, transforma, portanto, a auto-afirmação ímpia de um povo na solidariedade com as suas vítimas e numa prática que as representa todas. Só aproximando-se aos «outros» é que a igreja toma concretamente consciência da carga política implícita na

---

[88] Cf. J. Moltmann, *Die Politik der Nachfolge Christi gegen christliche Millenniumspolitik*, in E. Schillebeeckx (org.), *Mystik und Polityk*, Mainz, Grünewald, 1988, págs. 19-31.

sua linguagem e se liberta da coacção de fornecer confirmações mundanas, típico não da verdadeira religião, mas da idolatria. Só a insistência na cruz, que é a antecipação escatológica do futuro, pode salvar a igreja do perigo sempre iminente de uma barbárie mundana (págs. 54-59) ([89]). A cruz recorda, com efeito, que o cristão se dedica ao homem e ao mundo apenas e sempre provisoriamente, na expectativa do regresso de Cristo e que a sua condição nesta terra não é a da pátria, mas a do êxodo (págs. 59-61) ([90]).

6.2. *A teologia política nos dias de hoje. Emancipação e escatologia*

As discussões dos anos 60 e 70 do século passado não esgotaram o debate sobre a teologia política que representa, ainda hoje, uma orientação muito produtiva tanto do lado católico como do lado protestante, sobretudo, no âmbito da «Teologia fundamental» ([91]). Como vimos a propósito de Johann Baptist Metz e de Jürgen Moltmann, o aspecto característico da «nova teologia política», nascida do confronto com a «teologia política clássica» e com o processo de secularização, consiste na presença em simultâneo de escatologia e de liberdade. Mesmo todas as formas sucessivas de teologia política assumem este esquema, variando a composição dos dois princípios, e deixam-se subdividir em dois grandes grupos: as que insistem no tema da emancipação exigida pela fé e as que metem em primeiro plano a dimensão escatológica da existência cristã. Por mais que possam divergir nas respectivas conclusões, as duas versões

---

([89]) *Id., Politische Theologie – Politische Ethik*, cit., pág. 156.

([90]) *Id., Theologie der Hoffnung*, cit., págs. 280-312; *id., L'avvento di Dio* (1995), trad. it. Brescia, Queriniana, 1998; *id., Nella fine, l'inizio* (2003), trad. it., Brescia, Queriniana, 2004.

([91]) K. Stock, *Theologie III. Enzyklopädisch*, in *Theologische Realentzyklopädie*, cit., 2002, vol. 33, págs. 327-328.

estão reciprocamente implicadas e representam as duas faces da mesma estrutura teorética.

Como formas de teologia política são, em primeiro lugar, todas as formas de «teologia da emancipação», que, por sua vez, se diferenciam no tema central portador de liberdade cristã e se apresentam como teologia da libertação, teologia da revolução, teologia negra, teologia feminista, teologia da paz [92]. A primeira destas formas, a teologia da libertação, é um movimento teórico e eclesial surgido na América Latina, cujo início remonta à difusão dos movimentos de base nos Anos 50, aos impulsos sociais e políticos acolhidos pelo Concílio Vaticano II e à concomitante formação da consciência do e sobre o «Terceiro Mundo» [93]. Na sua origem foi desenvolvida em círculos de teólogos e ministros, tanto católicos como protestantes, como, por exemplo, de um lado, Gustavo Gutiérez, Juan L. Segundo, Segundo Galilea, Lúcio Gera, Hugo Assmann, Enrique D. Dussel, Leonardo Boff, e, do outro, Emílio Castro, Júlio de Santa Ana, José Míguez Bonino e, nos Estados Unidos, Richard Shaull. Como ano oficial de fundação considera-se 1971, quando Gutiérez publicou a sua *Teologia da Libertação* [94]. Na sua forma própria, este movimento eclesial atingiu a máxima difusão nos anos 70, consolidou-se nos anos 80 e a partir de 1985, também na sequência da tomada de posição oficial da Sacra Congregação para a Doutrina da Fé, presidida por Jose-

---

[92] T. Rendtorff & H.E. Tödt (orgs.), *Theologie der Revolution*, Frankfurt a.M., Suhrkamp, 1968; G. Vaccari, *Teologia della rivoluzione*, Milão, Feltrinelli, 1969; B. Häring, *Gottesgerenchtigkeit und Lebensgerechtigkeit*, in «Mysterium salutis», edição de J. Feiner & M. Löhrer, Zurique, Benziger, 1976, págs. 278-284.

[93] R. Gibellini (Ed.), *La nuova frontiera della teologia in America Latina*, Brescia, Queriniana, 1975; Id., *Il dibattito sulla teologia della liberazione*, Brescia, Queriniana, 1986; L. Ceci, *La teologia della liberazione in America Latina*, Milão, Angeli, 1999.

[94] G. Gutiérez, *Teologia della liberazione* (1971), trad. it., Brescia, Queriniana, 1972.

ph Ratzinger([95]), foi submetido a uma série de revisões que o alargaram também a outros temas de opressão e a outras formulações da emancipação.

De um ponto de vista sistemático, a teologia da libertação aproxima quase até ao ponto de os fazer coincidir os conceitos de redenção e emancipação. A sua referência fundamental é a doutrina da *communicatio idiomatum* fixada pelo concílio de Calcedónia (451) e exposta sistematicamente por João Damasceno (676-749)([96]), segundo a qual, na figura de Cristo, o homem Jesus de Nazaré e a segunda pessoa da Trindade comunicaram reciprocamente as propriedades um do outro (1Cor 2,8; Mc 2, 10)([97]). Por isso, em Cristo nem uma das duas naturezas absorveu a outra nem ficaram completamente separadas na sua diferença, mas estão reciprocamente compenetradas. Para a redenção isto significa que o homem e Deus, a natureza e o espírito, são duas perspectivas diferentes da mesma realidade unitária, que devem estar distintas, mas não separadas nem confundidas. Acolhendo este ponto de partida cristológico, a prática do crente não pode rejeitar o mundo para se isolar na substância divina nem reduzir-se a uma acção no mundo e para o mundo, mas deve agir como uma busca do divino que passa através do humano. Um percurso deste género especifica-se em dois pressupostos consecutivos fundamentais: o primeiro, a opção preferencial pelos pobres como verdadeiro sujeito da humanidade cristã; o segundo, a dimensão social, política e cultural da vida religiosa. A teologia da libertação é, portanto, uma busca da natureza divina de Cristo através do resgate dos pobres num empenhamento directo na acção social de

---

([95]) Congregação para a Doutrina da Fé, *Istruzione su libertà cristiana e liberazione*, Città del Vaticano, Libreria vaticana, [1985].

([96]) João Damasceno, *Expositio fidei*, edição de B. Kotter, Berlim, De Gruyter, 1973, III, 4, págs. 116-118.

([97]) N. Slenczka, *Communicatio idiomatum*, in *Religion in Geschichte und Gegenwart*, cit., 1999⁴, vol. 2, colunas 433-434; A.M. Ritter, *Chalcedonense, Christologische Definition*, *op. cit.*, 1999⁴, vol. 2, colunas 93-94.

emancipação ([98]). Inspirando-se directamente em Jesus, que se dirigiu aos miseráveis e aos oprimidos, também o cristão age em favor dos deserdados e opera uma inversão epistémica pois concebe-se a si próprio sempre do lado das vítimas ([99]).

A teologia da libertação desenvolveu-se como «teologia política negra» nos Estados Unidos da América logo nos começos dos anos 70 até reivindicar a especificidade teológica do «ser negros» ([100]); e na África do Sul foi aplicada por Desmond Tutu e por Allan A. Boesak à emancipação da população de cor relativamente ao *apartheid*. Também na Ásia nasceu uma teologia asiática da libertação e na Europa uma teologia europeia da libertação ([101]).

A teologia feminista, que nos anos 60 e 70 se inspirou na teologia da libertação, promove uma reflexão religiosa na perspectiva feminina, não para tirar conclusões válidas abstractamente para o género «mulher», mas para produzir reflexão sobre figuras, tradições, textos femininos individuais. Nos Estados Unidos esta teologia conjugou diferenças de género e de etnia e articulou-se numa teologia *feminist* anglo-saxónica, uma *womanist* de cor e uma *latina* hispano-americana ([102]).

([98]) W. Altmann *et al.*, *Befreiungstheologie*, *op.cit.*, 1998, vol. 1, colunas 1207-1213.

([99]) G. Gutiérez, *La forza storica dei poveri* (1979), Brescia, Queriniana, 1981; *id.*, *Alla ricerca dei poveri di Gesù Cristo* (1992), Brescia, Queriniana, 1995; Cf. G. Collet *et al.*, *Befreiungstheologie*, in *Lexikon für Theologie und Kirche*, cit., 1994³, vol. 2, colunas 130- 137.

([100]) J. Cone, *A Black Theology of Liberation*, Philadelphia, Pa., Lippincott, 1970. Cf. M.S. Copeland, *Black political theology*, in P. Scott & W.T. W.T. Cavanaugh (orgs.), *The Blackwell Companion to Political Theology*, Oxford, Blackwell, 2005, págs. 271-287.

([101]) D. Tutu, *Prisonnier de l'esperance*, edição de B. Chenu, Paris, Centurion, 1984; A.A. Boesak, *Farewell to Innocence*, Maryknoll, Nova Iorque, Orbis, 1981; *id.*, *Political theology in Asia*, in *The Blacwell Companion to Political Theology*, cit., págs. 254-270; A. Rizzi, *L'europa e l'altro*, Cinisello, Paoline, 1991.

([102]) E. Graham, *Feminist theology, Northern*, in *The Blackwell Companion to Political Theology*, cit., págs. 210-226.

No hemisfério sul, ao invés, enfrentou o duplo problema do colonialismo ocidental e do «patriarcalismo» cristão e inspirando-se em formas de consciência globais pôde desenvolver uma orientação ecofeminista ([103]). Em todas as suas manifestações a teologia feminista aplica, de facto, uma abordagem contextual e aceita até às últimas consequências o princípio segundo o qual cada afirmação teológica é historicamente determinada. Por consequência, ela pratica uma exegese rigorosamente histórico-crítica da tradição para identificar os condicionalismos das estruturas patriarcais e pretende uma reformulação radical da sistemática teológica global para a depurar das deformações de género, como, por exemplo, as que se encontram na doutrina trinitária, que se baseia na relação pai-filho e na hierarquização das pessoas ([104]).

Muitas linhas características da velha e da nova teologia política – a interpretação escatológica da praxis cristã, a projecção da mensagem evangélica na dimensão da emancipação, a atenção aos derrotados da história, a acentuação feminista, a preocupação pacifista e ecológica, a reelaboração da teologia de começos do século XX, a referência a Carl Schmitt – convergem na figura de Dorothee Sölle (1929-2003), provavelmente a mais conhecida e controversa representante feminina da teologia europeia. A sua *Teologia Política. Discussão com Rudolf Bultmann* de 1971 ([105]) esclarece, em primeiro lugar, que o método histórico-crítico, a teologia dialéctica e a filosofia da existência, os três lados que encerram a reflexão de Rudolf

---

([103]) K. Pui-Lan, *Feminist theology, Southern, op. cit.*, págs. 149-209.

([104]) M. Daly, *La Chiesa e il secondo sesso* (1968), trad. it. Milão, Rizzoli, 1982; L.M. Russell, *Teologia femminista* (1974), trad. it. Brescia, Queriniana, 1977; E. Schüssler Fiorenza, *In memoria di Lei* (1983), trad. it. Turim, Claudiana, 1990; E.A. Johnson, *Colei che è* (1992), trad. it. Brescia, Queriniana, 1999. Cf. C. Militello (org.), *Donna e teologia*, Bolonha, Edb, 2004.

([105]) D. Sölle, *Teologia politica*, trad. it., Brescia, Morcelliana, 1973. Cf. também *Sympathie. Theologisch-politische Traktate*, Estugarda, Kreuz, 1978.

Bultmann, são compatíveis com uma «interpretação política do Evangelho» (pág. 77). Mas o modo como esta leitura política deve ser conduzida e a maneira como ela surge só se tornam evidentes quando se considera, por um lado, a teologia política clássica de Carl Schmitt e, por outro, a polémica contra a nova teologia política de Johann Baptist Metz ([106]). Pretendendo, de facto, que «a estrutura social de uma época concorde necessariamente com a sua imagem metafísica do mundo» (pág. 78), Carl Schmitt pressupõe que a política e a fé são duas esferas separadas, mas constantemente unidas na história ocidental num vínculo «constantiniano», que identifica a promessa cristã com determinadas formas políticas seculares. A teologia seria, assim, distinta e independente da política, mas verter-se-ia, encarnar-se-ia em categorias, constituições, ordenamentos próprios de cada época. Se assim fosse, teria razão Hans Maier quando, polemizando com Johann Baptist Metz, sublinha que o conceito, este conceito, de teologia política é historicamente assaz duvidoso e de difícil utilização porque a transfiguração teológica de potências e fenómenos humanos é o efeito de uma autodivinização pagã, que não está de pé quando confrontada com a crítica clássica formulada por Agostinho contra a idolatria ([107]). Todavia, a teologia contemporânea não é de todo afirmativa como pressupunha Schmitt e como receia Maier, mas sim crítica e negativa. Ela não pretende pôr-se à disposição do século para o legitimar, pois assim santificaria o fetichismo do mundo e perder-se-ia como fé. É necessário, assim, reestruturar por completo o conceito de teologia política. Não basta, no entanto, mudar o nome, escolhendo fórmulas alternativas, como «hermenêutica política» (pág. 79), mas deve, isso sim, repensar a própria estrutura do

---

[106] S.K. Pinnock (org.), *The Theology of D. Soelle*, Harrisburg, Pa., Trinity; M. Tremel, *Politik und Theologie bei D. Sölle*, Frankfurt a.M., Lang, 2004, págs. 185-281.

[107] Maier, *«Teologia politica»?*, cit., págs. 32-33. Cf. Agostinho, *La città di Dio*, cit., VII, 27, págs. 369-370.

conceito, cujo pecado original consiste em ter separado a fé da liberdade. De facto, ao manter-se esta distinção, todas as consequências de uma visão «constantiniana», desde Eusébio de Cesareia até ao teorema de Carl Schmitt e à idolatria do mundo, tornam-se inevitáveis. A solução, por isso, só pode ser encontrada na crítica radical da distinção entre política e teologia; por outras palavras, é necessário aceitar o facto de que a política é imediatamente teologia e que, vice-versa, a teologia é sempre e só política (pág. 80).

Como fé e acção social coincidem nos seus conceitos, a teologia política interessar-se-á, em primeiro lugar, pela «praxis justa» e será uma doutrina da «ortopraxis». «O seu princípio directivo hermenêutico é o problema de uma vida autêntica para todos os homens» (pág. 81) e como ela parte da constatação de que a existência de cada homem depende da presença e da acção dos outros, ela interrogar-se-á não sobre a vida individual justa, mas sobre as formas de vida social histórica e sobre os modos para a transformar numa existência humana autêntica (págs. 81-83). Semelhante consciência social não se justifica biblicamente nem pede ao Jesus histórico paradigmas, exemplos, antecipações para o comportamento dos homens e das mulheres da nossa época, mas aceita plenamente o ponto de vista histórico-crítico. Não existe, de facto, uma «doutrina social» nos Evangelhos e Jesus também experimentou todos os condicionamentos da época e da sociedade em que viveu (págs. 85-86).

Condenados à relatividade histórica, os Evangelhos não nos dão princípios e regras de comportamento aplicáveis também à nossa época, todavia, mostram-nos um exemplo de crítica e de transformação da sociedade antiga para uma existência mais autêntica. Com efeito, Jesus também percepcionava a opressão das estruturas sociais do seu tempo, que ele rejeitou e transformou. Mas por outro lado, se o seu ensinamento é um exemplo vazio de comportamento crítico, sempre mergulhado nos condicionalismos da época, então, o trabalho da hermenêutica bíblica será, por um lado, o de o depurar dos vínculos da história e, por outro, o de o actuar tendo em conta a situação do nosso presente (págs. 86-89). Isto, no entanto, significa que a mensagem evangélica não é auto-suficiente, nem é uma esfera de sabedoria que paira sobre o tempo. A sua verdade, pelo contrário, é sempre de tipo «prático-operativo» e precisa da colaboração hermenêutica do homem para dizer tudo o que contém e tudo o que está escondido ou deformado pela sua historicidade (págs. 93-96). Se o Evangelho fica mudo, se, aliás, se transforma numa teologia constantiniana quando o privam das suas diversas e infinitas leituras, então, ele só existe no tempo e na prática da interpretação. Projectada na dimensão cristológica, esta conclusão implica que Jesus não era plenamente Cristo, o Redentor, e que a sua Encarnação se cumpre, na realidade, na colaboração de todos os cristãos [108].

A segunda tendência da teologia política actual, a escatológica, manifesta-se sobretudo nas experiências de pensamento que radicalizam a estrutura teorética do elemento teológico. Esta orientação é particularmente viva em Itália, onde Armido Rizzi formulou o princípio de uma «teologia do êxodo» [109] e Riccardo Panattoni desenvolveu o projecto de uma «teologia política extrema», também sem sentido teorético, repensando o messianismo de Benjamin e relendo a doutrina de S. Paulo como eclesiologia do princípio escatológico [110].

Que a emancipação e a escatologia sejam os temas centrais da teologia política contemporânea percebe-se também no nome de duas publicações periódicas que lhe foram dedicadas mais recentemente. Ambas utilizam, de facto, o mesmo título, mas uma delas, *Political Theology* (desde 1999), propõe-se como revista de teologia da libertação, em todas as suas formas, enquanto

---

[108] H. Kuhlmann, *Sölle, D.*, in *Religion in Geschichte und Gegenwart*, cit., 2004⁴, vol. 7, colunas 1430-1431.

[109] A. Rizzi, *Sull'esodo come paradigma teologico-politico*, in «Filosofia e teologia», 3, 1988, págs. 33-44; *id.*, *Esodo e teologia politica*, in Sartori & Nicoletti (orgs.), *Teologia politica*, cit., págs. 109-119.

[110] R. Panattoni, *Appartenenza ed Eschaton*, Nápoles, Liguori, 2001.

a outra, *Teologia politica* (desde 2004), segue uma linha de investigação definida pelas categorias de radicalidade, suspensão, teorese ([111]). Por outro lado, a equivalência entre teologia política e filosofia política, a que fizemos referência no fim da introdução, também pode ser invertida e pode-se afirmar que todas as experiências de filosofia política, quando enfrentam directamente o tema da origem da política, tocam a questão central, o cerne, da teologia política. Confirmam-no aquelas experiências de pensamento, sobretudo em Itália, que colocam explicitamente no centro das suas reflexões o problema da essência da política e que elegeram a história do conceito na sua acepção própria como instrumento privilegiado de pesquisa ([112]). Neste sentido, continuando a conferir os periódicos científicos, um considerável contributo para a discussão sobre a teologia política, entendida no significado que até aqui delineámos, foi dado pela revista *Filosofia politica* (desde 1987). Invertendo a afirmação de Donoso Cortés, que diz que cada questão política encerra uma questão teológica ([113]), deve-se, portanto, concluir que sob cada verdadeiro problema de *teologia política* encontra-se sempre uma questão de *filosofia política*.

([111]) R. Panattoni & G. Solla (orgs.), *Teologia politica. 1: Teologie estreme?*, Génova, Marietti, 2004 e *Teologia politica. Anarchia, op. cit.*, 2006.

([112]) Cf. o número monográfica da revista «Il Centauro», 2, 1981, dedicado ao tema «teologia política»; Duso, *La logica del potere*, cit., págs. 3-53.

([113]) Donoso Cortés, *Saggio sopra il cattolicesimo, il liberalismo e il socialismo*, cit., I, 1, pág. 179.

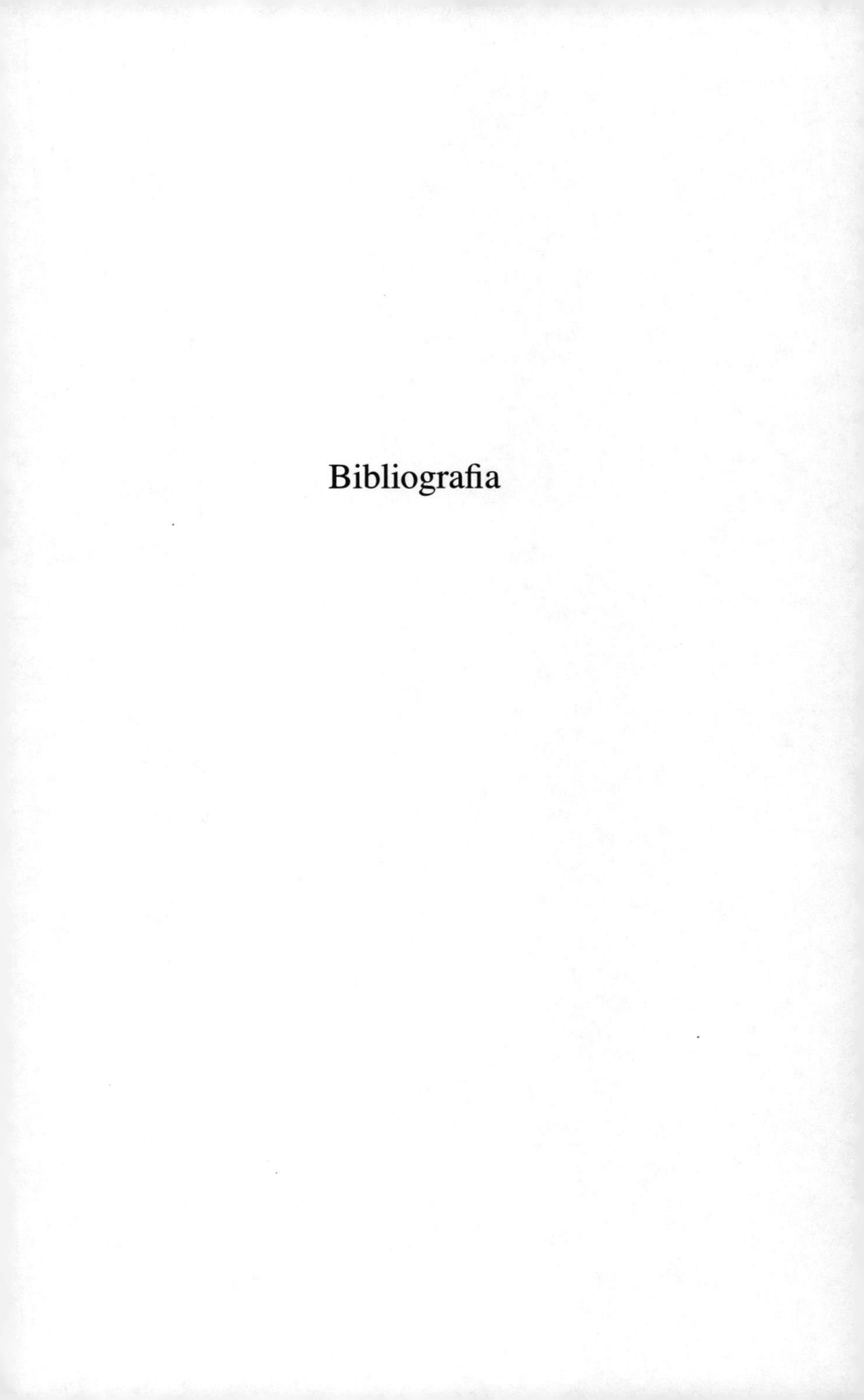

Bibliografia

Bibliografia

Assmann, J., *Potere e salvezza, teologia politica nell'antico Egitto, in Israele e in Europa* (2000), trad. it., Turim, Einaudi, 2002.

Castrucci, E., *Teologia politica e dottrina dello stato*, in L. Lombardi Vallauri & G. Dilcher (orgs.), *Cristianesimo, secolarizzazione e diritto moderno*, Milão, Giuffrè, 1981, vol. 1, págs. 731-754.

Galli, C., *Genealogia della politica. Carl Schmitt e la crisi del pensiero politico moderno*, Bolonha, Il Mulino, 1996.

Hepp, R., *Theologie, politische*, in J. Ritter & K. Grunder (orgs.), *Historisches Wörterbuch der Philosophie*, Basileia, Schwabe, 1998, vol. 10, colunas 1105-1112.

«Il Centauro. Rivista di filosofia e teoria politica». *Teologia politica*, Nápoles, Guida, 2, 1981.

Kantorowicz, E.H., *I due corpi de re. L'idea di regalità nella teologia politica medievale* (1957), trad. it Turim, Einaudi, 1989.

Maier, H. (org.), *Totalitarismus und politische Religionem. Konzept des Diktaturvergleichs*, Paderborn, Schöningh, 1996-2003, vols. 1-3.

Metz, J.B., *Sul concetto della nuova teologia politica. 1967-1997* (1997), trad. it Brescia, Queriniana, 1998.

Metz, J.B., *Sulla teologia del mondo* (1968), trad. it. Brescia, Queriniana, 1971[2].

Nicoletti, M., *Trascendenza e potere. La teologia politica di Carl Schmitt*, Brescia, Morcelliana, 1990.

PEUKERT, H. (org.), *Dibattito sulla «teologia politica»* (1969), trad. it. Brescia, Queriniana, 1971.

SCOTT, P. & Cavanaugh, W.T. (orgs.), *The Blackwell Companion to Political Theology*, Oxford, Blacwell, 2004.

TAUBES, J. (org.), *Der Fürst dieser Welt. Carl Schmitt und die Folgen*, Munique, Fink, 1982.

ULLMANN, W., principles of Government and Politics in the Middle Ages, Londres, Methuen, 1961.

WALTHER, M. (org.), *Religion und Politik. Zur Theorie und Praxis des theologisch-politischen Komplexes*, Baden-Baden, Nomos Verlagsgesellschaft, 2004.

WIEDENHOFER, S., *Politische Theologie*, Estugarda, Kohlhammer, 1976.

WIEDENHOFER, S., *Teologia politica in Germania 1965-1975*, in «Studia Patavina», 22, 1975, págs. 563-591.

Índice Onomástico

Índice Onomástico

Agobardo de Lião, 66
Agostinho, santo, 17-20, 26, 47, 49, 54-56 59, 67, 75, 88, 211, 228, 238, 244
Aland, Bárbara, 215
Albrecht, Georg, 124
Alcuíno de Iorque, 64, 65, 69
Alici, Luigi, 17
Althaus, Paul, 224
Althusius, Iohannes, 96,109-116, 118, 122, 175
Altini, Carlo, 197
Altmann, Walter, 242
Alveldt, Augustin, 101
Ambrósio, 47, 50
Amelotti, Mário, 54
Amerise, Marilena, 50
Amsdorf, Niclas, 118, 123
Anastásio I, imperador bizantino, 59, 60
Andreatta, Daniela, 36
Andrewes, Lancelot, 107
Anglet, Kurt, 39

Anónimo de Iorque, 79
Anselmo de Aosta, 76, 78
Anton, Hans Hubert, 65
Antonino Fiorentino, 101
Aomi, Junichi, 217
Appleby, Robert Scott, 34
Aris, Reinhold, 162
Aristóteles, 11, 80, 85, 103, 119, 198, 227, 228
Arniseus, Henning, 96, 97
Arnóbio o Jovem, 66
Aron, Raymond, 31, 32
Arquillière, Henri Xavier, 54
Assman, Hugo, 240
Assman, Jan, 10, 38, 221-223, 251
Augusto, Júlio César Octaviano, imperador romano - 43

Bacon, Francis, 220
Baker, Joseph, 116
Bakunin, Mikail Aleksandrovic, 36

Barbeyrac, Jean, 144
Barclay, William, 96, 97, 107,
Barruel, Auustin, 155
Barth, Karl, 224, 232
Bassani, Luigi Marco, 185
Battistini, Andrea, 24
Baynes, Norman Hepburn, 54
Bazzoli, Maurizio, 172
Becanus, Martinus, 107
Beda, o Venerável, 66
Behnen, Michael, 112
Belda Plans, Juan, 102
Bellah, Robert Neellly, 32, 33
Bellarmino, Roberto, 96, 106-109, 126
Beltrán de Heredia, Vicente, 102
Bendiscioli, Mario, 224
Benjamin, Walter, 195, 212-214, 246
Benson, Robert Louis, 71
Berlin, Isaiah, 26
Bernard, George W., 94
Bernardo de Claraval, 70
Bernardo de Costanza, 76
Bertram, Bonavenutre Corneille, 115
Beschin, Giuseppe, 176
Betz, Hans Dieter, 13
Bèze, Théodore de, 115
Bianchi, Enzo, 34
Binder, Julius, 218
Bingham, caroline, 92
Biral, Alessandro, 92
Blackstone, William, 152
Blaser, Klauspeter, 39
Blickle, Peter, 175
Bloch, Ernst, 233

Blumenberg, Hans, 38, 196, 219-221, 229.231
Bobbio, Norberto – 129, 165
Böckenförde, Ernst-Wolfgang, 12, 236
Bodei, Remo, 165
Bodian, Miriam, 115
Bodin, Jean, 95, 96
Boesak, Allan Aubrey, 242
Boff, Leonardo, 240
Böhmmer, Justus Cristoph, 144
Bonfatti, Emílio, 109
Bonifácio VIII (Benedetto Caetani), papa, 74, 75, 83
Borsari, Andrea, 219
Bossuet, Jacques-Bénigne, 211
Böttcher, Diethelm, 119
Bottoni, Gianfranco, 34
Botturi, Francesco, 25
Bourdin, Bernard, 106
Brandes, Ernst, 152, 153
Braune, Frieda, 153
Broch, Hermann, 206, 207
Brunner, Otto, 13, 174, 188
Buchanan, George, 92, 126
Buddeberg, Karl Theodor, 36
Buddeus, Johann Franz, 146
Bugenhagen, Johann, 118
Buisson, Ludwig, 72
Bullinger, Heinrich, 116
Bultmann, Rudolf, 232, 243, 244
Burckhardt, Jakob, 36
Burke, Edmund, 151-154
Buzzi, Franco, 96

Calderini, Luca, 109
Callot, Émile, 26

ÍNDICE ONOMÁSTICO

Calvino, João (Jean Calvin), 116
Cammarota, Gian Pietro, 233
Cammilleri, Rino, 171
Campos Boralevi, Lea, 115
Candeloro, Giorgio, 33
Cantarella, Glauco Maria, 78
Capizzi, Carmelo, 53
Capocci, Iacopo, 75
Capra, Francesco, 166
Caramuel, Lobkowitz, Juan, 22, 23
Cardauns, Burkhart von, 17
Cargill Thompson, William David James, 88
Carlos I Magno, imperador, 64, 73
Carlyle, Robert Warrand, 65
Carney, Frederick Smith, 110
Carrino, Agostino, 155, 184
Cassell, Anthony Kimber, 84
Castro, Emílio, 240
Castrucci, Emanuele, 12, 193, 212, 251
Cavanaugh, William Timothy, 242, 252
Cavarero, Adriana, 92
Ceci, Lúcia, 240
Celano, Bruno, 184
Celso, 228
Cesa, Cláudio, 165
Ceva, Maristella, 50
Chamberlain, Houston Stewart, 36
Charlesworth, James Hamilton, 46
Chaumette, Pierre-Gaspard, 30
Chignola, Sandro, 12, 31, 157, 188
Christern, Hermann, 153

Cícero, Marco Túlio, 18, 47, 110
Cipriano de Cartago, 67
Clasen, Daniel, 22
Clemen, Otto, 119
Clemente I, Papa, 49
Cocceius, Iohannes, 117
Cohen, Hermann, 233
Cola, Silvano, 50
Collet, Giancarlo, 242
Colli, Giorgio, 191
Colonna, Aristide, 228
Colson, Francis Henry
Comparato, Vittor Ivo, 115
Cone, James, 242
Conring, Hermann, 115, 134
Conze, Werner, 13, 188
Copeland, Mary Shawn, 242
Cortese, Ennio, 71
Constantino I, Gaio Flávio Valério Aurélio, imperador romano, 50, 52, 53, 228
Cotta, Gabriella, 88
Cotta, Sergio, 54
Cotton, John, 117
Covarrubias, Diego de, 102, 104
Cristellon, Luca, 176
Croce, Benedetto, 166
Cubeddu, Raimondo, 197
Cunaeus, Petrus (Pieter van der Cun), 115

Dahm, Karl-Wilhelm, 110
Dal Covolo, Enrico, 53
D'Alembert, Jean Le Rond, 26
Daly, Mary, 243
Dante Alighieri, 61, 82-84

Darjes, Joachim Georg, 148
Dascal, Marcelo, 11
De Lolme, Jean-Louis, 152
De Negri, Enriço, 167
Desideri, Fabrizio, 212
Dianin, Giampaolo, 173
Diaz, Furio, 152
Diderot, Denis, 26
Diego Carro, Venâncio, 102
Dießelhorst, Malte, 88
Dilcher, Gerhard, 12, 251
Dilthey, Wilhelm, 36
Diógenes Laércio, 47
Di Rosa, Luigi, 173
Di Simone, Maria Rosa, 172
Doderer, Heimito von, 206, 207
Dolcini, Carlo, 85
Donoso Cortés, Juan, 35, 37, 171, 178, 179, 189, 247
Dreitzel, Horst, 96, 119
Driedo, Giovanni, 108
Dript, Laurentius a, 23
Droetto, António, 139
Droysen, Johann Gustav, 36
Duchrow, Ullrich, 88
Du Jon, François, 115, 116
Du Moulin, Pierre, 107
Dunn, James D.G., 42
Durkheim, Émile, 33
Duso, Giuseppe, 12, 14, 109, 113, 142, 188, 197, 247
Dussel, Enrique, 240

Egídio Romano (Egidio Colonna), 75, 83,
Ehler, SIdney Zdenek, 50
Eikema Hommes, Hendrik Jan van, 110

Emmrich, Michael, 162
Engels, Friedrich, 35
Enrico de Susa, 74, 75
Epstein, Klaus, 152
Ermanno di Metz, 69
Esmaragdo de São Miguel, 65, 66
Espinosa, Bento de, 23, 137-139, 141, 166
Esposito, Roberto, 207
Eusébio de Cesareia, 18, 48, 50-52, 58, 227-229, 245

Faber, Richard, 231
Falchi Pellegrini, Maria Antonietta, 91, 118
Farina, Raffaele, 50
Farnesi Camellone, Mauro, 197
Faulenbach, Heiner, 117
Fausto de Riez, 65
Fedalto, Giorgio, 52
Feil, Ernst, 20
Feiner, Johannes, 240
Ferraresi, Furio, 180
Ferronato, Marta, 142, 175
Feuerbach, Ludwig, 35
Fichte, Johann Gottlieb, 166
Ficino, Marcilio, 24
Filipe IV o Belo, rei de França, 75, 83
Filmer, Robert, 125, 126
Fílon de Alexandria, 47, 227
Finetti, Bonifácio, 172, 173
Finetti, Giovanni Francesco (ver também Bonifacio Finetti), 172, 173
Fiorillo, Vanda, 136, 142, 153, 155
Firpo, Luigi, 88

ÍNDICE ONOMÁSTICO

Fisichella, Domenico, 155
Fotherby, John, 117
Fouché, Joseph, 30
Friedmann, Friederich Georg, 233
Fritsch, Ahasver, 124
Fulgêncio de Ruspe, 67
Furley, David John, 227

Galilea, Segundo, 240
Galli, Carlo, 102, 155, 163, 186, 190, 191, 251
Gallus, Nikolaus, 123
Gans, Eduard, 35
Garin, Eugenio, 27
Gastaldelli, Ferruccio, 70
Gelásio I, papa, 50, 59-61, 66, 67, 76, 78
Gentile, Emilio, 31, 32,
Gentile, Giovanni, 137
Gentz, Friedrich, 154
Gera, Lúcio, 240
Ghio, Pietro Antonio, 173
Giacon, Carlo, 106
Giancotti, Emilia, 137, 139
Gibellini, Rosino, 237, 240
Gierke, Otto, 36, 111
Gigante, Marcello, 47
Gilson, Étienne, 54
Gioberti, Vincenzo, 175, 176,
Goeters, Johann Friedrich Gerhardm 116, 118
Goethe, Johann Wolfgang, 142
Godofredo de Vendôme, 76
Gogarten, Friedrich, 223-225
Goldstein, Jürgen, 219
Gollwitzer, Helmut, 43
Gomarus, Franciscus, 117

Gooch, George Peabody, 152
Graf, Friedrich Wilhelm, 13, 31, 39,
Graham, Elain, 242
Graciano, 71
Greenleaf, William Howard, 92
Grégoire, Pierre, 110
Gregório I Magno, papa, 61, 62
Gregório IV, papa, 71
Gregório VII (Hildebrando de Soana), 68, 69, 71, 74, 79
Gregório IX (Hugolino dos condes de Segni), 71
Gregório Nazianzeno, 229
Grevel, Jan Peter, 206
Groß-Albenhausen, Kirsten, 49
Grócio, Hugo (Huig van Groot), 125
Gründer, Karlfried, 9, 13, 251
Grunert, Frank, 102
Guardini, Romano, 206, 207, 210
Gundling, Nicolaus Hieronymus, 146, 147
Gutiérez, Gustavo, 240
Guyer, Paul, 149

Habermas, Jürgen, 219
Hammerstein, Notker, 147
Häring, Bernhard, 240
Harnack, Adolf von, 224
Hartmann, Gotthold, 59
Hartung, Gerald, 142, 146
Hauschild, Wolf-Dieter, 39
Havemann, Michael, 22
Hébert, Jacques-René, 30
Hegel, Georg Wilhelm Friedrich, 35, 165, 166, 169, 170, 218, 219

Heil, Susanne, 207, 212
Held, Joseph, 36
Hemmingsen, Niels, 120
Henrique IV, imperador, 68, 69, 77
Henrique VIII, rei de Inglaterra, 94
Hepp, Robert, 9, 13, 20, 251
Herder, Johann Gottfried, 26, 142
Herz, Dietmar, 203
Heyse, Elisabeth, 67
Hilário de Poitiers, 66
Hintze, Otto, 36
Hirsch, Emanuel, 224,
Hitler, Adolf, 209, 224
Hobbes, Thomas, 97, 127-129, 133, 137, 138, 141, 142, 148, 159, 187, 191, 192, 193, 197-200, 205
Hochstrasser, Timothy J., 136
Hölderlin, Friedrich, 218
Hollerich, Michael J., 50
Höpfl, Harro, 106
Horsley, Richard A., 42
Horst, Ulrich, 102
Hortleder, Friedrich, 118
Hover, Winfrid, 207
Hübener, Wolfgang, 231
Huber, Ernst Rudolf, 202
Hugo de São Victor, 71
Humberto de Silva Cândida, 76
Hunter, Archibald Macbride, 46

Incmaro de Reims, 67, 68
Ingravalle, Francesco, 96
Inocêncio III (Lotário dos condes de Segni), 71-73

Inocêncio IV (Sinibaldo Fieschi), 71, 73-75, 100
Isidoro de Sevilha, 50, 61-64
Isidorus Mercator (*ver também* Pseudo-Isidoro), 50, 59

Jacobi, Friedrich Heinrich, 166
Jäger, Michael, 215
Jaime I, rei de Inglaterra, 92-97, 107
Jaime VI, rei da Escócia, (ver também Jaime I, rei de Inglaterra), 92
João, apóstolo, 46
João Crisóstomo, 50
João Damasceno, 241
João de Paris, *chamado* Quidort, 83
João de Salisbúria, 71
Joaquim da Fiore, 205, 211, 218
Jodl, Friedrich, 35
Johnson, Elisabeth A., 243
Jonas de Orleães, 67
Jones, Donald, 33
Jünger, Ernst, 202
Justiniano I, imperador bizantino, 53, 54
Justino Mártir, 227

Kaesler, Dirk, 180
Kahl, Johann, 115
Kant, Immanuel, 28, 29, 141, 148-149, 151, 155, 159, 166, 189, 220
Kantorowicz, Ernst Hartwig, 21, 79, 251
Kaplan, Abraham, 10

Karlic, Ivan, 237
Kelsen, Hans, 37, 38, 178, 184-188, 190
Kemmerich, Dietrich Hermann, 147, 148
Kierkgaard, Søren, 36
Klee, Paul, 213
Kleger, Heinz, 31
Kleist, Heirich von, 162, 164, 165
Klueting, Christian Friederich, 116
Knox, John, 92
Kohler, Benedikt, 162
Kondylis, Panajotis, 152
Konersmann, Ralf, 212
Koselleck, Reinhart, 13, 188
Kröger, Klaus, 190
Kronebitter, Günther, 154
Kuhlmann, Helga, 246

Landi, Pasquale, 175
Lanzillo, Maria Laura, 29
Lasswell, Harold Dwight, 10
Lactâncio, Lício Cecílio Firmiano, 47
Lee, Samuel, 50
Leibniz, Gottfried Wilhelm, 24, 144
Leão I Magno, papa, 71
Lessing, Karl, 153
Lessius, Leonardus, 107
Ley, Michael, 31
Liebenthal, Christian, 21
Lieberg, Godo, 18
Lingens, Karl-Heinz, 96
Löhrer, Magnus, 240
Lombardi Vallauri, Luigi, 12, 251

Löwith, Karl, 38, 195, 210, 212, 215, 219
Ludovico I o Pio, imperador, 65, 66
Luhmann, Niklas, 33
Lutero, Martinho (Martin Luther), 88, 89, 101, 118-120, 123, 126, 141, 183

Maccarrone, Michele, 84
Maquiavel, Nicolau, 21
Magri, Tito, 129
Maier, Hans, 32, 226, 236, 244, 251
Maior, Georg, 123
Maistre, Joseph de, 35, 155-158, 160
Malandrino, Corrado, 96, 111
Mancini, Oliviero, 142
Mandt, Hella, 91
Manegoldo de Lautenbach, 76
Mantey, Volker, 88
Maraval, Pierre, 50
Marciano, imperador romano, 53
Marcião, 214
Marcuse, Herbert, 214
Marramao, Giacomo, 210
Marsílio de Pádua, 61, 82, 85
Martelloni, Anna, 152
Martini, Karl Anton, 173
Martinius, Matthias, 116
Marty, Martin Emil, 33, 34
Marx, Karl, 35, 211, 219
Mason, Roger A., 126
Máximo de Turim, 66
Matic, Marko, 233
Mazzini, Giuseppe, 36

Mazzolini, Silvestro, 101
McCoy, Charles S., 116
McIllwain, Charles Howard, 92
Mcloughlin, William Gerald, 33
Mead, Sidney Earl, 33
Meier, Christian, 11
Meier, Heinrich, 197, 200
Meinecke, Friedrich, 185
Melanchton, Filipe (Philipp Schwartzerdt), 101, 119-121, 123, 16
Menius, Iustus, 123
Merlo, Maurizio, 85
Mersch, Andreas, 206
Messineo, Francesco, 35
Metz, Johann Baptist, 13, 39, 196, 234, 236, 237, 239, 244, 251
Miethke, Jürgen, 85
Migliardi Zingale, Livia, 54
Míguez Bonino, José, 240
Moltmann, Jürgen, 196, 233, 237-239
Monod, Jean-Claude, 219
Montesquieu, Charles-Louis de Secondat, 35, 152
Montinari, Mazzino, 191
Moreschini, Claudio, 229
Mori, Massimo, 162
Morrall, John Brimyard, 50
Motta, Franco, 106
Mounier, Jean-Joseph, 152
Mozzarelli, Cesare, 34
Müller, Adam, 161, 163, 164
Müller, Gerhard, 116

Nell-breuning, Oswald von, 175

Nichtweiß, Barbara, 226
Nicolaisen, Michele, 39
Nietzsche, Friedrich, 191
Norris, Robert M., 118
Novalis (Friedrich von Hardenberg), 160, 161, 163
Numa Pompílio, rei de Roma, 27

Obrecht, Georg, 21
Oelmüller, Willi, 237
Oetinger, Friedrich Christian, 218
Oldendorp, Johann, 119, 120
Olevian, Kaspar, 116
Olivieri, Luigi, 198
Omaggio, Vincenzo, 85
Orígenes, 228
Orosio, Paolo, 211
Osiander, Johann Adam, 22

Pacchi, Arrigo, 129
Palladini, Fiammetta, 144
Palmer, Gesine, 215
Palmer, Micahel Denison, 94
Panattoni, Riccardo, 246, 247
Pánecio, 17, 18
Pani, Giancarlo, 88
Paulo de Tarso, 41
Papini, Lorenzo, 186, 193
Papuli, Giovanni, 198
Pareus, David, 107
Parsons, Talcott, 33
Pastori, Paolo, 157
Paternò, Maria Pia, 154
Pauli, Reinhold, 23
Pedrizzi, Riccardo, 152
Pedro, apóstolo, 49, 66, 68, 69, 72, 74, 75

ÍNDICE ONOMÁSTICO

Pedro Crasso de Ravena, 77-79
Pelayo, Álvaro, 76, 100
Pennington, Kenneth, 72
Penzo, Giorgio, 224
Pera, Marcello, 34
Perkins, William, 117
Perrini, Bruno, 171
Persons, Robert, 107, 126
Peters, Martin, 96
Peterson, Erik, 38, 39, 196, 224-227, 229-231, 233
Peukert, Helmut, 236, 252
Piaia, Gregório, 85, 134
Pier Damiani, 76
Pighius, Albertus (Albert Pigghe), 101
Pii, Eluggero, 115
Pirni, Alberto, 149
Piscator, Iohannes, 116
Pizzorni, Reginaldo, 132
Platão, 198, 199
Poggi, Alfredo, 189
Poggi, Gianfranco, 180
Pohlenz, Max, 18, 46, 47
Portinaro, Pier Paolo, 186
Pranchère, Jean-Yves, 155
Preston, John, 117
Preston, Thomas, 107
Prini, Pietro, 175
Proudhon, Pierre-Joseph, 36
Pseudo-Aristóteles, 227
Pseudo-Cipriano, 67, 68
Pseudo-Clemente I, 49, 50, 110
Pseudo-Justino Mártir, 227
Pseudo-Isidoro, 50, 59, 71
Ptolomeu de Lucca, 83
Pufendorf, Samuel, 141-146, 172

Quaglioni, Diego, 115
Quaritsch, Helmut, 96, 190

Rachel, Samuel, 146
Racinaro, Roberto, 202
Radetti, Giorgio, 137
Radice, Roberto, 18
Rahner, Karl, 13, 234
Ratzinger, Joseph, 34, 234, 241
Ravera, Marco, 155
Rehberg, August Wilhelm, 153-155
Reibstein, Ernst, 111
Reill, Peter Hanns, 152
Reinkingk, Theodor von, 23, 124
Rémond, Réne, 210
Rendtorff, Trutz, 240
Richey, Russel E., 33
Richter, Melvin, 12
Ritter, Adolf Martin, 241
Ritter Joachim, 9, 13, 165, 251
Rizzi, Armido, 242, 246
Rizzi, Lino, 27
Roberts, Julian, 212
Robespierre, Maximilien, 30
Rosenberg, Alfred, 202
Rosenzweig, Franz, 233
Rosmini, Antonio, 175, 176
Rossi, Pietro, 165, 180
Rotteck, Karl von, 36
Rouner, Leroy, 33
Rousseau, Jean-Jacques, 26-30, 33, 159
Ruggieri, Giuseppe, 226
Rumi, Giorgio, 176
Rüping, Hinrich, 146
Rusconi, Gian Enrico, 34

Russel, Letty M., 234
Russo, Rosarita, 219

Sacher, Hermann, 175
Salamun, Kurt, 217
Sanders, Ed Parish, 42
Santa Ana, Julio de, 240
Sartori, Luigi, 12
Saviane, Renato, 164
Scattola, Merio, 47, 50, 96, 97, 102, 109, 110, 119, 132, 134, 142, 147, 173, 175, 185, 188, 191, 198
Scevola, Quinto Muzio, 17, 19, 20
Scheible, Heinz, 119
Scheid, John, 20
Schelling, Friedrich Wilhelm Joseph, 218
Schieder, Rolf, 33
Schillebeeckz, Edward, 238
Schindler, Alfred, 226, 229
Schlegel, August Wilhelm, 161
Schlegel, Friedrich, 161
Schmidt-Biggemann, Wilhelm, 24
Schmitt, Carl, 37, 38, 163, 178, 179, 184, 186-198, 199-204, 210, 214, 217, 219, 221, 222, 226, 229-232, 234, 237, 243-245, 251, 252
Schneiders, Werner, 145, 147
Scholder, Klaus, 224
Scholz, Frithard, 226, 229
Schopenhauer, Arthur, 36, 164
Schorn-Schütte, Luise, 119
Schrader, Fred. E., 35
Schrey, Heinz-Horst, 88
Schröder, Peter, 96, 136
Schuck, Martin, 13
Schüssler Fiorenza, Elisabeth, 243
Schweitzer, Albert, 232
Scott, Peter, 242, 252
Seckendorff, Veit Ludwig von, 124, 125
Seelmann, Kurt, 102
Segundo, Juan Luís, 240
Seitschek, Hans Otto, 32
Selden, John, 115
Shanks, Andrew, 33
Shaull, Richard, 240
Sigonio, Carlo, 115
Slenczka, Notger, 241
Smith, Martin S., 126
Solla, Gianluca, 247
Sölle, Dorothee, 243, 244, 246
Sonne, Hans-Joachim, 224
Soto, Domingo de, 50, 102, 103, 104, 108, 132
Spaemann, Robert, 236
Spittler, Ludwig Timotheus, 152, 153
Stahl, friedrich Julius, 36
Stimili, Elettra, 214
Stock, Konrad, 239
Stolleis, Michael, 96, 125
Strauss, Leo, 195-197, 199-201, 212
Strumia, Anna, 114
Suárez, Francisco, 108

Tabacco, Giovanni, 60
Talmon, Jacob Leib, 32
Taparelli D'Azeglio, Luigi, 172-175

Tartaglia, Luigi, 52
Taubes, Jacob, 12, 195, 214, 215, 218, 221, 233, 252
Taciano, 227
Tecchi, Bonaventura, 164
Tedeschi Niccolò, 76, 100, 101
Temporini, Hildegard, 18
Teodósio II, imperador romano, 53
Teófilo de Antioquia, 227
Tertuliano, Quinto Settimio Fiorente, 18, 49, 52, 227, 228
Theunissen, Michael, 35
Thomasius, Christian, 141, 145-147
Thorndike, Herbert, 23
Tieck, Johann Ludwig, 163, 164
Tierney, Brian, 74
Titius, Gerhard, 22
Tocqueville, Alexis de, 33, 36
Todescan, Franco, 101
Tödt, Heinz Eduard, 240
Tomás de Aquino, 66, 79, 80, 83, 101, 102, 132,
Topitsch, Ernst, 38, 187, 196, 216- 219, 221
Trapé, Agostino, 88
Traverso, Leone, 165
Trionfo, Agostino, 75
Tuccari, Francesco, 180
Tuniz, Dorino, 78
Turchetti, Mário, 91
Tutu, Desmond, 242

Uglione, Renato, 53
Ullmann, Walter, 59, 72, 252
Ursinus, Zacharias, 116

Valentini, Francesco, 61
Valera, Gabriella, 147, 153
Vanderveken, Daniel, 11
Varrão, Marco Terêncio, 17, 18, 24, 26, 234
Vasoli, Cesare, 85
Vázquez de Menchaca, Fernando, 102
Velthuysen, Lambert, 146
Vendico de Treviri, 77
Vercellone, Federico, 191
Vernani, Guido, 75
Verrucci, Guido, 152
Vico, Giambattista, 24-26
Vidone di Ferrara, 77
Vigliani, Ada, 164
Vinay, Valdo, 88, 120
Vio, Tommaso, 101
Virgílio I, papa, 71
Vitoria, Francisco de, 101, 102, 104
Vivanti, Corrado, 185
Voegelin, Eric, 31, 195, 200-204, 206, 207, 210, 212, 214, 215, 218
Vollhardt, Friedrich, 142
Volpi, Franco, 191
Vondung, Klaus, 32
Voyenne, Bernard, 36

Wackenroder, Wilhelm Heinrich, 163-165
Walther, Manfred, 111, 184, 252
Walzer, Michael, 112
Warrender, Howard, 129
Watt, John Anthony, 74
Weber, Max, 178-183

Wehler, Hans-Ulrich, 152
Weiß, Johannes, 232
Welcker, Karl, 36
Weth, Rudolf, 20
Wiedenhofer, Siegfried, 13, 39, 252
Wright, Nicholas Tom, 42
Wundt, Max, 218

Xhaufflaire, Marcel, 234

Young, Arthur, 152

Zabarella, Giacomo, 134, 198
Zanetti, Gianfrancesco, 202
Zepper, Wilhelm, 115
Zwingli, Ulrich, 116

Índice

Introdução 9

I. História conceptual. Teologia política e teologia civil 17
   1. A origem do conceito 17
   2. A Idade Média e a primeira Idade Moderna 20
   3. O século XVIII. Religião civil e revolução 24
   4. A «teologia civil» contemporânea 30
   5. A «teologia política» contemporânea 34

II. A fundação cristã do problema 41
   1. A formulação do problema 41
   2. A teologia política da Idade Média 61

III. A recapitulação quinhentista 87
   1. A posição agostiniana 88
   2. A posição eusebiana 92
   3. A posição gelasiana 98

IV. A Idade Moderna e a nova forma da mediação política ... 127
   1. O problema da secularização 127
   2. O Deus mortal de Thomas Hobbes 129
   3. A substância imortal de Bento de Espinosa 137

4. O direito natural moderno........................... 141
5. Contra-revolução, Restauração, Romantismo............ 151
6. Clivagem, mediação, secularização. Hegel.............. 165
7. O pensamento político católico....................... 170

V. O século xx. Epílogo e reabertura do problema
   teológico-político 177
1. Recapitulação e descoberta da teologia política........... 177
2. A política corrompida pela teologia. Degeneração
   do sagrado e construção niilista do Estado............... 196
3. A política salva pela teologia. Para uma teologia
   da história.. 212
4. A alternativa política à teologia. O debate sobre
   a secularização.. 216
5. A alternativa teológica à política. Êxodo e reserva
   escatológica... 223
6. O debate actual 232

Bibliografia 249
Índice Onomástico 253